Sudhir und Katharina Kakar

Die Inder

Sudhir und Katharina Kakar

Die Inder

Porträt einer Gesellschaft

Verlag C. H. Beck

Satz: Fotosatz Reinhard Amann, Aichstetten
Druck und Bindung: GGP Pößneck
Gedruckt auf säurefreiem, alterungsbeständigem Papier
(hergestellt aus chlorfrei gebleichtem Zellstoff)
Printed in Germany
ISBN-10: 3 406 54969 1
ISBN-13: 978 3 406 54969 4

www.beck.de

Inhalt

Einleitung

Unser Buch handelt von indischer Identität. Es handelt vom «Indisch-Sein», dem kulturellen Teil der Psyche, der die Alltagssorgen und Aktivitäten vieler Inder auf ihrer Reise durchs Leben bestimmt: das Verhalten gegenüber Vorgesetzten und Mitarbeitern in Institutionen, Essgewohnheiten und Nahrungsmittel, die der Gesundheit und Vitalität zuträglich sind, Rechte und Verpflichtungen im Familienkreis – all dies wird genauso vom kulturellen Teil der Psyche beeinflusst wie auch Vorstellungen von der richtigen Beziehung zwischen den Geschlechtern oder zum Göttlichen. Für den einzelnen Inder mag dieses zivilisatorische Erbe zu unterschiedlichen Zeiten und Lebenslagen von der Kultur seiner Familie, Kaste, Klasse, ethnischen Gruppe oder beruflichen Zugehörigkeit modifiziert oder überlagert werden. Dennoch bleibt seine zugrunde liegende Identität als Inder bestehen, selbst bis in die dritte oder vierte Generation der Diaspora hinein – und das nicht nur während des Zusammenkommens für einen Bollywood-Film oder des jährlich stattfindenden Diwali-Festes.

Identität ist nicht bloß eine *Rolle* (beziehungsweise das Aufeinanderfolgen unterschiedlicher Rollen), als das sie häufig missverstanden wird. Sie ist nicht etwas «Fließendes», sondern wird durch ein Gefühl der Kontinuität und Gleichheit bestimmt, ganz gleichgültig, in welchem Lebensabschnitt man sich gerade befindet. Identität ist etwas, durch das man sich selbst erkennt und durch das man von anderen, die die eigene Welt bilden, erkannt wird. Sie ist, wie es in einem Zeitungsartikel einmal umschrieben wurde, kein Kleidungsstück, das entsprechend der Wetterlage an- oder abgestreift wird, sondern sie wird unter der Haut getragen. Identität ist nicht etwas, was man sich aussucht, sondern was einen greift. Sie kann schmerzlich sein, eine tragische Wendung nehmen, verflucht oder beklagt werden, aber sie kann nicht abgeschüttelt werden, obgleich sie vor anderen verborgen oder – tragischer – vor sich selbst versteckt werden kann.

Die Vorstellung einer einzigen indischen Identität scheint – das ist uns klar – auf den ersten Blick weit hergeholt. Wie kann man verallgemeinernd über ein Land mit einer Milliarde Menschen sprechen – Hindus, Muslimen, Sikhs, Christen und Jainas? Ein Land mit mehr als vierzehn Hauptsprachen und ausgeprägten regionalen und linguistischen Identitäten? Wie bestimmt man etwas Gemeinsames zwischen Menschen, die nicht nur durch soziale Klassen, sondern auch durch das für Indien charakteristische Kastenwesen getrennt sind? Menschen, deren ethnische Vielfältigkeit mehr noch vergangene Imperien charakterisiert als den modernen Nationalstaat? Dennoch haben schon vor Jahrhunderten ausländische Reisende – wie aus erhaltenen Reiseberichten von Europäern, Chinesen und Arabern ersichtlich ist – gemeinsame Züge unter den indischen Völkern wahrgenommen. Sie haben eine kulturelle Einheit trotz aller offensichtlichen Unterschiede bezeugt, eine Einheit, die oft ignoriert oder ungesehen bleibt, weil der moderne Blick mehr darauf eingestellt ist, Abweichung und Unterschiedlichkeit zu erspähen als Ähnlichkeiten. So bemerkte Megasthenes, der griechische Botschafter am Hofe des Chandragupta Maurya, bereits 300 vor Christus:

«Der Tod ist für sie ein ständiges Diskussionsthema. Sie betrachten dieses Leben – um es einmal so auszudrücken – als eine Zeit, in der das Kind im Mutterschoß reift, während der Tod von den treuen Anhängern der Philosophie als eine Geburt in das wirkliche, glückliche Leben verstanden wird. Aus diesem Grund unterwerfen sie sich als Vorbereitung auf den Tod der schärfsten Disziplin. Nichts, was dem Mensachen widerfährt, ist für sie gut oder schlecht, sondern sie halten alles für eine traumähnliche Illusion – denn wie könnten die einen von denselben Dingen Leid erfahren, die anderen eine Freude ist, und wie könnten dieselben Dinge dieselben Personen zu verschiedenen Zeiten mit diesen gegensätzlichen Gefühlen erfüllen?»[1]

Oder, um eine jüngere Quelle zu zitieren, Indiens erster Premierminister Jawaharlal Nehru schreibt in «The Discovery of India»:

«Die Einheit Indiens war für mich nicht mehr nur ein politisches Programm, sie war eine emotionale Erfahrung, die mich überwältigte .... Es war natürlich absurd, von Indien oder irgendeinem anderen Land als von einer Art anthropomorphem Wesen zu denken. Das tat ich auch nicht ... Aber ich glaubte, dass ein Land mit einer langen kulturellen Tradition und einer gemeinsamen Lebensanschauung einen Geist entwickelt, der ihm eigentümlich ist und der allen seinen Kindern gemeinsam ist, sosehr sie sich auch untereinander unterscheiden mögen.»[2]

Dieser «Geist Indiens» ist nicht etwas Ätherisches, das sich nur in der verdünnten Luft der Religion, Ästhetik und Philosophie wiederfindet, sondern drückt sich beispielsweise auch in Tierfabeln aus, wie im *Panchatantra* oder in Geschichten der Epen *Mahabharata* und *Ramajana*, die Kindern überall im Land von Erwachsenen erzählt werden. Er durchdringt die musikalischen Formen Indiens, findet sich aber genauso in banalsten Angelegenheiten persönlicher Hygiene, beispielsweise dem Säubern des Pos mit Wasser und der linken Hand nach dem Stuhlgang oder in solch bescheidenen Dinge wie dem Zungenschaber, einem gebogenen Metallstück aus Kupfer, das überall in Indien bei der Morgentoilette benutzt wird.

Das «Indisch-Sein» der Einwohner dieses riesigen Subkontinents könnte insofern als «Familienähnlichkeit» umschrieben werden; eine Ähnlichkeit, die von jener übergreifenden Hindu-Zivilisation hervorgebracht wurde, die – wenn man das einmal so sagen darf – einen Löwenanteil zum «kulturellen Genpool» der indischen Völker geleistet hat. Mit anderen Worten, die kulturellen Muster der Hindus waren entscheidend in der Konstruktion des «Indisch-Seins», obgleich wir zögern würden, so weit zu gehen wie der scharfe Kritiker des Hinduismus, der Schriftsteller Nirad Chaudhuri, der behauptet, dass die indische Geschichte der letzten tausend Jahre vom Charakter der Hindus geformt wurde, wobei er ebenso sicher ist, dass dies in Zukunft so bleiben wird und allem Form verleiht, was in diesem Land unternommen wird.[3]

Um nur einige wenige dieser einenden Elemente indischer Zivilisation – der «Bausteine» der indischen Identität – zu erwähnen: eine Ideologie der Familienbeziehungen, die auf der Institution der erweiterten Großfamilie beruht; eine Sichtweise sozialer Beziehungen, die zutiefst von der Institution des Kastenwesens beeinflusst ist; eine Vorstellung vom Körper und von körperlichen Prozessen, die auf dem medizinischen System des Ayurveda basieren; eine kulturelle Vorstellungswelt, in der es von geteilten Mythen und Legenden nur so wimmelt.

Wir setzten natürlich nicht voraus, dass indische Identität eine festgelegte Konstante ist, die sich durch den Marsch der Geschichte nicht wandelt. Indische Zivilisation hat sich durch Prozesse der Assimilierung, Transformation, Neubehauptung und Neuschöpfung in der Begegnung mit anderen Zivilisationen und kulturellen Kräften ständig erneuert, wobei bekannte Beispiele der jüngeren Geschichte das Aufkommen des

Islam im Mittelalter oder der europäische Kolonialismus der Neuzeit sind. Die Evolution indo-iranischer Formen in der Kunst, Architektur und in der klassischen Musik des Mittelalters oder die modernen Entwicklungen in der Malerei, Bildhauerei und Literatur sind nur einige wenige Beispiele aus dem Bereich der «hohen» Kultur, obwohl praktisch kein Teil indischer Zivilisation von diesen Begegnungen unberührt blieb. Sei es «traditionelle» indische Küche oder seien es Bollywood-Filme – die indische Zivilisation hat fremde kulturelle Einflüsse weniger absorbiert als ihnen vielmehr eine eigene Form verliehen, ungeachtet oder sogar in gewisser Hinsicht mit Stolz auf alles, was im Prozess der Übertragung verloren ging.

Die gegenwärtig stattfindende Globalisierung ist nur das letzte Glied in der Kette stärkender kultureller Begegnungen, die lediglich aus einer engen Perspektive als «Zusammenstoß der Kulturen» bezeichnet werden kann. Die indische Zivilisation – verwandt mit, doch zu unterscheiden vom Hinduismus als Religion – kann insofern als das gemeinsame Erbe aller Inder, unabhängig von ihrem Glauben, verstanden werden.

Inder haben also einen charakteristisch indischen «Stempel» bezüglich gewisser universeller Erfahrungen, die wir in diesem Buch erörtern werden: das Aufwachsen als Mädchen oder Junge, Sex und Heirat, das Verhalten am Arbeitsplatz, Status und Diskriminierung, Vorstellungen von Krankheit und Gesundheit, das religiöse Leben und schließlich ethnische Konflikte. In einer strittigen indischen Gesellschaft, in der verschiedene Gruppen laut nach Anerkennung ihrer Differenzen schreien, ist das Bewusstsein eines gemeinsmen «Indisch-Seins», dieses Gefühl einer «Einheit innerhalb der Vielfalt», oft abwesend. Ihre Familienähnlichkeit beginnt allerdings mit scharfen Konturen hervorzutreten, wenn sie mit den Profilen anderer Völker großer Zivilisationen oder kultureller Räume verglichen wird.

Deshalb – trotz anhaltender akademischer Vorbehalte – sprechen die Leute weiterhin (einschließlich der Akademiker in ihren unbedachten Momenten) von «den Indern» sowie von «den Chinesen», «den Amerikanern», «den Europäern» als notwendiger und legitimer Verkürzung einer komplexeren Realität. Wenn wir Inder mit Menschen vergleichen, die anderen großen Kulturen angehören, beschränkt sich der Vergleich nicht darauf, Gegensätzlichkeiten zwischen den Zivilisationen hervorzuheben, sondern ihre komplementären Lebenswege zu akzentuieren.

Unser Ziel ist, ein facettenreiches Porträt zu skizzieren, in dem sich Inder wiedererkennen und von anderen wiedererkannt werden. Dieses Wiedererkennen kann von keiner Einheitlichkeit sein. Es ist anzunehmen, dass Hindus der mittleren und oberen Kasten ein Porträt mit vielen ihnen vertrauten Gesichtszügen entdecken, während andere, die mehr an den Rändern der Hindu-Gesellschaft stehen (beispielsweise Stammesangehörige und Dalits oder Christen und Muslime) sich nur flüchtig gespiegelt sehen.

Auch sind wir uns darüber im Klaren, dass wir mit diesem Buch den Versuch unternehmen, ein «Gesamtbild» zu skizzieren, das möglicherweise mit reflexiver Ablehnung betrachtet wird, da vieles spekulativ bleibt, wenn wir uns auf bestimmte Aspekte des «Indisch-Seins» als zentrale Muster festlegen. Ohne ein Gesamtbild neigen jedoch Lokalstudien – gleichgültig, wie präzise sie sind – zu einer gewissen Kurzsichtigkeit.

Abschließend sei gesagt, dass wir zu dieser gemeinsamen Betrachtung von zwei verschiedenen Ausgangspunkten gekommen sind: dem des indischen Psychoanalytikers, der Teil einer Kultur ist, mit dessen Menschen und Traditionen er sich inzwischen über drei Jahrzehnte beschäftigt hat, und dem der europäischen Religionswissenschaftlerin, die sich in die meisten Aspekte indischer Kultur glücklich eingepasst hat, ohne ihre anthropologische Perspektive zu verlieren.

Der hierarchische Mensch

In einem Artikel mit dem Titel «Wo nur der Rang wichtig ist» schreibt der bekannte indische Journalist Sunanda K. Datta-Ray, dass die Genugtuung der «*neuen* Brahmanen» – nämlich der 300 Millionen starken Mittelklasse – nicht darin liege, Konsumenten eines globalen Marktes zu sein, sondern «jemand» auf der hierarchischen Leiter der indischen Gesellschaft.[1] Richter im Ruhestand, Exbotschafter und andere Beamte, die nicht länger im Dienst der indischen Regierung stehen, sind selten ohne Visitenkarte anzutreffen, auf der nicht deutlich zu lesen ist, wer sie einst waren. Indien, schließt Datta-Ray, ist kein Land für Anonyme. Man muss «jemand sein», um mit Würde zu überleben, denn Rang ist in Indien der einzige Ersatz für Geld. Er hätte noch hinzufügen können, dass Indien die bei weitem höchste Zahl an Anwärtern für das «Guinness-Buch der Rekorde» stellt. Der indische Erfindungsgeist, immer neue Gebiete zu entdecken, um Rekorde aufzustellen (und wir sprechen hier nicht über die bekannteren wie die längsten Fingernägel oder den längsten Schnurrbart), ist bemerkenswert amüsant – und irgendwie auch rührend. Geschäftlich clevere, überwiegend amerikanische oder britische Verlage biografischer Hand- und Wörterbücher wie «Who's Who» haben entdeckt, dass Indien den größten Markt für Menschen bietet, die sich gern in solchen Büchern wiederfinden möchten. Derartige Handbücher werden dann auffällig im Wohnzimmer platziert, um sich mit ihnen bei jeder Gelegenheit gegenüber Gästen darzustellen.

Das Bedürfnis, gesehen zu werden, aus der anonymen Masse herauszuragen, betrifft natürlich nicht allein Inder, sondern ist ein Teil des narzisstischen Erbguts aller Menschen: Es nährt das notwendige Selbstbewusstsein – aber auch eine übersteigerte Eitelkeit. Dass dieses Phänomen in Indien fast überall anzutreffen ist, liegt an dem Selbstwertgefühl der Inder, das fast exklusiv vom *Rang* bestimmt wird, den er – allein (oder häufiger noch) als Teil seiner Familie – in der zutiefst hierarchischen Gesellschaftsordnung besetzt. Gewöhnlich – und das gilt für alle Kulturen – ist in der Begegnung zweier fremder Menschen die erste Wahrnehmung – ganz gleich, ob bewusst oder unbewusst – auf das Geschlecht gerichtet («Ist diese Person männlich oder weiblich?»), gefolgt vom Alter («Ist er/sie jung oder alt?») sowie weiteren Eckpunkten der Identität. In Indien kommt hinzu, dass die Bestimmung des *relativen Rangs* («Ist die Person mir über- oder untergeordnet?») eine der wichtigsten Fragen ist, die bei Begegnungen hervorgerufen wird.

Das tief internalisierte hierarchische Prinzip – die Linse, durch die Männer und Frauen in Indien ihre soziale Welt betrachten – hat ihren Ursprung in den frühesten Jahren, die ein Kind in seiner Familie verlebt. Es ist daher unerlässlich, einen Einblick in die psychologische Dynamik des indischen Familienlebens zu gewinnen – nicht nur für das Verständnis von Autorität, sondern auch für eine Vielfalt anderer sozialer Situationen.

Das Familiennetz

Die indische Großfamilie ist zahlreich und laut, mit Eltern und Kindern, Onkeln, Tanten, Vettern und Kusinen an der Seite von wohlwollenden Großeltern, die alle unter einem einzigen Dach zusammenleben. Es gibt Intrigen und geheime Liaisons, heftige Liebe und eifersüchtige Tobsuchtsanfälle. Es gibt viel Zank untereinander, aber genauso eine starke Loyalität – man tritt der Außenwelt stets als vereinte Front entgegen. Die indische Großfamilie ist mit einer so starken Lebenskraft beseelt, dass eine Trennung von ihr einen mit dem immerwährenden Gefühl des «Exils» befallen kann: Das ist die indische Großfamilie, wie sie einem in Bollywood-Filmen begegnen kann und die – wie Sozialwissenschaftler uns glaubhaft machen – keine universelle Norm hat. Man würde vermuten, die Großfamilie häufiger auf dem Land als in den Städten zu finden, doch das ist überraschenderweise ein Irrtum: Sie ist, wie Studien ergaben, häufiger im städtischen Umfeld sowie bei landbesitzenden Kasten anzutreffen als bei den niedrigen Kasten des ländlichen Indiens. Ökonomische Gründe – insbesondere teurer Wohnraum in den Städten – tragen dazu bei, dass Familien zusammenrücken und gemeinsam wirtschaften. Die gegenwärtige Nostalgie des Aussterbens der indischen Großfamilie mit dem Einzug der Moderne ist insofern möglicherweise deplatziert.[2] Trotz der demographischen Veränderungen und des steigenden Bedürfnisses vieler aufsteigender Haushalte der Mittelschicht, in Kernfamilien zu leben, um Alltagsspannungen zu vermeiden, bleibt die indische Großfamilie die am meisten gewünschte Form des Zusammenlebens.[3] Sie hat eine «*psychische* Realität» – und das ist im Folgenden von Bedeutung –, unabhängig davon, ob man in einer Großfamilie tatsächlich aufgewachsen ist oder nicht. Man muss sich fragen, *warum* die indische Großfamilie im Innenleben der Inder einen so beachtlichen Raum einnimmt, selbst da, wo sie nicht länger die vorherrschende Form des Zusammenlebens ist.

Idealtypisch bleiben bei einer indischen Großfamilie die Brüder nach der Eheschließung zusammen und bringen ihre Ehefrauen in den elterlichen Haushalt ein.[4] Die Großfamilie wird bestimmt durch Gehorsam gegenüber den Älteren und brüderliche Loyalität. Sie ist bedingt durch das gemeinsame Wohnen sowie gemeinsame ökonomische, soziale und rituelle Handlungen. Neben den Brüdern mit ihren Familien können noch andere Personen auf Dauer oder zeitweise in dem Haushalt einer Großfamilie leben: verwitwete oder verlassene Schwestern und Tanten oder entfernte männliche Verwandte, die keine andere Familie haben, an die sie sich wenden können. In der Praxis gibt es eine entsprechende Vielzahl von Varianten des Zusammenlebens: Großfamilien, die noch immer zusammen leben, aber beispielsweise getrennte Küchen und Haushaltskassen haben, Brüder, die nicht länger unter einem Dach, sondern in benachbarten Häusern wohnen, jedoch Familienleben und Haushaltsangelegenheiten als Familieneinheit führen, usw.

In vielen «Kernfamilien» – Familien, die nur aus Eltern mit ihren heranwachsenden Kindern bestehen – bleibt der soziale und psychologische Zusammenhalt der erweiterten Familie bestehen. Wenn ein Bruder beispielsweise in die Stadt zieht, um zu arbeiten, Frau und Kinder jedoch zurücklassen muss, schickt er einen Teil seines Einkommens nach Hause und kann darauf bauen, dass Frau und Kinder in der Dorffamilie gut versorgt werden; oder falls er seine Familie mitnimmt, kehren sie oft – sooft es geht – «heim» zur Familie. Mitunter nährt sich auch das Selbstverständnis von Eltern der oberen Schichten, die ihre erwachsenen, im Westen arbeitenden Kinder besuchen, aus dieser «psychischen Realität» der Großfamilie, wenn sie sich ungebeten für Wochen, oft Monate bei ihren Kindern und Schwiegerkindern einrichten.

Was wir zum Ausdruck bringen wollen, ist, dass die meisten Inder ihre prägenden Lebensjahre auch heute noch in Familien verbringen, die *näher* an dem Modell der Großfamilie als dem der Kernfamilie liegen – selbst wenn man in einer Kernfamilie lebt. So besuchen beispielsweise

Kinder, die in einer Kernfamilie aufwachsen, die erweiterte Großfamilie regelmäßig. Familien kommen nicht nur an Wochenenden und zum Feiern von Festen zusammen, sondern fahren auch gemeinsam in die Ferien oder auf religiöse Pilgerfahrten. Das Ideal der «brüderlichen Solidarität» innerhalb der Familie ist in der Psyche der Inder so stark verankert, dass sehr viel Kraft und Zeit dahingehend investiert wird, Familienverbindungen aufrechtzuerhalten, sich gegenseitig zu helfen und Freizeit miteinander zu gestalten. Entsprechend ist das hohe Verkehrsaufkommen in indischen Großstädten an einem Sonntagvormittag nicht weiter überraschend: Viele Männer, Frauen und Kinder, gekleidet in ihre besten Sachen, befinden sich in Autos, drängen sich in überfüllte Busse oder sitzen zusammengepfercht auf kleinen Motorrollern, um Familienmitglieder in anderen Teilen der Stadt zu besuchen.

Zum Teil spiegelt sich das Umfeld der indischen Kindheit auch in Heiratsmustern wieder. Viele Paare der unteren Schichten und unteren Mittelschicht heiraten noch in der Jugend (in den oberen Mittelschichten und der Oberschicht hat sich das Heiratsalter beständig nach oben verschoben), und sie haben daher weder die ökonomischen noch die psychosozialen Ressourcen, einen eigenen Haushalt zu gründen. Eine Trennung von der Großfamilie findet, wenn überhaupt, erst in späteren Jahren statt, wenn ihre eigenen Kinder bereits älter sind. Es ist insofern nicht überraschend, dass in den Kindheitserinnerungen der meisten Inder Onkel, Tanten, Vettern und Kusinen – von den Großeltern gar nicht zu reden – eine auffallend große Rolle spielen. Sie besetzen einen weit größeren Raum in ihrer Innenwelt als vergleichsweise bei Europäern oder Amerikanern, bei denen höchstens die Eltern, gegebenenfalls die Geschwister tief auf das Gefühlsleben einwirken.

Stärker als der wachsende ökonomische Wohlstand, stärker als der langsam sich wandelnde Status von zuvor unterdrückten gesellschaftlichen Schichten und sogar stärker als die anhaltende Bedeutung des religiösen Glaubens sind es die *Familie* und die Rolle, die Familienverpflichtungen im Leben eines Inders spielen, die den Leim bilden, der die indische Gesellschaft zusammenhält.

Wirtschaftlich muss in einem Land ohne nennenswerte Regierungsprogramme für soziale Sicherheit, Arbeitslosenunterstützung oder Altersvorsorge die Großfamilie einspringen, um zeitweilig für Entlastung zu sorgen, wenn beispielsweise ein Mitglied seine Arbeit verliert, krank wird oder der Monsun auf dem Land die Ernte vernichtet. Die Familie ist die einzige Lebensversicherung, die die meisten Inder besitzen, sieht man einmal von der ökonomisch aufsteigenden Mittelschicht und der prozentual kleinen sehr reichen Oberschicht ab. In der Vorstellung der meisten Inder ist die Identität eines Menschen sogar unlöslich mit dem Ruf seiner Familie verbunden: Wie jemand lebt und was er tut, wird selten als Ergebnis eigener Anstrengungen und Zielsetzung gesehen, sondern überwiegend im Licht familiärer Umstände und aus ihrer gesellschaftlichen Stellung heraus betrachtet. Individueller Erfolg oder Misserfolg bekommen entsprechend erst im «familiären Kontext» Sinn. «*Wie kann sich der Sohn der Familie X nur so benehmen!*» kann Ausdruck persönlicher Verachtung sein, ebenso wie «*natürlich musste aus ihr etwas werden, sie ist schließlich die Tochter der Familie Y*» als persönliche Anerkennung verstanden werden kann.

Das Selbstbewusstsein einer beachtlichen Anzahl von Indern beruht zu einem großen Teil auf Familienlegenden, die der Familie in der Vergangenheit in irgendeiner Form eine Besonderheit oder Prominenz zuschreiben oder die ihre Bedeutung in der Gegenwart übertreiben. Die engsten Bindungen der meisten Inder – auch Freundschaften – finden sich nicht außerhalb, sondern innerhalb der erweiterten Großfamilie, wobei sich dieses Verhältnis in der jungen Generation der Mittelschicht zu verändern beginnt. Die besonderen Beziehungen innerhalb der Familie werden zu einer wichtigen Quelle der Unterstützung, um durchs Leben zu gehen, und sie bilden eine wiederkehrende Bestätigung der Identität.

Es ist natürlich nicht so, dass Verbindlichkeiten und Verpflichtungen innerhalb der Familien statisch und unverändert geblieben sind. Die Besorgnis, die in hindunationalistischen Quellen ebenso geäußert wird wie in modernen Frauenmagazinen, nämlich dass die traditionelle Hindu-Familie – ganz gleich, ob Kern- oder Großfamilie – durch Zwänge der Globalisierung und einer westlichen Modernisierung bedroht ist, verweist in diese Richtung. Eine Vielzahl der gegenwärtigen Veränderungen hängen mit einem erstarkenden Individualismus und der sich wandelnden Rolle der Frau in den Städten zusammen, auf die wir in einem späteren Kapitel noch zurückkommen werden. Wie stark sich aber auch innerhalb der vernetzten Großfamilie Verpflichtungen wandeln, zeigt sich beispielsweise darin, dass eine Familie noch vor dreißig Jahren einen

Vetter oder Neffen – manchmal über Jahre – selbstverständlich in ihrer Mitte aufgenommen hätte, damit ihm eine bessere Bildung, die es im Dorf oder in der Kleinstadt seiner Herkunft nicht gibt, zuteil wird. Viele Familien der Mittelschicht, die heute ökonomisch auf eigenen Füßen stehen, würden zögern, sich in diesem Maße noch für die erweiterte Familie zu strecken. Trotz einer «Schrumpfung» gegenseitiger familiärer Verpflichtungen verschwinden diese aber nicht ganz: Man fühlt sich vielleicht nicht länger verantwortlich, sich um eine entfernt verwandte Tante zu kümmern, doch es steht außer Frage, sich nicht nur finanziell, sondern auch emotional und sozial um die alternden Eltern zu kümmern. Der gut verdienende Jungmanager mag einen Groll hegen, das Studium seiner jüngeren Kusine zu finanzieren, doch würde er für die Ausbildung seiner Geschwister ohne Frage aufkommen. Aufs Ganze betrachtet, haben indische Familien deutliche (und deutlich konservative) Vorstellungen von Heirat, Elternschaft und der gegenseitigen Verantwortung und Verpflichtung im vernetzten, erweiterten Familienkreis.[5]

Die unerschütterliche Solidarität zwischen Brüdern als eines der höchsten Ideale indischen Familienlebens kann Folgen haben, die der *modernen* Wahrnehmung (in der die Beziehung der *Ehepartner* als Dreh- und Angelpunkt einer Familie verstanden wird) merkwürdig erscheinen mögen. So kann es vorkommen, dass ein Mann die außereheliche Affäre seiner Frau mit seinem Bruder duldet, in den oberen Schichten meistens mit einer vorgetäuschten Ignoranz, während in ärmeren Sektionen der Gesellschaft sogar dieses Feigenblatt fallen gelassen wird. So bat der Koch seinen Arbeitgeber um Urlaub, um seine im Dorf lebende Familie zu besuchen, mit der Begründung, seine Frau habe gerade einen Sohn geboren. «Wie ist das möglich, dass sie ein Kind bekommen hat?», fragte der Arbeitgeber, «du bist doch über ein Jahr nicht zu Hause gewesen?» «Was für einen Unterschied macht das?», antwortete er, «mein Bruder ist doch da.»

In einem bestimmten Abschnitt der indischen Sozialgeschichte wurde die erotische Bedeutung des Schwagers – üblicherweise der jüngere Bruder des Ehemannes – mit dem *niyoga*-Brauch sogar offiziell anerkannt, wobei er mit dem Tod seines Bruders eine sexuelle Beziehung zu dessen Witwe eingehen konnte oder auch nicht. Dieser uralte Brauch findet sich sogar in der heiligen Schrift der Rig-Veda wieder, wo ein Mann beschrieben wird, der seiner Schwägerin, die ihrem gerade verstorbenen Mann nicht auf den Scheiterhaufen folgen wollte, die Hand zur Eheschließung reicht. Obwohl dieser Brauch mit der Zeit langsam verschwand, ist der *psychische* Kern des *niyoga* die Möglichkeit, dass eine Ehefrau mit ihrem jüngeren Schwager eine geschlechtliche Beziehung eingeht, auch heute noch sehr aktuell. In der klinischen Praxis zeigten indische Frauen der Mittelschicht, die eine sexuelle Beziehung zu ihrem Schwager hatten, nur selten irgendwelche Schuldgefühle. Ihre Bedenken richteten sich mehr darauf aus, dass er bald heiraten oder fortgehen könnte, was von den Frauen als das Ende ihres sinnlichen und emotionalen Lebens gewertet wurde.

Autorität in Familie und Gesellschaft

Der von einem Inder wahrgenommene relative Status, den er sozial und in seiner Familie einnimmt, ist so internalisiert, dass er sich (um mit Louis Dumonts Worten zu sprechen) als echter «*homo hierarchicus*» qualifiziert.[6] Die Verinnerlichung von Hierarchie fällt mit dem Erwerb der Sprache zusammen. Es gibt sechs Grundlaute, eine universelle Babysprache, die von allen Säuglingen dieser Welt mit nur geringfügigen Abweichungen von einer Gesellschaft zur anderen benutzt werden.[7] Es sind Doppelsilben sich wiederholender Kombinationen des Vokals «a» mit verschiedenen Konsonanten, beispielsweise «mama», «dada», «nana», «papa». Säuglinge imitieren solche Laute als Reaktion auf ihr eigenes Plappern und auf die von ihren Eltern modifizierten Nachahmungen. In den meisten westlichen Ländern werden nur einige dieser Doppelsilben – nämlich «mama», «dada» oder «papa» – von den Eltern erkannt und wiederholt. In Indien hingegen bezeichnet praktisch jede dieser Doppelsilben den Namen eines der zahlreichen Verwandten innerhalb der Großfamilie, die die *Position* zu erkennen gibt, die eine Person in der Familienhierarchie einnimmt. So bezeichnet beispielsweise in der nordindischen Sprache Punjabi «ma» «Mutter», «mama» den Bruder der Mutter, «dada» den Großvater väterlicherseits, «nana» den Großvater mütterlicherseits, «chacha» den jüngeren Bruder des Vaters, «taya» den ältesten Bruder des Vaters, «masi» die Schwester der Mutter usw. Diese Transformation ursprünglicher Babylaute in genaue Bezeichnungen für Verwandtschaftsverhältnisse ist charakteristisch für alle indischen Sprachen: Sie symbolisiert und aktiviert die vielfältigen Beziehungen eines Kindes zu potentiell fürsorglichen Personen der älteren Generation.

Darüber hinaus wird mit einer solchen differenzierten Bezeichnung einzelner Verwandter auch die Bedeutung der Vertrautheit eines Kindes mit der Familienhierarchie herausgestellt, in der keine Position gleichwertig ist. Inder müssen früh im Leben lernen, sich in die Familienhierarchie mit ihren Pflichten und Rechten einzugliedern – also nicht nur den Eltern, sondern den Eigenheiten und Launen vieler autoritärer Familienmitglieder nachzugeben. Es ist dieser im Familienleben entwickelte «Sensor», der einen Inder höchst empfindsam gegenüber den Launen eines Vorgesetzten macht; eine Empfindsamkeit, mit denen er die Wünsche seiner Vorgesetzten geradezu *erfühlt* und sein Verhalten entsprechend darauf einstellt. Ob dies nun «Flexibilität» genannt oder als «Mangel eines starken Selbstgefühls» betrachtet wird, ist ein kulturelles Werturteil, das wir nicht fällen wollen. Auf jeden Fall machen die frühen Erfahrungen in einer erweiterten Großfamilie – zu lernen, wann man sich zurückzieht, wann man gut zuredet und wann man stur bleiben sollte, um das zu erreichen, was man will – einen Inder im späteren Geschäftsleben zu einem hervorragenden Verhandlungskünstler.

Ganz gleichgültig, welche persönlichen Talente, Anlagen oder Errungenschaften jemand mitbringt oder welche Veränderungen eigener oder anderer Lebensumstände sich abzeichnen, die *relative* Stellung eines Inders in der Familienhierarchie, seine Verpflichtungen gegenüber denen «über» ihm und die Erwartungen derjenigen «unter» ihm, bleiben unveränderlich – und zwar lebenslang. Bereits in der Kindheit beginnt ein Inder zu lernen, dass er sich um die in der Familienhierarchie ihm Unterlegenen kümmern muss, damit sie nicht durch eigene Fehleinschätzungen oder äußeres Einwirken leiden. Gleichzeitig berechtigt ihn das, ihren Respekt, ihren Gehorsam und die Erfüllung seiner Wünsche einzufordern.

Da den Jüngeren aber gleichzeitig auch ein hohes Maß an Aufmerksamkeit durch liebevolle Fürsorge entgegengebracht wird und Familienintegrität höher bewertet wird als individuelle Entfaltung, sucht ein junger Inder weder die radikale Abgrenzung von der Generation der Eltern noch fühlt er sich dazu gezwungen, ihre Autorität zu untergraben, um «ein Leben nach seinen eigenen Vorstellungen» zu leben. Dies steht im starken Kontrast zum Westen, wo Generationskonflikte nicht nur erwartet, sondern als Notwendigkeit gesehen werden, um die gesellschaftlichen Institutionen zu erneuern. Mehr noch wird im Westen davon ausgegangen, dass es sich bei diesem Generationskonflikt um eine universell gültige psychologische Kategorie handelt. In Indien ist es nicht der Bruch, der zu einem Mittel wird, eigene Lebensvorstellungen durchzusetzen, sondern die «Dehnung» traditioneller Werte. Es ist bezeichnend, dass die primären Vorbilder junger Inder aus dem *Familienkreis* kommen, meistens ein Elternteil, trotz der weitverbreiteten Faszination junger Leute mit dem Leben von Sportlern und Kinohelden und ihrer Allgegenwart in der Werbung und in den Medien.

Die meisten Inder bleiben ihr Leben lang – trotz rasanter gesellschaftlicher Umbrüche – Teil eines komplexen, hierarchisch geordneten und vor allem stabilen Netzwerkes von Beziehungen. Dieses auf menschlichen Beziehungen aufbauende Verhaltensmuster zeigt sich auch am Arbeitsplatz. Ein indischer Unternehmer oder Bürokrat beispielsweise mag intellektuell mit seinem westlichen Pendant darin übereinstimmen, dass die Kriterien für die Besetzung oder Förderung eines bestimmten Arbeitsplatzes objektiv sein sollten und dass Entscheidungen allein von den Erfordernissen der Aufgabe und der persönlichen Leistung des Bewerbers abhängen sollten; er wird allerdings *emotional* gegen seine kulturell geprägte Vorstellung ankämpfen müssen, dass die *Beziehung* zu dem in Betracht kommenden Bewerber der wichtigste Faktor seiner Entscheidung ist. Für die große Mehrheit traditionsbewusster Landsleute, ganz gleich, ob ein Händler ein Gesetz verbiegt, um die geschäftlichen Transaktionen eines Mitglieds seiner Kaste zu decken, ob ein Industrieller einen zwar nicht hinreichend qualifizierten, aber dafür entfernt verwandten Stellenbewerber als Manager einstellt oder ob ein Angestellter Bestechungsgelder annimmt, um der verwaisten Nichte den Schulabschluss zu ermöglichen, sind Vetternwirtschaft und Korruption, wie sie im Westen verstanden werden, nur abstrakte Begriffe. In der indischen Erfahrung, die seit der Kindheit nur eine einzige Norm für verantwortliches Handeln zulässt – nämlich die lebenslange Verpflichtung gegenüber der eigenen Verwandtschaft –, sind solch negativen Wertungen wie Korruption und Vetternwirtschaft irrelevant. Treue gegenüber unpersönlichen Institutionen oder abstrakten moralischen Werten wird in der Kindheit in einer indischen Familie nicht vermittelt – sie ist ein Fremdkörper. Schuldgefühle und die von ihnen ausgelösten Ängste entstehen nur dann, wenn die Handlungen des Einzelnen gegen das Prinzip verstoßen, den *Beziehungen* Vorrang zu geben; nicht jedoch, wenn «fremde» ethische Normen von Gerechtigkeit und Effizienz verletzt werden.

Obwohl indische Familienbeziehungen in ihrer Struktur hierarchisch sind und die Autorität des «Höhergestellten» bedingungslos akzeptiert wird, ist die *Form* der Beziehung nicht von autoritärer Distanz: Der «Höhergestellte» verhält sich mit fast mütterlicher Fürsorge, der ihm «Untergeordnete» mit Entgegenkommen und Respekt, und auf beiden Seiten herrscht ein Gefühl enger Zusammengehörigkeit. Genau diesem Ideal eines Führers begegnet man auch in indischen Schulbüchern, in denen Geschichten über Autoritätsverhältnisse skizziert werden und wo der Meister, der König, der Lehrer, der Vorgesetzte etc. sich seinen Untergebenen gegenüber fürsorglich verhält, so dass seine Wünsche, ohne dass sie hinterfragt werden, erfüllt werden.[8] Der «ideale Führer» wird unterstützt, weil er sich um die Bedürfnisse seiner Leute kümmert, indem er sie emotional in Form von Zustimmung, Lob und Zuneigung belohnt oder aber Schuldgefühle erzeugt. In den Geschichten führen Versuche, Verhalten mithilfe von Bestrafung, Zurückweisung oder Erniedrigung von «oben» zu regeln, nicht so sehr zu offener Missachtung als zu «stiller Rebellion» – also zu einem Hintergehen von Seiten des Untergebenen.

Ein anderes Vermächtnis der indischen Kindheit in Bezug auf das Verhältnis «Vorgesetzter-Mitarbeiter», «Führer-Anhänger» ist die Idealisierung des Ersteren. Das Bedürfnis, unseren Führern und Vorgesetzten *mana* zuzuschreiben, um selbst an dieser Kraft teilzuhaben, ist ein unbewusster Versuch, die narzisstische Vollkommenheit aus der Kindheit wiederherzustellen: «Du bist vollkommen, aber ich bin ein Teil von dir.» Das ist natürlich nicht spezifisch indisch, sondern eine universelle Tendenz, aber in Indien ist diese automatische Verehrung von Führern und Höhergestellten eine psychische Gegebenheit, auf die man fast überall stößt. Höhergestellte aller gesellschaftlichen Ebenen, insbesondere aber die Patriarchen der Großfamilie und der Kastengruppen ebenso wie religiöse und spirituelle Führer, erfreuen sich höchster emotionaler Wertschätzung. Diese Wertschätzung ist nicht gekoppelt an ihre tatsächliche Leistung und ist losgelöst von ihren nur allzu menschlichen Schwächen. Charisma hat unter Indern eine ungewöhnlich hohe Bedeutung und ist ein unerlässlicher Teil effektiver Führung.[9] Im Gegensatz zu den meisten Menschen im Westen neigen Inder im allgemeinen eher dazu, zu verehren als zu bewundern.

Es ist nicht so, dass Inder keine Skepsis gegenüber Autoritätspersonen haben. Ihr Zynismus gegenüber Führern aus unterschiedlichsten Bereichen – insbesondere aus der Politik – ist oft extrem. Erst dann, wenn ein Inder einem Führer Autorität *gewährt*, schwindet sein kritisches Vermögen, und er wird getragen von einer bedingungslosen Ehrfurcht, die an Leichtgläubigkeit grenzt. Diese Gewährung von Autorität ist in der Kindheit in Bezug auf Höhergestellte in Familie und Kaste unfreiwillig. Sie kann allerdings bei akuten persönlichen Krisen oder in Stresssituationen aus freien Stücken gewährt werden, was im Übrigen einer der Gründe ist, warum beispielsweise spirituelle Führer und unterschiedlichste Heiler in Indien besten Nährboden haben. Die Effizienz solcher Heiler beruht nicht unbedingt immer auf ihren spezifischen Heilkuren, sondern darauf, dass man am *mana* des Heiler-Führers, dem man sich bedingungslos unterwirft, teilhat und so – auf unbewusster Ebene – Kräfte in sich mobilisiert, die zur Heilung oder Überwindung der Krise führen können.

Es stellt sich die Frage, ob diese normativen Muster indischen Familienlebens, insbesondere diejenigen, die mit der hierarchischen Ordnung der Beziehungen zusammenhängen, sich auf andere Organisationsformen ausweiten lassen. Und zwar von Universitätsabteilungen bis zu Privatunternehmen, von Krankenhäusern bis zu politischen Parteien, vom traditionellen *guru*-Schüler-Verhältnis bis zu bürokratischen Regierungsinstitutionen. Es spricht viel dafür, dass Autoritätsverhältnisse innerhalb der indischen Familie zu einer Schablone für den reibungslosen Ablauf in den meisten modernen gewerblichen, bildenden, politischen und wissenschaftlichen Organisationen werden, worauf im Folgenden etwas genauer eingegangen werden soll.

Erstens gibt es in indischen Organisationen eine deutliche kulturelle Vorliebe für einen führungsweisenden, ja sogar autokratischen (nicht jedoch autoritären) Vorgesetzten, der streng, fordernd, aber auch fürsorglich und interessiert ist – ganz so wie der *karta*, der patriarchalische Kopf der Großfamilie. Der Organisationspsychologe Jai Sinha hat diese Art von Vorgesetzten «fürsorglichen Führer» genannt: jemand, der mit Strenge dafür sorgt, dass die gestellten Aufgaben erfüllt werden, und der die Aktivitäten seiner Mitarbeiter zu dominieren versucht,[10] dabei aber nicht autoritär vorgeht, sondern wohlwollend anleitet, sich für das Befinden seiner Mitarbeiter einsetzt und ihnen gegenüber ein persönliches Interesse zeigt. Bei seinen Mitarbeitern zeichnet sich eine komplementäre Tendenz ab, nämlich den Vorgesetzten zu idealisieren und ihn als Verkörperung aller Tugenden zu sehen – eine fast übermenschliche Figur, die ihr Vertrauen und ihren Respekt verdient. Der Einfluss der indischen Kultur in Bezug auf Vorstellungen, wie moderne Unternehmen geführt werden sollten, ist auch bei Managern in den obersten Etagen, die mit westlicher Ausbildung oder Unternehmenspraxis in Kontakt gekommen sind, nicht verschwunden. Topmanager in Indien werden sehr viel stärker idealisiert als üblicherweise ihre Kollegen im Westen.[11]

Bei aller Kritik hat diese Idealisierung von Führungskräften natürlich eine Reihe von Vorzügen. Es herrscht beispielsweise mehr *esprit de corps* in den Managementteams, auch zeichnen sich die Organisation und ihre Führungsebene durch einen höheren Grad an Loyalität, Engagement und Zufriedenheit aus. Im Falle des Einzelnen kann die Idealisierung des Vorgesetzten zu einer Arbeitsethik und -leistung führen, die weit über dem Durchschnitt liegt im Vergleich zu Erwartungen, die an Mitarbeiter in einer europäischen oder amerikanischen Organisation gestellt werden. Idealisierung (als ein Gebilde menschlicher Phantasie, das trotz besseren Wissens um bestimmte Sachverhalte eine perfektere und wertvollere Welt hervorbringt, mit der sichergestellt wird, dass das Idealisierte auch zwangsläufig bewundert und in Ehrfurcht gehalten wird) verzerrt entsprechend auch die Wahrnehmung von Führung: Dem indischen Vorgesetzten wird häufiger ein kritisches Feedback von Seiten seiner höheren Mitarbeiter vorenthalten, ein Feedback, das helfen könnte, funktionsstörendes Verhalten zu vermeiden und stärkere Führungsqualitäten zu entwickeln.

Da indische Unternehmen merklich hierarchisch sind, ist kooperative Teamarbeit, bei der die Mitarbeiter die Ebenen von Macht und Status zeitweise überschreiten mussen, häufig mit Schwierigkeiten verbunden. Im Gegensatz zu Organisationsstrukturen vieler anderer Gesellschaften neigt man in indischen Institutionen dazu, Entscheidungen «nach oben» zu verlagern, so dass die Führungsebene häufig in organisatorische Prozesse eingreifen muss und somit Führungsqualität zum entscheidenden Faktor für den Erfolg einer Institution wird.

Die Schwierigkeit, in Teams effektiv zusammenzuarbeiten, beruht auch auf dem kulturell bedingten Hindernis, kein negatives Feedback geben oder erhalten zu können. Da für Inder in zwischenmenschlichen Situationen das oberste Prinzip die Stärkung oder Erhaltung von Beziehungen ist, finden sie es schwierig (wenn nicht gar unmöglich), bei Bitten, die man nicht erfüllen kann oder will, ein offenes «Nein» zum Ausdruck zu bringen. Die Verweigerung muss vielmehr aus dem unverbindlichen Ton der Stimme, aus der verhaltenen Körpersprache oder den Worten, in die das unausgesprochene «Nein» gebettet ist, herausgelesen werden («lass uns mal sehen» oder «es ist schwierig, aber ich werde es versuchen» usw.). So auch, wenn man beispielsweise einen Inder auf der Straße nach dem Weg fragt: Man muss seine Antwort stets vorsichtig bewerten, denn selbst wenn jemand nicht die geringste Ahnung hat, wo sich der Ort, nach dem man fragt, befindet, wird er einem Auskunft geben und seine Unkenntnis weder zugeben noch die gerade im Entstehen begriffene flüchtige Bekanntschaft durch eine negative Resonanz wie «ich weiß es nicht» gefährden.

Solange Vorgesetzte eine enge persönliche Beziehung mit den Mitarbeitern aufbauen, wird die Abwesenheit eines demokratischen Vorgehens nicht beklagt. Tatsächlich legen effektive Führer in Indien – sowohl in der geschäftlichen als auch der politischen Arena – größten Wert auf den Aufbau und die Kultivierung ihrer Beziehungen. Fürsorglichkeit und Anteilnahme sind, wie wir bereits gesehen haben, sowohl in der Familie und Kaste als auch in der Schule oder am Arbeitsplatz der Kern aller sozialen Beziehungen, die ein Inder bereits mit der Muttermilch aufzunehmen beginnt. Womit ein Inder sich befasst und wofür er eine hohe Sensibilität entwickelt, sind weniger die tatsächlichen *Arbeitsziele* als die Beziehungen zu anderen, nämlich die Entfaltung emotionaler Zuneigung.

Genauso wie in der Großfamilie, in der Bevorzugung vermieden werden muss, um die Familienharmonie zu erhalten (so sollte beispielsweise das väterliche Oberhaupt einer Großfamilie im Idealfall seine eigenen Kinder nicht gegenüber seinen Neffen und Nichten bevorzugen), entwickeln Mitarbeiter in indischen Organisationen eine fast paranoide Fähigkeit, bei ihren Vorgesetzten Zeichen der Vetternwirtschaft zu entdecken. Nicht, dass Vetternwirtschaft ihnen besonders viel ausmacht, solange *sie* die bevorzugten Nutznießer sind .... Die meisten Inder akzeptieren, dass Menschen in Machtpositionen zwischen «ihren eigenen Leuten» und denen, die nicht zu derselben privilegierten Gruppe zählen, unterscheiden. Sie haben – um ein Beispiel zu geben – sogar ein heimliches Verständnis für die pikierte Reaktion eines gestandenen Politikers, der seinen Sohn für einen hohen Posten innerhalb seiner Partei ernannte und auf das kritische Hinterfragen eines Journalisten antwortete: «Wen hätte ich sonst ernannt? Etwa *deinen* Sohn?» Wenn es einen «-ismus» gibt, der die indische Gesellschaft und ihre Institutionen bestimmt, dann ist es der «Familien-ismus».

Wenn man das Bedürfnis der intensiven Nähe zum Vorgesetzten in Betracht zieht, wird verständlich, dass es für einen Inder schwer zu verdauen ist, wenn er sich vom «inneren Zirkel» derjenigen ausgeschlossen fühlt, die schmeichelnde Gesten der Bevorzugung vom Vorgesetzten genießen. Nicht Teil der Gruppe zu sein, die zu *den* Leuten des Führers gehören, erzeugt einen guten Teil verdeckter Wut und passiv-aggressiven Verhaltens. Um den Vorwurf der Vetternwirtschaft zu vermeiden, der ernsthaften Schaden in der Moral einer Organisation anrichten könnte, sind herausragende Führungskräfte in indischen Institutionen ständig auf der Hut, nicht den Eindruck zu vermitteln, einzelne Mitarbeiter zu bevorzugen.

Indische Kultur und Führung

Einige der oben beschriebenen Werte, die indische Institutionen und das Arbeitsleben bestimmen, sind – wie bei einem Forschungsprojekt von GLOBE[12] empirisch untersucht wurde – für die Kultur Indiens charakteristischer als für irgendeine andere Gesellschaft. In diesem internationalen Projekt wurden 17 000 Manager auf der mittleren Führungsebene in unterschiedlichsten Gewerben und aus insgesamt 62 Ländern begutachtet.[13] Die 62 teilnehmenden Länder wurden in elf kulturelle Einheiten unterteilt: «lateinisch-Europa», «germanisch-Europa», «anglo-Europa», «nordisch-Europa», «Ost-Europa», «Latein-Amerika», «konfuzianisch-Asien», «Anglo» (außerhalb Europas), «Sub Sahara-Afrika», «Südasien» und «Mittlerer Osten». Betrachtet man die Daten zu Südasien (wobei Indien bei weitem das größte Land ist), fällt auf, dass diese kulturelle Einheit besonders in drei von neun Dimensionen der Untersuchung hervorsticht:

Südasien hat den größten «Abstand durch Macht» (*power distance*), der den Grad beschreibt, der Menschen einer Kultur durch Macht, Autorität und Prestige voneinander trennt.[14] Mit anderen Worten, der Statusunterschied zwischen dem Vorstandsvorsitzenden und dem Sachbearbeiter ist in Indien am stärksten ausgeprägt (im «nordischen Europa», also in Skandinavien, herrscht der geringste «Abstand durch Macht»). Unabhängig von seinem Bildungshintergrund (ein Manager der mittleren Führungsebene kommt fast immer aus der Mittelschicht und hat studiert) und stärker als in irgendeiner anderen Kultur ist der Inder ein *homo hierarchicus*, selbst wenn der moderne indische Manager sich wünscht, dass es anders wäre, und bewusst daran arbeitet, den «Abstand durch Macht» zu verringern.

Die zweite Dimension, in der Südasien auffallend im internationalen Vergleich heraussticht, ist die «menschliche Orientierung»: der Grad, mit dem Menschen sich umeinander kümmern, altruistisch, großzügig und freundlich sind (am schlechtesten schneidet hier das «germanische Europa» ab). Eng angelehnt an die «Menschliche Orientierung» ist das «Durchsetzungsvermögen» eines Volkes, der Grad, mit dem Menschen durchsetzungsfähig, konfrontativ und aggressiv sind. Hier ist (nach Skandinavien) Südasien am wenigsten durchsetzungsfähig, wobei das «germanische Europa», gefolgt von «Osteuropa», am aggressivsten ist.

Die Verbindung von «menschlicher Orientierung» mit «hohem Abstand durch Macht» bringt die Sorte indischer Führungskräfte hervor, die wir bereits erwähnt haben: führungsweisend, jedoch nicht autoritär, möglicherweise despotisch, aber im Allgemeinen wohlwollend.

Auch in Bezug auf den Grad, mit dem Menschen ihren Familien, Organisationen und Mitarbeitern loyal gegenüber sind («in-group collectivism»), schneidet Südasien am höchsten ab (Skandinavien, gefolgt vom «germanischen Europa» und Nordamerika, schneidet am schlechtesten ab). Wir haben bereits gesehen, dass die Selbstverständlichkeit, sich gegenüber der Familie (und später Mitgliedern der eigenen Kaste) solidarisch zu verhalten, sich bereits mit der frühen Kindheit einprägt und als einer der höchsten Werte betrachtet wird, der Individuen in Indien leitet. Diese Solidarität hat im informellen Netzwerk viele ökonomische Vorteile, da auf Vertrauen statt vertraglichen Verpflichtungen aufgebaut wird. Auch haben wir über den hohen *esprit de corps* gesprochen, der teilweise daraus resultiert, dass Menschen, die in einer Organisation zusammenarbeiten, sich als eine «Gemeinschaft von Brüdern» betrachten, die den Führer-Vater oft idealisieren. Die Gefahr ist dabei natürlich die Orientierung an der eigenen Gruppe (*in-groupism*), mit der andere stets ausgeschlossen werden und die die Zusammenarbeit mit außenstehenden Gruppen schwierig, wenn nicht gar unmöglich macht.

Diese Momentaufnahme indischer Führungspraktiken sagt wenig über die Veränderungen aus, die in den modernen, städtischen Familien stattfinden und die unweigerlich auch Auswirkungen auf indische Organisationen haben (und in Zukunft verstärkt haben werden). So teilt uns die GLOBE-Studie mit, dass die jüngeren Manager am stärksten eine Abnahme des «Abstands durch Macht» (*power distance*) zu ihren Mitarbeitern wünschen. Wir glauben, dass Führung auf dieser Ebene tatsächlich in einem Zustand der Veränderung ist; die gewünschte Abnahme der psychologischen Distanz zwischen Führungskraft und Mitarbeitern fällt dabei nicht zufällig mit den Veränderungen der Vater-Sohn-Beziehung in der indischen Mittelschicht zusammen.

Traditionell nimmt ein Vater erst in der späteren Kindheit in größerem Maße am Leben seines Sohnes teil. In der frühen Kindheit ist die Beziehung zu seinem Sohn gekennzeichnet durch Formalität und einen flüchtigen sozialen Alltagskontakt.[15] In früheren autobiografischen Aufzeichnungen von Indern werden Väter gleichbleibend als distanziert beschrieben (ganz gleich, ob sie strikt oder nachsichtig, kalt- oder warmherzig waren). Aufgrund der vielen männlichen Mitglieder einer Großfamilie ist das Bild des Vaters – einer der prägendsten Aspekte in der Entwicklung männlicher Identität – blasser. Die Gründe, warum «traditionelle Väter» nicht eine deutlich aktivere Rolle in der Erziehung ihrer Kinder einnehmen, liegen auf der Hand: Ein «traditioneller Vater» handelt aus dem System der Großfamilie heraus. Das erfordert, sein Interesse und seine Unterstützung auf die eigenen Kinder und die seiner Brüder *gleich* zu verteilen, um eine Zersplitterung der Großfamilie zu vermeiden und eine Einheit in der Familie zu gewährleisten. Hinzu kommt, dass junge Väter, wie wir im Kapitel über die Sexualität noch sehen werden, häufig gegenüber den Älteren Scham empfinden, ein Kleinkind auf dem Arm zu halten – unter anderem, weil diese «Frucht seiner Lenden» die Verkörperung seiner aktiven Sexualität ist. Die zweite Ideologie, die sich auf die Rolle der Vaterschaft in Indien auswirkt (genauso wie auch in anderen traditionellen, patriarchalischen Gesellschaften), basiert auf der geschlechtlichen Dichotomie elterlicher Rollen und Verpflichtungen, also der Vorstellung davon, was Männer in Haushalt und Kindererziehung zu tun und was sie zu lassen haben. Mit dem Säugling zu spielen oder sich um ihn zu kümmern, ist beispielsweise nicht Aufgabe eines «traditionellen Vaters» – seine Hauptrolle liegt vielmehr darin, die Kinder zu disziplinieren, was auch in einem nordindischen Sprichwort, das an Männer gerichtet ist, deutlich zum Ausdruck kommt: «Behandele einen Sohn in seinen ersten fünf Lebensjahren wie einen König, in den darauf folgenden zehn Jahren wie einen Sklaven und danach wie einen Freund.»

Natürlich kann es sein, dass der Vater hinter dieser von ihm geforderten Fassade der Unnahbarkeit und Gerechtigkeit oft darum kämpft, seine Liebe dem Sohn gegenüber auszudrücken. Väterliche Liebe ist in Indien nicht geringer als in anderen Gesellschaften. Ein Sohn ist nicht bloß Mittel zur Erfüllung religiöser Pflichten, sondern wird – auch in altindischen Texten – immer wieder als Quelle emotionaler Genugtuung gepriesen.[16] In autobiographischen Berichten wird der indische Vater häufig als sensibler Mann beschrieben, aufgeladen mit Gefühlen für seinen Sohn, die er nicht offen zeigt. So beschreibt Yogananda in der «Autobiographie eines Yogi» das Wiedersehen mit seinem Vater nach einer langen Phase der Trennung: «Vater umarmte mich warm, als ich unser Gurupur-Heim betrat. ‹Du bist gekommen›, sagte er zärtlich. Zwei große Tränen kullerten aus seinen Augen. Er hatte mir, äußerlich reserviert, diese äußeren Zeichen der Zuneigung nie zuvor gezeigt. Äußerlich war er der ernste Vater, innerlich besaß er das weiche Herz einer Mutter.»[17]

Es ist nicht so, dass die traditionelle Vater-Sohn-Beziehung ohne emotionale Belohnung für den Sohn ist. Da Kinder im traditionellen Indien (das noch immer ungefähr 70% der Bevölkerung ausmacht) aus der Welt der Erwachsenen nicht ausgeschlossen werden, ist es – insbesondere auf dem Land und in den Handwerksberufen – selbstverständlich, dass ein Sohn die Arbeit seines Vaters begleitet: erst als neugieriger Zuschauer und später als sein Lehrling. Als Sohn eines Webers beispielsweise beobachtet er seinen Vater bei der Arbeit, beginnt, ihm mit einfachen Aufgaben zu helfen, bis er die Techniken komplexerer Webmuster unter der Anleitung seines Vaters bewältigt. Als Sohn eines Ladenbesitzers wird er in eine Vielfalt an Vorkehrungen wie Buchhaltung und den Umgang mit unterschiedlichen Kunden eingeführt. Diese innerfamiliären Aktivitäten als Kinderarbeit zu bekämpfen, hieße, das Kind mit dem Bade auszuschütten, da ein wichtiger psychologischer Aspekt ausgespart bliebe: Für einen Jungen ist nichts wichtiger als der emotionale Zugang zum Vater, um ein stabiles Gefühl der eigenen Identität zu entwickeln. Gemeinsam mit dem Vater zu arbeiten, ermöglicht dem Sohn, in Kontakt mit einem wertvollen Teil der Identität seines Vaters zu treten: seiner Arbeit. In modernen Gesellschaften, in denen Söhne wenig oder gar keinen Zugang zur Arbeitswelt der Väter haben, sind gemeinsame Aktivitäten wie Sport, Spiele oder Ausflüge stets nur ein magerer Ersatz dafür, was dem Sohn in traditionellen Gesellschaften automatisch gewährt wurde.

Eine der auffälligsten Veränderungen, die mit der Moderne und dem Aufstieg der städtischen Mittelschicht im indischen Familienleben zu beobachten sind, ist die aktivere Beteiligung von Vätern an der Erziehung ihrer kleinen Kinder.[18] Setzt man die Intensität und Ambivalenz der Mutter-Sohn-Beziehung im indischen Umfeld einmal voraus (worauf im Kapitel über die Sexualität näher eingegangen wird), so sind die physische Berührung und die Präsenz des Vaters dringend notwendig, um eine Loslösung von der Mutter zu fördern. Väter der Mittelschicht haben nicht nur begonnen, ihren Kindern diesen emotionalen Zugang zu geben und damit die überwältigende Nähe zwischen Mutter und Sohn abzuschwächen, sondern es wird – vielmehr noch – mit diesem intimeren Kontakt ein Fundament für eine weniger hierarchische Vater-Sohn-Beziehung gelegt. Die frühe Intimität zum Vaters, der nicht länger eine entfernte, abweisende Gestalt ist, sondern der für seine Kinder da ist, oft als Spielgefährte, führt zwangsweise auch zu einer Umformung der Erwartungen, die moderne, junge Inder an ihre Führungskräfte stellen. Eine Abschwächung des hierarchischen Denkens in indischen Institutionen wird entsprechend die Folge sein.

Die innere Erfahrung des Kastenwesens

Abgesehen von der Familie, ist die nächste vorherrschende soziale Ebene indischer Identität die Institution der Kaste. Obwohl die Verwendung des Begriffs «Kaste» problematisch ist (sie leitet sich aus dem portugiesischen *casta* – «Rasse»/«Abstammung» – her), hat sich Kaste als Ausdruck der horizontalen Segmentierung der Gesellschaft auch in Indien eingebürgert. Der Begriff Kaste bezieht sich dabei nicht nur auf eine, sondern *zwei* Institutionen, nämlich *varna* und *jati*.

Varna («Farbe») ist die traditionelle Unterteilung der hinduistischen Gesellschaft in die Priesterkaste (*brahmin*), die Kriegerkaste (*kshatriya*), die Händlerkaste (*vaishya*) und die Kaste der Bediensteten (*shudra*), eine Aufteilung, die man bereits in den Veden und in anderen Grundtexten der hinduistischen Kultur findet. Mit anderen Worten, *varna* ist eine festgelegte, nicht überschreitbare Untergliederung der Gesellschaft in vier Kasten mit unterschiedlichem sozialen Rang. Diese vierfache Klassifizierung wird bis heute als Sammelbegriff benutzt, um jemanden in dem weiten, sozialen Raum zu lokalisieren, wenn politische Kommentatoren beispielsweise davon sprechen, Brahmanen, Vaishyas oder die «Backward Castes» (wie die Shudras heute genannt werden) für Stimmen bei den Wahlen zu mobilisieren. Gewöhnlich jedoch bezieht sich der Begriff Kaste im heutigen Sprachgebrauch fast ausschließlich auf das *jati*-System, wobei mit *jati* die ganze Unmittelbarkeit alltäglicher Sozialbeziehungen und beruflicher Spezialisierung gemeint ist. Das *jati*-System, so wie es die gegenwärtige Gesellschaft Indiens bestimmt, besteht aus mehr als 3000 berufsspezifischen Kasten. Vereinfacht ausgedrückt, jeder Inder wird in eine der vier *varna*-Kasten hineingeboren (die seinen festgelegten, nicht überschreitbaren sozialen Rang ausdrückt) und gehört gleichzeitig einer der über 3000 berufsspezifischen *jati*-Kasten an (die seinen unmittelbaren Status in seinem Umfeld markiert). Die hierarchische Hackordnung der Gesellschaft ist insofern nicht statisch, sondern verschiebt sich von einer Region zur anderen (oft schon von Dorf zu Dorf), entsprechend der berufsspezifischen Orientierung der Region, wobei die Brahmanen fast immer am oberen Ende der Hackordnung angesiedelt sind. Wenn wir im Folgenden über Kaste sprechen, so im Sinne von Kaste als *jati*.

Im Grunde genommen ist die Kaste eine soziale Gruppe, in die man hineingeboren wird. Gewöhnlich übte ein *jati*-Mitglied die traditionelle Beschäftigung seiner spezifischen Kastengruppe aus, obgleich sich dies gegenwärtig stark verändert. Die zweite Säule des Kastenwesens – neben der hierarchischen Ordnung – ist die Beschränkung der Heiratspartner auf die eigene Kaste (oder aber eine der Subkasten). Ein Heiratspartner – daran hat sich auch heute wenig geändert – wird mit hoher Wahrscheinlichkeit der gleichen Kaste angehören. Mit Ausnahme «moderner» Inder tendieren Freundschaften mit Personen der eigenen Kaste von größerer Nähe zu sein als mit Personen anderer Kasten. Die Beziehungen zu Personen anderer Kasten sind formaler und werden beherrscht von ungeschriebenen Vorschriften und Verboten, die die Verhältnisse zwischen den Kasten regeln.

Auch wenn Familien einer ganz bestimmten Kaste im gleichen Dorf zusammenleben, erstreckt sich die Kaste selbst gewöhnlich weit über die Grenzen eines einzelnen Dorfes hinaus. Eine große, wichtige Kaste, die möglicherweise Millionen Mitglieder hat und sich über ein beträchtliches geografisches Territorium verteilt, kann zu einem begehrenswerten Objekt für Politiker mit dem Ziel der «Wahlmobilisierung» werden. Man könnte vielleicht sogar behaupten, dass die indische Demokratie, indem sie die Kastenidentitäten verschärft, zur dritten, neuen Säule der Institution der Kaste wird, zusätzlich zur Hierarchie und Endogamie.

So wie die Großfamilie zum primären Bereich der Identitätsentwicklung des Einzelnen wird, ist die Kaste der nächste soziale Bereich der Identitätsentfaltung. Die Wertvorstellungen, Überzeugungen, Vorurteile und Gebote der entsprechenden Kaste, ebenso wie ihre Realitätsverzerrungen, werden Teil der Psyche eines Individuums, sie werden zu den nicht hinterfragten Inhalten seines Gewissens. Es sind diese internalisierten Kastennormen, die für den Einzelnen «richtiges Handeln» oder *dharma* definieren, die ihn (wenn er diesen Normen entsprechend lebt) sich gut oder geliebt fühlen lassen und die ihn (wenn er sie missachtet) angsterfüllt und schuldig fühlen lassen. Da die Ängste eines Individuums häufig auch die latenten Sorgen seiner Gruppe spiegeln, sind die Erkenntnisse über seine Kaste mit ihren Sehnsüchten und Begrenzungen eine Bereicherung für das Verständnis indischer «Identitätsformierung». Wenn beispielsweise eine scheinbar geringfügige Kränkung jemanden zu einem gewalttätigen Ausbruch provoziert, ist dies nicht nur Ausdruck dafür, dass er ein Problem der «Aggressionskontrolle» hat, sondern das Verhalten kann sich genauso aus einem Groll herleiten (aus einer in der Geschichte verankerten Erniedrigung), die von der gesamten Kaste geteilt und von Generation zu Generation weitergegeben wird, also Teil der Kastenidentität ist.

Wenn Heirat und Verwandtschaft den Körper einer Kaste bilden, ist Hierarchie ihre Seele. Die Stellung einer Kaste in der sozialen Ordnung – und damit das narzisstische Grundkapital, mit dem eine Person einer bestimmten Kaste ausgestattet ist – bezieht sich im Allgemeinen auf die Kriterien von Reinheit und Verschmutzung.[1] Eine Kaste wird hoch angesehen, wenn ihre Lebensweise als rein bewertet wird, und niedrig, wenn ihre Lebensweise als relativ unrein bewertet wird. Ein Brahmane wird als am reinsten betrachtet (obgleich es auch in den vielen Kasten der Brahmanen Abstufungen von Reinheit gibt) und ein Dalit oder Unberührbarer am unreinsten. Auch wenn um die Rangfolge der beiden Extreme in einem Dorf bitter gekämpft wird, indem bestimmte Kasten beispielsweise eine reinere Lebensform für sich beanspruchen, als ihnen zugeschrieben wird, stimmt man im Allgemeinen überein, dass Reinheit und Verschmutzung von der Lebensform einer Kaste bestimmt ist, wobei die Ernährungsweise (z. B. vegetarisch oder nicht) und der traditionelle Beruf einer Kaste die wichtigsten Elemente sind. Beschäftigungen, die Menschen mit Tod oder Körpersubstanzen in Kontakt bringen (wie beispielsweise Straßenfeger, Wäscher, Friseure, Gerber oder Schuster) gehören gewöhnlich zu den am stärksten verunreinigten Kasten.

Dieses hierarchische Prinzip der indischen Gesellschaft drückt sich am deutlichsten im Kastenwesen und seiner Beschäftigung mit «hoch» und «niedrig» aus – eine Beschäftigung, die in ihren Folgen nicht neutral ist, sondern über Jahrhunderte mit der Ausgrenzung, dem Leiden und der Erniedrigung von Millionen von Menschen verbunden ist. Wie der Marathi-Dichter Govindraj es ausdrückt: Die indische Gesellschaft setzt sich aus Menschen zusammen, die ihre Häupter senken, um die Schläge von oben entgegenzunehmen und gleichzeitig nach unten zu treten – niemals aber darüber nachdenken, dem einen zu widerstehen oder das andere zu lassen.[2] Die Hierarchie ist so fein abgestimmt, dass sogar diejenigen, die sich in den untersten Kasten bewegen, immer noch jemanden finden, der ihnen unterlegen ist, um damit einige der narzisstischen Verletzungen zu lindern, die erlitten werden, wenn man beständig als minderwertig betrachtet wird. So setzt sich beispielsweise selbst die niedrigste Kaste (nämlich diejenigen, die den Kot anderer entfernen) untereinander ab: Diejenigen, die in Privathäusern arbeiten, fühlen sich denjenigen überlegen, die die öffentlichen Toiletten reinigen.[3] Wir werden zu diesem Thema später noch zurückkehren.

Kastenhierarchien und die mit ihnen assoziierte Diskriminierung sind nicht allein ein Phänomen des Hinduismus. Bereits Dumont verwies darauf, dass sich bisher keine religiöse Bewegung innerhalb Indiens auf Dauer durchsetzen konnte, die sich gegen das Kastensystem gestellt hat.[4] Obwohl nicht in der gleichen Strenge und nicht so weit verbreitet wie im Hinduismus, drückt sich das hierarchische Prinzip, das das Kastenwesen ausmacht, auch in den sozialen Praktiken anderer Religionen in Indien aus – wie beispielsweise im Islam, Christentum und im Sikhismus trotz ihres größeren Anspruchs einer «Gleichheit der Menschen». Bei Katholiken im Bundesstaat Goa beispielsweise ist der Ausdruck «brahmanischer Katholik» geläufig, um jemanden zu klassifizieren, der weit oben in der Hierarchie der christlichen Gemeinschaft angesiedelt ist. Oder um ein anderes Beispiel zu geben, «edle» (*ashraf*) Muslime, die von Türken, Arabern und Persern abstammen und im 8. Jahrhundert während der muslimischen Fremdherrschaft nach Indien kamen, schauen auf die große Mehrheit der Basis (*ajlaf*) ihrer Glaubensbrüder herab, deren Vorväter Konvertierte der unberührbaren und niedrigen Kasten waren.

Einer der Hauptgründe, warum in den Jahrhunderten muslimischer und britischer Fremdherrschaft sehr wenige hochkastige Hindus zum Islam oder Christentum konvertiert sind, hat mit der Stärke ihrer Kastenidentität zu tun. Trotz der Abwesenheit irgendeines Verbotes, die eigene Religion wechseln zu dürfen, und trotz des bekannten Respekts, den Hindus allen Glaubensrichtungen entgegenbringen (ebenso wie ihre Offenheit gegenüber einer Vielzahl spiritueller Wege), war die Vorstellung, zusammen mit Unberührbaren in der gleichen Gemeinde zu sitzen, eine der machtvollsten Abschreckungen für Hochkastige, zum Christentum oder Islam überzutreten. Im Gegensatz dazu sind im Laufe der Geschichte sehr viele Unberührbare (Dalits) und Mitglieder der untersten Kasten zum Christentum, Islam oder seit den 50er Jahren (mit der aufsehenserregenden Konversion des Dalit-Führers B. R. Ambedkar) auch zum Buddhismus konvertiert, um den diskriminierenden Zwängen des Kastenwesens zu entfliehen.

Schmutz und Diskriminierung

Ein Hauptmerkmal des indischen Kastenwesens – im Unterschied zu der Erfahrung, in einem Klan oder Stamm aufzuwachsen – ist das Phänomen der Unberührbarkeit.

Die Gruppe der ca. 150 Millionen Unberührbaren, die heute Dalit (übersetzt: «Die Unterdrückten») genannt werden, umfasst auch eine Reihe «unreiner» Kasten, die die niedrigsten Sprossen in der Hierarchie der hinduistischen Gesellschaft besetzen. Früher (und bis zu einem gewissen Grad in Teilen des ländlichen Indiens auch heute noch) grenzte die Reaktion eines Hochkastigen an Ekel, wenn sich ein Dalit näherte. Diese Ablehnung war so stark, dass den Dalits der Zugang zu Tempeln, Hotels und anderen öffentlichen Orten für Jahrhunderte verweigert wurde. Ihre Häuser lagen vom Rest des Dorfes abgelegen, ihre Kinder durften die normale Dorfschule nicht besuchen, und ihre Frauen mussten sich einen eigenen Brunnen graben, um das Wasser des allgemeinen Dorfbrunnens mit ihrer Gegenwart nicht zu beschmutzen. Es ist kein Zufall, dass eine erst kürzlich in den Medien wieder aufgeflammte Diskussion große emotionale Wellen schlug, nämlich ob das Priesteramt – einer der «reinsten» Berufe – und andere Tempeldienste in Kerala in Form einer Quotenregelung auch an Dalits vergeben werden dürfen – eine Forderung der Dalit-Bewegung, die in unterschiedlichsten gesellschaftlichen Sektoren ihre Rechte durchzusetzen versucht.

Für viele Inder ist die Erniedrigung, die eine Vielzahl von Menschen tagtäglich erduldet – in dem Maße, dass beispielsweise Höherkastige in abgelegenen, ländlichen Gebieten nicht nur vor der Berührung eines Dalits zurückweichen, sondern schon vor seinem Schatten –, weiterhin ein Thema großer Scham. Mahatma Gandhi betrachtete Unberührbarkeit als die größte Befleckung der hinduistischen Gesellschaft und kämpfte Zeit seines Lebens leidenschaftlich für die Ausrottung dieses Missstandes. Auf einen Brief, in dem die Toleranz der Hochkastigen gegenüber Unberührbaren angesprochen wurde, antwortete er: «Ich verabscheue mit meiner ganzen Seele das System, das eine große Anzahl Hindus auf ein niedrigeres Niveau als das von Tieren reduziert. Das verflixte Problem könnte gelöst werden, wenn die armen *panchama*[5], um nicht das Wort Unberührbar zu benutzen, in Ruhe gelassen werden, um sich um ihre eigenen Angelegenheiten zu kümmern. Unglücklicherweise hat er keine Angelegenheiten, die er sein Eigen nennen könnte. ... Er darf nicht auf den Straßen laufen, die er säubert und für die er mit dem Schweiße seines Angesichts bezahlt. Er darf sich nicht einmal kleiden wie die anderen ... Es ist ein Missbrauch der Sprache zu sagen, dass wir Hindus irgendeine Form der Toleranz gegenüber unseren *panchama*-Brüdern haben. Wir haben sie erniedrigt und haben dann die Kühnheit, genau diese Erniedrigung gegen ihren Aufstieg zu wenden.»[6]

Kraftvolle sozialpolitische Bewegungen des letzten Jahrhunderts, so wie auch Prozesse der Verstädterung und der Migration in die Metropolen, haben die zahllosen Schrecken der Unberührbarkeit gelindert. Sie sind aber keinesfalls verschwunden. In der Ausgabe vom September 2005 hat die Zeitschrift *India Today* von einem (zugegebenermaßen weit entfernten und zurückgebliebenen) Dorf im Bundesstaat Orissa berichtet, in dem ein Dalit-Mädchen zum ersten Mal ein College für höhere Bildung besuchte. Als die 18-Jährige mit dem Fahrrad zum College fuhr, drohte das von Höherkastigen dominierte Dorf den Dalits mit einem sozialen Boykott, sollte das Mädchen in Zukunft nicht zu Fuß zum College laufen. Der Tradition folgend, dürfen Dalits in diesem Dorf nur barfuß laufen. Sie dürfen keine Heiratsprozessionen durch das Dorf leiten oder ihre Toten auf dem gemeinsamen Verbrennungsplatz einäschern. Wenn sie zu Hochzeiten höherkastiger Dorfbewohner geladen sind, dann nur, um den Besuchern die Füße zu waschen.

Moderne Ideologien menschlicher Gleichheit haben zwar dazu geführt, dass das hierarchische Prinzip von bestimmten Teilen der Gesellschaft, insbesondere von den unteren Kasten, infrage gestellt wurde. Aber diese Ideologien haben die feste Verankerung hierarchischer Vorstellungen in den Köpfen der Inder nicht zum Verschwinden gebracht, sondern höchstens ein wenig gelockert. Was die Ideologie menschlicher Gleichheit jedoch zweifellos geschafft hat, ist, die Heuchelei in der Ober- und Mittelschicht zu verstärken – jene Kluft zwischen einer abfälligen privaten Anschauung gegenüber den unterdrückten Schichten einerseits und einem politisch korrekten Verhalten in der Öffentlichkeit andererseits.

Wir haben bereits erwähnt, dass die meisten Anthropologen, die sich mit der hinduistischen Gesellschaft befassen, behaupten, dass «Verschmutzung» oder «Unreinheit» das zentrale, organisierende Prinzip des Kastensystems und damit auch der Unberührbarkeit sei. Was aber sind die *psychologischen* Wurzeln einer Tradition, die so viele Menschen erniedrigt und degradiert?

In dem einzigen seriösen *psychologischen* Beitrag zur Unberührbarkeit bezieht der bedeutende Folklorist Alan Dundes die Position, dass der Unberührbare in der indischen Psyche zutiefst mit Fäkalien assoziiert werde. Er argumentiert, dass das Phänomen der Unberührbarkeit seine Wurzeln im Horror der Hindus gegenüber Fäkalien habe, was wiederum mit der kulturellen «Reinlichkeitserziehung» zusammenhängen soll.[7] Obwohl wir mit Dundes' Überlegungen übereinstimmen, in der die Bedeutung von *Schmutz* als ursprüngliches, psychologisches Moment im Phänomen der Unberührbarkeit herausgestellt wird, bezweifeln wir, inwiefern seine (freudianischen) Erklärungen der «Reinlichkeitserziehung» für diesen Zustand verantwortlich sind. Anders als im Westen gibt es in Indien keine Parallele für eine anale Fixierung der Sprache. «Merde!», «Shit!», «Scheiße!» sind in keiner indischen Sprache gängige Ausdrücke, um der Frustration Luft zu machen; ebenso wenig gibt es ein Pendant zu «Asshole!» oder «Arschloch!». Nicht die Fäkalien oder die mit ihnen verbundenen Körperteile werden als Formen der Erniedrigung eingesetzt, sondern vielmehr inzestuöse Ausdrücke. Mit anderen Worten, nicht in Indien, sondern in angloamerikanischen und europäischen Sprachen hört man in Form von Schimpfwörtern die lange zurückgestellte «Vergeltung» eines Kindes, das gezwungen wurde, seine Gedärme zu kontrollieren.

Unser eigener Ansatz, die psychologischen Wurzeln von Unberührbarkeit zu erklären, weicht entsprechend von Alan Dundes ab und hört sich – vereinfacht ausgedrückt – ungefähr so an: Übersetzt in eine Sprache psychologischen Erlebens, wird ein innerliches «rein sein» mit «sauber» und ein innerliches «verschmutzt sein» mit «dreckig» gleichgesetzt. Für ein indisches Kind aus einer der oberen Kasten ist ein Gruppenmitglied der Dalits beständig und unwiderruflich dreckig. Das kindliche Wissen ist natürlich weder ein anthropologisches noch ein religiös-textliches Wissen, sondern vielmehr «Wissen-Gefühl» – ein Wissen, das vorsprachlich und zutiefst internalisiert ist, also mit dem Verhalten naher

Familienmitglieder die Knochen des Kindes durchdrungen hat. Ein Kind der oberen Kasten hat während des Heranwachsens oftmals die plötzliche Körperspannung bei seiner Mutter, seinem Vater oder anderen Verwandten gespürt, wenn sich ein Dalit zu sehr näherte. Es hat ihre Empfindungen des Ekels aufgenommen und ahmt sie, wenn mit dem unmittelbaren Kontakt eines Unberührbaren bedroht, im eigenen Körper und Gesicht nach. Da ein Kind dazu neigt, sich selbst ins Zentrum aller Erfahrung zu setzen, verbindet es die Missbilligung und den Ekel der Familie gegenüber einem Unberührbaren mühelos mit der Zeit, als es selbst «unberührbar» war, also einer Zeit, in der es von unkontrollierbaren Wutanfällen heimgesucht wurde, eine schwer beherrschbare Begierde gegenüber allem hatte, was mit Nahrung in Verbindung stand, und über allem ... *dreckig* war.

Alle kleinen Kinder, überall auf der Welt, bemühen sich, ihre «schlechte», sozial missbilligte Dreckigkeit zu verleugnen, indem sie sie nach außen projizieren. Erst auf Tiere und später auf Menschen und Menschengruppen, «Reservoire», wie der Psychoanalytiker Vamik Volkan[8] es nennt, wobei diese «Reservoire» dem Kind durch die Vorauswahl seiner eigenen Kastengruppe zugänglich gemacht werden. Seit ewigen Zeiten sind die Unberührbaren für das hochkastige Kind das ausgewählte Reservoir der Verschmutzung, genauso wie es Muslime für Hindus sind (und umgekehrt). Es ist bedeutsam, dass Gandhi sich daran erinnert, wie seine Mutter ihm, als er noch ein Kind war, sagte, der kürzeste Weg, wieder Reinheit zu erlangen, wenn man einen Unberührbaren angefasst habe, sei, diese Berührung «ungültig» zu machen, indem man einen Muslim anfasse.[9]

Den anderen – die Gegenseite – als dreckig und von daher als unmenschlich einzustufen, ist auch bei ethnischen Konflikten (überall auf der Welt) üblich. Dabei werden die eigene Sauberkeit und Kultiviertheit nicht nur als menschlich-zivilisiert betrachtet, sondern schon beinahe in Gottesnähe gerückt. «Dreckiger Nigger» und «dreckiger Jude» sind nicht nur in den Vereinigten Staaten gängige Schimpfworte. Nach Ansicht der Chinesen sind die Tibeter ungewaschen und stinken beständig nach Yakbutter, während jüdische Kinder in Israel von klein auf lernen, dass Araber dreckig sind. Im ruandischen Rundfunk, der die Hutus aufhetzte, Tutsis niederzumetzeln, wurden die Letzteren beständig als Ratten und Kellerasseln bezeichnet, Kreaturen, die mit Schmutz und Kloaken assoziiert werden – Ungeziefer also, das ausgerottet werden muss.

Wie der Psychoanalytiker Lawrence Kubie in einer klassischen Studie ausgeführt hat, gibt es bei jedem von uns, als Vermächtnis unserer frühen Kindheit, ein unbewusstes Bild vom «Körper als einer Art beseelter, mobiler Unrat-Fabrik, die aus jeder Körperöffnung Schmutz absondert».[10] Die Verleugnung dieser Schmutzphantasie kann viele Formen annehmen. Im Westen wird diese Verleugnung mit einem Tabu rund um die Körperöffnungen belegt: Schmutzige Löcher führen zu einer schmutzigen Umgebung. Im Gegensatz dazu begegnet man in *Indien* einer relativen Gleichgültigkeit, wenn es ums Rülpsen, Furzen oder Räuspern geht. Das drückt sich auch im direkten Kontakt mit Fäkalien aus – dem Reinigen der häuslichen Lehmböden in den Dörfern mit flüssigem Kuhdung oder dem Waschen des eigenen Afters (mit Wasser in der linken Hand) nach der morgendlichen Darmentleerung. Das westliche Tabu verbietet alle Geräusche oder Gerüche, die aus den Körperöffnungen kommen und die die Aufmerksamkeit auf diese Öffnungen – und damit auf die im Hintergrund arbeitende «Unratfabrik» – lenken könnten. Entsprechend ist einem Europäer oder Amerikaner die Vorstellung, Rachenschleim öffentlich auszuspucken oder ohne Toilettenpapier aufs Klo gehen zu müssen, ein Ekel. Inder wiederum finden westliche Reinlichkeitsvorstellungen ebenso ekelhaft. Es gibt eine amüsante Anekdote der legendären klassischen Sängerin Siddheswari Devi aus Benares, die – von ihrer Tochter begleitet – für einen Monat nach England auf Tournee ging. Ihre Schülerin und Biografin, Sheila Dhar, war überrascht, sie bereits eine Woche nach ihrer Abreise wieder in Benares zu sehen. Nach den Gründen ihrer schnellen Rückkehr gefragt, platzte es aus Siddheswari Devi heraus: «So schmutzige Menschen! Ich werde nie wieder nach Vilayat (insbesondere England, aber auch genereller Ausdruck für Europa) fahren.» Dann fuhr sie fort: «Uns wurde ein Zimmer bei einer gemein aussehenden englischen Hexe gegeben. Nach meiner Reise wollte ich natürlich ein Bad nehmen. Wir haben das Bad kaum erkannt, weil es Teppiche auf dem Boden hatte! Ich habe von vorneherein vermutet, dass diese Leute es mit dem Waschen nicht sehr ernst nehmen können, wenn sie Teppiche in ihrem Bad liegen haben. Es gab keinen Messingtopf, keinen Holz-*patta* (niedrigen Sitz), um sich die Füße zu schrubben. Nichts. Nur geblümte Teppiche. An einer Wand gab es eine weiße, sargähnliche Wanne, die man – wie Pappo sagte – mit Wasser füllen und wie einen Wassereimer benutzen könne. Sie sagte, sie könne mich mit einer Plastikkaraffe, die sie im Zimmer gefunden habe, mit Wasser übergießen. Aber wo sollte ich sitzen? Was tun diese Leute sich an, fragte ich mich? Pappo erzählte mir, dass sie einfach in der Wanne in ihrem eigenen Schmutz sitzen und das ein Bad nennen.» Siddheswari bat ihre Tochter, die Teppiche aufzurollen, so dass sie auf dem Holzboden sitzen und Pappo sie dort mit Wasser begießen könne. Wenig später gab es laute Schreie von unten, als das Badewasser der Sängerin in den Fischeintopf der Gastgeberin zu tropfen begann. Als sie am folgenden Morgen die Toilette benutzen wollte und auch hier keinen Wassertopf vorfand, fragte die Sängerin geschockt: «Brauchen sie keinen Wassertopf in ihrer Toilette, um sich hinterher zu säubern?» Nein, antwortete die Tochter und zeigte ihr eine Rolle Papier. Hiermit machen sie sich sauber! «Ich konnte es nicht fassen und bat sie, mir zu schwören, dass dies wirklich alles ist, was sie benutzen – und sie schwor. In diesem Moment passierte etwas mit mir. Ich hatte das Gefühl, in Ohnmacht zu fallen, und konnte nicht einmal vernünftig atmen. Ich befahl Pappo, nach unten zu gehen und um einen zweiten Wasserbecher zu bitten, dass ich darauf bestünde. … Die Hexe kam die Treppe hochgerannt, um selbst nachzusehen, was gebraucht wurde. … Warum wir einen zweiten Becher bräuchten? Pappo versuchte, so gut es ging, zu erklären. Wir waschen uns mit Wasser und den Händen. Der Becher muss ein anderer sein als der, den wir hinterher für unser Körperbad benutzen. Die Hexe versuchte zu verstehen, was Pappo sagte, aber konnte einfach nicht glauben, dass jemand mithilfe von Wasser seine Hände zum Säubern benutzte. Als es ihr dämmerte, war sie an der Reihe, sich flau und krank zu fühlen. Sie krachte schockiert auf einen Stuhl. Alles, was ich wollte, war so schnell wie möglich nach Hause zurückzukehren.»[11]

In Indien wird mit der Schmutzphantasie anders umgegangen. Hier werden die unbewussten Phantasien der inneren «Unratfabrik» nach außen, auf eine andere Gruppe, projiziert: die Unberührbaren. Ein Brahmane kann nur deshalb rein sein, weil der Dalit unrein ist.[12] Ein reiner Körper darf nicht mit unreinen Dingen und Substanzen in Kontakt kommen: Man vermeidet unreine Nahrungsmittel wie Fleisch, unreine Berufe und Tätigkeiten oder eben den Kontakt mit Menschen, die man als unrein verachtet. Das regelmäßige innere Reinigen der Gedärme mit ayurvedischen Mitteln wie dem viel benutzten «Sonaswami» gehört ebenso zur Aufrechterhaltung der Reinheit wie das äußerliche Waschen des eigenen Körpers und die vielfach fast zwanghaften häuslichen Reinigungsrituale.

Während im Westen sehr viel Aufwand betrieben wird, den inneren Schmutz zu *verbergen*, tendiert man in Indien dazu, Schmutz nach außen zu verlagern. Das gilt sowohl für den Körper als auch für den privaten Wohnbereich. So sind ein indisches Haus oder eine Wohnung oft makellos rein, der anfallende Müll aber wird einfach nur bis vor das eigene Haustor gekehrt. Anders ausgedrückt, während auf die eigene Reinlichkeit, Körperpflege und Erscheinung oft peinlich genau geachtet wird, wird Dreck im öffentlichen Raum ignoriert – der öffentliche Raum sogar oft wie eine Müllgrube behandelt, für die man sich nicht zuständig fühlt. Es ist schon von vielen Beobachtern vor uns wahrgenommen worden, dass Inder sehr saubere Menschen sind, die in einem außergewöhnlich schmutzigen Land leben.

Die häufigen und offenen Familiendiskussionen rund um den Stuhlgang empfinden westliche Beobachter oft als zwanghaft oder unangenehm. Die Voreingenommenheit mit der täglichen, morgendlichen Darmentleerung beschränkt sich nicht allein auf den Stuhlgang, sondern es geht vielmehr um eine ganze Reihe von Substanzen, bei der die Fäkalien nur das letzte Glied in der Kette sind. Der innere Schmutz muss nicht versteckt, sondern – soweit möglich – im Vorfeld verhindert werden (beispielsweise durch die Wahl der Nahrungsmittel, die man zu sich nimmt), denn der wesentliche Aspekt, der nach indischer Vorstellung zu einem schmutzigen Inneren führt, sind die Einnahme von «dreckiger» Nahrung und die Speicherung der dreckigen Teile im Darm. Inder sind, wie wir im Kapitel über Gesundheit noch sehen werden, geradezu besessen von Vorstellungen reiner und unreiner Substanzen, wobei Letztere das menschliche Bewusstsein verdunkeln und somit zu vermeiden sind. Es ist also kein Wunder, dass die meisten Verbotsregelungen im Umgang der verschiedenen Kasten mit *Nahrung* zu tun haben. Das Erste, was eine niedere Kaste beispielsweise tut, wenn sie ihren Status öffentlich aufwerten will, ist, ihre Essgewohnheiten zu verändern. Zu einem großen Teil hat die Gleichstellung von Unberührbaren mit Dreck mit der Einnahme «dreckiger» Nahrungsmittel zu tun, einschließlich der konsumierten Essensreste aus höheren Kasten, die durch Speichel – ein weiteres Produkt der inneren «Unratfabrik» – verunreinigt sind. Wasser oder Nahrung von einem Unberührbaren anzunehmen, war noch vor gar nicht so langer Zeit der sicherste Weg, seinen eigenen Kastenstatus zu verlieren. Die Geschichten des Gott-Königs Rama, der Beeren aus der Hand einer Unberührbaren angenommen hat, oder des Gottes *Krishna*, der demonstrativ im Haus eines niedrigkastigen Freundes aus seiner Kindheit speiste, sind seit Jahrhunderten bevorzugter Stoff engagierter Hindu-Reformer in ihrem Bemühen, die Übel der Unberührbarkeit im Volk zu bekämpfen.

Da nach indischer Vorstellung Fäkalien im Körper neben «dreckiger» Nahrung der zweitgrößte Verursacher innerer Verschmutzung sind, gibt es eine starke Assoziation zwischen Unberührbarkeit und Fäkalien, auch wenn es kein *Tabu* der Körperöffnungen und Körperausscheidungen gibt wie im Westen. Die Verbindung von Unberührbarkeit mit Fäkalien zeigt sich in der äußeren Welt darin, dass Unberührbare beispielsweise die Latrinen reinigen und die Eimer voller Fäkalien auf ihren Köpfen davontragen.

Ein relativ vernachlässigter Aspekt psychologischer Ursachen für Unberührbarkeit ist der visuelle Aspekt von Dreck, seine Dunkelheit im Vergleich zum hellen Farbton der Sauberkeit. In der universellen Schmutzphantasie ist etwas Dunkles schmutziger als etwas Helles, und allgemein gesprochen, ist in Indien, in jeder gegebenen Region, ein Brahmane hellhäutiger als ein Unberührbarer, der meistens die dunkelste Hautfarbe unter den Kasten hat. Die Gleichsetzung von Schmutz mit dunkler Farbe ist jedem hochkastigen indischen Kind bekannt, insbesondere den Mädchen, die von ihren Müttern aufgetragen bekommen, ihre Haut mit einer Mixtur aus Teig und Sahne einzureiben, in der Überzeugung, dass die dunklen Schichten abpellen und die Haut heller wird.

Die Bevorzugung heller Haut und eine Verunglimpfung von Dunkelhäutigen, die an Verachtung grenzt, sind in ganz Indien weit verbreitet. In Heiratsanzeigen in indischen Zeitungen und im Internet wird häufig nach der Hellhäutigkeit einer Braut gefragt. Während im Westen für die pharmazeutische Industrie der Verkauf von Antifaltencremes und anderen Produkten gegen das Altern eine wahre Goldgrube ist, verkaufen sich in Indien, insbesondere in der aufsteigenden Mittelschicht, Produkte sehr gut, die versprechen, die Haut aufzuhellen. Fernsehwerbung für «Fair and Lovely-Creme» für Frauen und «Fair and Handsome-Creme» für Männer bezeugt ebenso wie Sprichwörter, Geschichten und Legenden, wie sehr helle Haut mit Adel, Schönheit und einer hohen Geburt verbunden wird. In der Assoziation von heller Haut mit Adel spiegelt sich eine «natürliche Ordnung», die als selbstverständlich gegeben hingenommen wird. «Black is beautiful» ist kein Slogan, der in Indien in naher Zukunft in irgendeiner Form greifen könnte. Helle Haut ist begehrenswert, dunkle Haut die äußere Manifestation innerer Verschmutzung und damit...unberührbar.

Das bringt uns zum hellhäutigen Ausländer und der Ambivalenz, mit der er häufig betrachtet wird. Einerseits konsumiert der Ausländer dreckige, verbotene Nahrung, insbesondere Rindfleisch, das ihn in der Kastenhierarchie ins Spektrum der Unberührbarkeit bringt. Und tatsächlich wird ein Ausländer in einem *traditionellen* brahmanischen Haushalt kaum auch nur in die Nähe der Küche gelassen. Andererseits steht die helle Haut ausländischer Christen oder Muslime der Voreingenommenheit von Schmutz und Unberührbarkeit entgegen: Man weiß nicht recht einzuordnen, wo die hellhäutigen Ausländer zu platzieren sind. Für die meisten Inder wird helle Haut mit Sauberkeit, einem hohen Stand und Begehrlichkeit assoziiert, gepaart mit Erinnerungen hellhäutiger Invasoren, die die Vorfahren regierten. Dieses unverdiente Kapital der Weißen sowie der Wohlstand, der überwiegend mit Hellhäutigen assoziiert wird, lassen so manchen Inder gegenüber den *goras* (Weißen) katzbuckeln, während beispielsweise dunkelhäutige Afrikaner Objekte der Gleichgültigkeit oder der Herablassung sind. Kein Wunder also, dass viele Weiße, die in ihrer Heimat ein anonymes, durchschnittliches Leben führen, sich in Indien als etwas Besonderes fühlen, von vielen bewundernden Blicken umrundet, bestärkt durch einen beständigen Strom narzisstischer Zufuhr, die ihm von durchschnittlichen Indern aufgrund ihrer Vorliebe für helle Haut entgegengebracht wird.

Geschichten und Legenden spielen eine entscheidende Rolle, ein Kind in die Gesellschaft einzuführen, in der es lebt, und die Geschichte von der Krähe und dem Spatz, die in vielen Regionen Indiens mit nur leichten Abwandlungen voneinander bekannt ist, vermittelt dem Kind eine kulturelle Sichtweise der Unberührbarkeit in einer erzählenden statt diskursiven Form. In dem Buch «Two Tales of Crow and Sparrow» bezieht sich Alan Dundes auf eine Version der Geschichte aus Maharashtra, einem Bundesstaat in Westindien, die im Folgenden zusammengefasst wird:[13]

Es gab einmal eine Krähe, die die Jungen eines Spatzen fressen wollte.

Sie kam zu seinem Nest und fragte nach der gewünschten Speise. Der Spatz war schlau und wusste, dass er nicht in der Lage sein würde, offen mit der ihm kräftemäßig überlegenen Krähe zu kämpfen. Er dachte eine Weile nach und sagte sanft zu der Krähe: «Oh, Krähe! Natürlich kannst du meine Kinder fressen, wenn du möchtest. Aber nur unter einer Bedingung. Du weißt, dass du eine Mahar bist, eine Unberührbare, und ich bin ein Brahmane, also bitte berühre meine Kinder nicht in deinem jetzigen Zustand. Erst musst du dich waschen, den Schnabel und alles, und dann kannst du sie fressen.»

«So soll es sein», antwortete die Krähe und flog zum Fluss. Als sie gerade eintauchen wollte, um sich zu waschen, sagte der Fluss: «Oh, Krähe, du bist eine Mahar, bitte tauche nicht in mich ein.»

«Oh, Fluss, ich muss baden, um die Nestlinge des Spatzen verspeisen zu können.»

«In diesem Fall bringe einen Topf und schöpfe Wasser damit.»

Die Krähe flog zu einem Töpfer und sagte: «Oh, Töpfer, gib mir einen Topf. Mit dem Topf kann ich Wasser schöpfen. In dem Wasser kann ich baden. Nach dem Bad kann ich die Nestlinge des Spatzen fressen.»

«In diesem Fall», sagte der Töpfer, «musst du mir Lehm bringen, denn alle Töpfe, die ich hier habe, sind gebrochen.»

Die Krähe flog zum Boden und begann, mit ihrem Schnabel Erde zu graben, war aber nicht in der Lage, viel zusammenzutragen. Also ging sie zum Hirsch und bat ihn, ihr sein Horn zum Graben zu geben. Der Hirsch sagte, wenn die Krähe einen Kampf mit einem Hund vermitteln könne, dann könne dieser sein Horn abbrechen. Die Krähe ging zum Hund und bat ihn, mit dem Hirsch zu kämpfen, damit sie sein Horn bekäme, damit sie Erde graben könne, damit der Töpfer ihr einen Topf mache, damit sie ihren Schnabel waschen und die Nestlinge des Spatzen fressen könne. Der Hund willigte ein zu kämpfen, sagte aber: «Oh, Krähe, ich brauche eine eiserne Kugel, um sie nach dem Hirsch zu werfen. Besorge sie mir.» Die Krähe ging zum Schmied und bat um eine eiserne Kugel. Der Schmied schmiedete im Feuer eine eiserne Kugel und gab sie der Krähe. Die Krähe nahm die heiße, brennende Kugel in ihren Schnabel und verbrannte zu Tode. So blieben dem Spatzen seine Jungen erhalten.

In den meisten Versionen dieser Geschichte versteht sich die Identität der Krähe mit dem Unberührbaren von selbst, und die Bedrohung, die von ihr als Unberührbarer ausgeht, bleibt unausgesprochen: Die Krähe möchte nur mit dem Spatzen gemeinsam *speisen.* Sie wird – wie auch in der oben ausgeführten Version – weggeschickt, um ihren Schnabel zu säubern. Für ein Kind, das die Geschichte hört, ist die Gleichstellung der Krähe mit einem Unberührbaren klar. Die Krähe ist schwarz und hat einen Schnabel, der sich nicht scheut, in Abfällen, Fäkalien und Kadavern herumzustochern. Zudem ist die Krähe in der indischen Vorstellung unglücksbringend, sie wird im Volksmund mit Tod assoziiert. Von einer Krähe zu träumen, ist Zeichen eines nahenden Todes. Auch in der abgewandelten Version, wo die Krähe mit dem Spatzen nur gemeinsam speisen will, wird sie für diese Anmaßung – so die Moral der Geschichte – rechtmäßig bestraft. Dies sind einige der grundlegenden Aspekte der Unberührbarkeit, die in das kulturelle Gedächtnis des heranwachsenden Kindes eindringen und sich als «Wahrheit» der sozialen Welt, in der wir leben und sterben, verankern.

Kaste und Mittelklasse

Kaste oder vielmehr das, was als «Übel des Kastensystems» verstanden wurde, war für mehr als ein Jahrhundert unter beständigem Angriff der Hindu-Reformer – unter ihnen die führende Gestalt Mahatma Gandhis. Wenn jemand das Kastenwesen heute öffentlich attackiert, ist dies nicht länger Futter für die Medien, sondern umgekehrt, wenn jemand das System noch immer verteidigt. Die Attacken der Reformer auf die religiösen und moralischen Grundfeste der Kaste und der Angriff des Staats auf die im Kastenwesen verankerte Diskriminierung haben den Zangengriff des Kastenwesens auf das Denken der städtischen Mittelschicht gelockert. Der bekannte Soziologe André Béteille bestätigt diesen Wandel, wenn er schreibt: «Der Arzt in seiner Praxis, der Anwalt in seiner Kanzlei, der Beamte oder Angestellte in seinem Büro ist nicht länger gebunden an die moralische Autorität seiner Kaste oder Subkaste, wenn man es mit dem Brahmanen, dem Rajputen, dem *nai* (Frisör) oder dem *dhobi* (Wäscher) im traditionellen Dorf vergleicht. Die Emanzipation des Individuums von den Forderungen der Kaste und Subkaste ist komplex und ein weitreichender Prozess, der bei weitem nicht abgeschlossen ist … Es wird jedoch deutlich, dass eine steigende Anzahl Professioneller, Beamter, Manager und anderer sich frei fühlt, die moralischen Forderungen zurückzuweisen, die im Rahmen der Kaste, zu der sie zufällig gehören, möglicherweise an sie gestellt werden könnten ... In diesem Sinne ist die Orientierung von Indern der Mittelschicht an der Kaste und an der Familie ziemlich unterschiedlich. Er kann zwar seine Verpflichtungen gegenüber seiner Familie nicht zurückweisen, selbst wenn er sie lästig findet; nichts aber ist leichter für ihn, als die Forderungen seiner Kaste zurückzuweisen, wenn er sie unangemessen findet.»[14]

Es gibt in der städtischen Mittelschicht natürlich auch Vorstellungen bezüglich der Kastenidentität, die sich *unterhalb* der Oberfläche des Bewusstseins befinden und damit der bewussten Auseinandersetzung und möglichen Zurückweisung weniger zugänglich sind. Heutzutage den Beruf abzulehnen, den eine Kaste traditionell für jemanden vorschreibt, ist noch am einfachsten; Mittelklassefamilien legen großen Wert auf die Zulassung ihrer Kinder zu Schulen, Fachhochschulen und Universitäten, die als Tore zu erfolgreichen Karrieren in der modernen Ökonomie angesehen werden. Kaste spielt in der Mittelschicht nur noch eine geringfügige Rolle in Freundschaften. Auch Heiraten über die Kastengrenzen hinaus – obwohl noch immer selten – beginnen das Denken der Inder zu verändern. Das hierarchische Prinzip aber, das mit Kaste assoziiert wird, bleibt ein einflussreicher Faktor in der Psyche des Mittelklasse-Inders, genauso wie die spezifische Phantasie, die den Unberührbaren zum dunkelhäutigen Fresser dreckiger Nahrung macht.

Die indische Frau: Tradition und Moderne

Indien war und ist noch immer eine patriarchale Gesellschaft, in der Frauen sich im Allgemeinen unterzuordnen haben und entmachtet sind. Indische Frauen aber ausschließlich aus einem patriarchalischen Blickwinkel heraus zu betrachten, würde ein Bild hervorbringen, das, oberflächlich gesehen, dem von Frauen anderer patriarchaler Gesellschaften gleicht – und zwar nur deshalb, weil das Bild ungenau und verschwommen ist. Richtet man den Blick aber mit einem «Vergrößerungsglas» auf die indische Kultur mit ihren gegenwärtigen Veränderungen, wird das Bild klarer und nuancierter, da nun auch unerwartete Details, die den Vorstellungen eines Patriarchats entgegenstehen, herausstechen. Parallelen zu Frauen anderer patriarchaler Gesellschaften sind zwar nicht verschwunden, aber es stellt sich ein stärkeres Gleichgewicht zwischen den Gemeinsamkeiten und den zum Teil erheblichen Unterschieden ein. So übertrumpft beispielsweise in Indien fast immer die Kaste das Geschlecht in dem Sinne, dass eine hochkastige brahmanische Frau einen höheren Status genießt als ein niedrigkastiger Mann.[1] Oder, um ein anderes Beispiel zu geben, die machtvolle Rolle, die Muttergöttinen in der kulturellen Vorstellungswelt Indiens spielen, durchdringt männliche Dominanz mit emotionalen Schattierungen von Angst, Ehrfurcht, Sehnsucht, Hingabe etc., die in der begrenzten Palette patriarchaler Erklärungsmuster gewöhnlich fehlen. Das Zusammenspiel universeller patriarchaler Werte indischer Kultur und historischer Veränderungen im Verlauf der Begegnung Indiens mit dem Westen zeigt sich am deutlichsten bei den modernen, städtischen Frauen Indiens.

Die ökonomische Öffnung Indiens, sozialpolitische Veränderungen in den Metropolen sowie der Einfluss der Medien und modernster Technologien gehen einher mit einer rasanten Umstrukturierung der gesellschaftlichen Ordnung. Die Herausbildung einer beachtlichen Mittelklasse in den letzten Jahrzehnten wird als der entscheidende Faktor in der fortlaufenden Transformation der indischen Gesellschaft betrachtet. Bedenkt man, dass wir bei der indischen Mittelklasse von einer Gruppe von 200 bis 300 Millionen Menschen reden – ungefähr einem Fünftel der indischen Gesellschaft –, so wird deutlich, dass man eigentlich von *den* Mittelklassen im Plural sprechen müsste. Entsprechend ist die Mittelklasse nicht überall im Land gleich: Im Süden des Landes nehmen Frauen mehr am Leben ihrer Männer teil als im Norden; die kleineren Städte sind im Allgemeinen traditioneller als die großen Metropolen, selbst wenn Sexumfragen in Zeitschriften sie regelmäßig als Horte sexueller Experimente umschreiben. Trotz alledem sind die *Gemeinsamkeiten*, die Männer und Frauen der Mittelklasse teilen, größer als die Trennlinien von Kaste, Sprache oder der Region. Innerhalb dieser sich ausweitenden Mittelklasse, die überwiegend städtisch und gebildet ist, ist es die Frau, die zum Zentrum der Veränderungen in der indischen Gesellschaft wird.

Gefangen im Kreuzfeuer unterschiedlicher Ideologien, mit denen einerseits die traditionellen Vorstellungen indischer Weiblichkeit verteidigt werden und andererseits Frauen von dem befreit werden sollen, was als Ungleichheit und Einengung eines religiös sanktionierten Patriarchats betrachtet wird, ist die moderne indische Frau – in dem Bemühen, traditionelle Ideale mit modernen Zielen zu vereinbaren – zwischen zwei sich widersprechenden Kräften ihrer Psyche hin- und hergerissen. Auf die Kritik, die ihr sowohl von der extremen Linken als auch vom rechten politischen Spektrum entgegengebracht wird, kann sie mit Goethes Faust antworten:

> «Du bist dir nur des einen Triebs bewusst,
> Oh lerne nie den anderen kennen!
> Zwei Seelen wohnen, ach in meiner Brust,
> Die eine will sich von der anderen trennen».

Eine Tochter wird geboren

Um das Ausmaß des Wandels, der bei Frauen der indischen Mittelklasse stattgefunden hat, richtig einzuschätzen, sollte man an die deutliche Bevorzugung der Geburt eines Sohnes erinnern, eine Bevorzugung, die in der Psyche indischer Frauen möglicherweise über Generationen Narben hinterlassen hat.

Die innere Erfahrung, ein Mädchen zu sein, wahrzunehmen, dass man mit seiner Geburt diejenigen, die man zutiefst liebt, möglicherweise weniger erfreut hat, die eigene Enttäuschung zu spüren, wenn die Augen der Erwachsenen beim Anblick eines Bruders aufleuchten, während sie sich beim eigenen Anblick trüben, kann leicht eine Krise am Anfang der Identitätsentwicklung eines kleinen Mädchens auslösen. Diese stille Krise ist selten so gut zum Ausdruck gebracht worden wie in den Erinnerungen der Hindi-Schriftstellerin Mrinal Pande, die die Reaktionen ihrer Heldin – der siebenjährigen Tinu – bei der Geburt eines Bruders beschreibt, nachdem den Eltern bereits drei Töchter geboren waren:

«Eine Tante kommt mit einer schimmernden Schale besonderer Brühe für Mutter, die nach Fenchel und Koriander und ausgelassener Butter riecht. Kleine Stückchen gehackter Mandeln und Pistazien schwimmen wie winzige Segelboote auf der Oberfläche. Mutter lächelt und sagt, dass sie sich nicht danach fühle, dieses starke Zeug zu trinken. ‹Trink es aus, trink es aus›, sagt Großmutter, die den Raum betritt und sich herunterbeugt, um meine jüngere Schwester auf den Arm zu nehmen. ‹Du wirst diesmal einen Sohn stillen.› Mutter richtet sich auf einem Ellenbogen auf. Ich stoße sie an, so dass etwas von der widerlichen Flüssigkeit verschüttet wird. Ich erwarte, ausgeschimpft zu werden, fest an meiner Schulter gegriffen und für schlechtes Benehmen aus dem Raum geschickt zu werden. Aber nichts dergleichen passiert. Keiner kann heute vor Freude aufhören zu lächeln. ‹Dies ist meine Laxmi-Tochter (Glücksgöttin)›, sagt Großmutter und drückt meine kleine Schwester an ihren großen Busen. ‹Sie hat einen Bruder auf ihrem Rücken getragen.› Alle lächeln noch mehr .... ‹Ihr habt jetzt einen Bruder›, sagt uns jeder beglückt. ‹Er schützt euch und trägt den Namen eures Vaters.› Dinu und ich kichern bei dem Gedanken daran, dass dieses kleine Bündel uns schützen soll. Die Freude der Älteren ist ansteckend ... ‹Ich bin froh, dass nun alles vorbei ist›, sagt Mutter zu ihrer Mutter. ‹Keine weiteren Torturen wie diese mehr›, sagt sie und legt sich hin, zufrieden wie eine Katze. ‹Ruhig jetzt›, sagt Großmutter, nicht unfreundlich, zu uns. ‹Lasst eure Mutter sich ausruhen.› Wir sind fast an der Tür, als Mutter besorgt fragt, ob wir gegessen haben. Ihre Augen sind braun und tief, und sie sagen: ‹Macht nichts. Ich werde euch trotzdem lieben.› Dinu und ich lächeln und sprechen zusammen: ‹Ja, haben wir.› Obwohl wir in Wahrheit nicht gegessen haben.»[2]

Der Vorzug eines Sohnes ist so alt wie die indische Gesellschaft selbst. In vedischen Versen wird darum gebeten, dass die Geburt eines Sohnes noch weitere Söhne, nicht aber Mädchen nach sich ziehe. In einem Gebet im Atharvaveda wird böswillig hinzugefügt: «Gewähre die Geburt eines Mädchens sonstwo, hier gewähre einen Sohn.» Wie der Indologe MacDonell beobachtet hat, «sind Töchter in der Rig Veda in der Tat unübersehbar aufgrund ihrer Abwesenheit. Wir finden in den Gesängen Gebete für Söhne und Enkel, für männlichen Nachwuchs, männliche Erben, gelegentlich auch für Ehefrauen, niemals aber für Töchter. Auch um Vergebung für einen selbst und für die Enkelsöhne wird gebeten, nicht aber für den Segen einer Tochter.»[3]

In manchen Landesteilen werden bei der Geburt eines Sohnes Trommeln geschlagen, in anderen werden Muschelhörner geblasen und Hebammen fürstlich entlohnt. Bei der Geburt einer Tochter hingegen gibt es keinen solch spontanen Jubel. Volkslieder von Frauen enthüllen dieses schmerzliche Bewusstsein der Diskrepanz zwischen festlicher Freude bei der Geburt eines Sohnes und dem schlichten Hinnehmen der Geburt einer Tochter. Entsprechend klagen Frauen in einem nordindischen Lied:

«Höre, oh Sukhma, was für eine Tradition begonnen hat! Trommeln schlagen bei der Geburt eines Jungen, aber bei meiner Geburt wurde nur ein Messingteller geschlagen.»

Und in Maharashtra, im zentral-westlichen Teil des Landes, vergleicht sich ein Mädchen mit der süßlich duftenden Jasminblüte (*jai*), während sie den Jungen mit dem streng riechenden Dornenzweig (*kevada*) gleichsetzt und klagend fragt: «Nimmt überhaupt jemand den süßlichen Duft des jai wahr? Der schwere kevada hingegen erfüllt die Straßen mit seinem strengen Geruch.» Ein gegenwärtiges Sprichwort aus Bengalen, im Nordosten des Landes, drückt die kulturell sanktionierte Bevorzugung noch unverblümter aus: «Sogar die Pisse eines Jungen wird Geld bringen; lass die Tochter doch zur Hölle fahren.»

Die Bevorzugung der Geburt eines Sohnes ist – auch wenn weit verbreitet – nicht gleichförmig. Die Geburt einer Tochter nach einer Folge von Söhnen wird mit großer Freude begrüßt. In einigen Familien ist eine Tochter auch als *erstgeborenes* Kind – sozusagen als Vorbote des Glücks – willkommen, selbst wenn ihre Geburt nicht mit der eines Sohnes gleichgestellt wird. Die Geburt einer zweiten oder dritten Tochter allerdings, insbesondere wenn der Familie noch kein Sohn geboren wurde, wird meistens als Unglück betrachtet. Nur in wenigen Landesteilen im Nordosten und Südwesten Indiens, bei denen Besitz über ein matrilineares Vererbungssystem traditionell von Müttern auf ihre Töchter überging und in dem jung verheiratete Paare im Elternhaus der *Braut* einzogen, ist die Geburt einer Tochter sehr willkommen, doch auch hier verändern sich inzwischen die Regelungen der Vererbung rapide zugunsten des männlichen Nachwuchses.

Neben einer universellen patriarchalen Besessenheit, den Familiennamen durch männliche Nachkommen weitergeben zu wollen, gibt es natürlich rituelle und ökonomische Gründe, warum Söhne in Indien so stark bevorzugt werden. Die Gegenwart eines Sohnes ist für die korrekte Ausübung vieler Sakramente notwendig, insbesondere für die Riten, die nach dem Tod der Eltern ausgeübt werden und die für das Wohlergehen ihrer Seelen unumgänglich sind. Ökonomisch wird eine Tochter als totaler Kostenfaktor gesehen: Sie geht jung – nämlich mit ihrer Verheiratung – aus dem Haus und trägt somit nie wesentlich zum Familieneinkommen bei; sie nimmt mit der Heirat einen beträchtlichen Teil des beweglichen Familienvermögens als Mitgift mit, und im Falle armer Familien stürzt sie die Eltern nicht selten in tiefe Verschuldung, um für die Mitgift der Tochter aufzukommen. Im «Aitareya Brahmana» (wie auch in anderen alten Texten) wird wahrscheinlich hauptsächlich auf diese ökonomischen Sachverhalte Bezug genommen, wenn es schlicht heißt, dass eine Tochter die Quelle des Elends, ein Sohn aber der Retter der Familie sei.

Obwohl die Geburt eines Sohnes auch weiterhin von fast allen Indern bevorzugt wird, zeigt sich in städtischen Familien der Mittelklasse ein Rückgang dieses traditionellen Verhaltens. Wichtiger noch – ganz gleich, wie stark die Enttäuschung anfänglich möglicherweise war, dass es *nur* ein Mädchen ist –: *Nach* der Geburt nehmen Eltern der städtischen Mittelklasse mit gleicher Freude Anteil an ihrer weiblichen und männlichen Nachkommenschaft, zumindest solange sie Kinder sind. In ihrem Umgang mit dem Baby zeigen sie keine Bevorzugung der Jungen gegenüber den Mädchen, ganz gleich, ob sie das Kind umsorgen oder mit ihm spielen.[4] Eine stärker anhaltende Enttäuschung über die Geburt eines Mädchens ist vielmehr von älteren Familienmitgliedern zu erwarten (Großeltern, Großonkel und -tanten), bei denen traditionelle Werte tief verinnerlicht sind.

Die Diskriminierung der Mädchen

Die Bevorzugung der Söhne schlägt sich gewöhnlich in der unterschiedlichen Behandlung von Mädchen und Jungen in ihrer Erziehung nieder. In dem bereits erwähnten Roman «Tochter einer Tochter» wird sich die vierjährige Tinu bei einem Besuch bei ihrer Großmutter plötzlich über den Unterschied zwischen ihr und ihrem gleichaltrigen Vetter Anu bewusst:

Ob es nun darum geht, farbige Papierschnecken für eine Hochzeit zu basteln, wo Anu sich stets die besten Zweige nimmt und die verrotteten Tinu und ihrer Schwester überlässt oder ob es der kleine Pfau aus Goldfäden ist, den die Schwestern zwar entdeckt haben, aber auf Drängen der Erwachsenen – sogar ihrer eigenen Mutter – dem Cousin abtreten müssen, es wird für die kleine Tinu offensichtlich, das Anu, als Sohn des Sohnes, sich nicht vorstellen kann, dass ihm irgendjemand für längere Zeit auch nur irgendetwas vorenthalten könnte.

Bei einem Besuch des Elternhauses ihrer *mami* (der Ehefrau des Bruders der Mutter) hört Tinu den Vater der Tante murmeln: «Zu viele Mädchen! Zu viele Mädchen in all den schönen Häusern», während er einem seiner Enkelsöhne eine Scheibe Mango oder einen Bonbon reicht; als Mädchen können Tinu und ihre Schwester höchstens auf ein nachsichtiges Lächeln hoffen. Bei Beschwerden des Nachhilfelehrers bezüglich des Konzentrationsmangels der Mädchen lächeln die Schwestern ihrer Mutter und sagen so etwas wie: Mädchen brauchen Fertigkeiten, um gute *chapatis* zu backen und einen guten *dal* zu kochen. Die alte Dienerin der Großmutter sagt, während sie die Hündin der Familie für die Nacht einsperrt, dass sie so alle Mädchen haben möchte: hinter verschlossenen Toren und bei einsetzender Dunkelheit schlafend. Selbst Tinus Mutter ist nicht ganz gefeit vor den traditionellen Ideologien in Bezug auf das Verhalten von Mädchen:

«Wenn Dinu und ich zu sehr lachen, wird Mutter wütend und sagt, wir werden jetzt weinen. Mädchen sollten nicht zu viel lachen, sagt sie ärgerlich. Dinu und ich kichern in unsere Decken, und dann setzen wir uns mit unserer Spucke Tränen auf die Wangen, um Unglück abzuwenden.»[5]

Die Diskriminierung indischer Mädchen spiegelt sich auch in einer Vielzahl von Statistiken, von der die erschreckendste ihre millionenfache

Abwesenheit ist: die selektive Abtreibung weiblicher Föten, sogar weiblicher Säuglingsmord – häufig von den Hebammen gegen Bezahlung verübt. Sie sind, gemeinsam mit der Unberührbarkeit, die schlimmsten Schandflecken der indischen Gesellschaft. Statistiken sagen uns, dass die Sterblichkeitsrate weiblicher Kleinkinder höher ist als die der Jungen; dass Mädchen seltener gestillt werden, für kürzere Zeit und über kürzere Zeiträume als ihre Brüder; sie bekommen schlechtere Nahrung, arbeiten länger als ihre Brüder und haben weniger Zugang zu Bildung und Gesundheit.[6]

Dieses sind also einige der objektiven Fakten der Diskriminierung gegen Töchter. Was aber ist die *subjektive* Realität? Wie wird die faktische Benachteiligung der Mädchen von ihnen selbst wahrgenommen? Wie wir wissen, ist es psychologisch nicht von Bedeutung, was tatsächlich geschehen ist, sondern was wir *glauben*, was uns geschehen ist. Die Geschichten, die wir uns über unsere Vergangenheit und über uns selbst erzählen, sind unerlässlich, um die Wahrheit fern zu halten, die uns aus unserem unsteten Selbstwertgefühl und Wohlbefinden herausstoßen kann. Eine umfassende Studie, die mit Mädchen im Alter von sieben bis achtzehn Jahren in sechshundert ländlichen und städtischen Haushalten aus acht Bundesstaaten Indiens durchgeführt wurde, bezeugt die Kluft, die häufig zwischen objektiven Fakten und ihrer subjektiven Wahrnehmung besteht.[7] Als die Frage gestellt wurde, ob ein indisches Mädchen sich benachteiligt *fühlt* und im Vergleich mit ihren Brüdern ungerecht behandelt wird, fielen die Antworten nicht so deutlich aus wie in dem Bericht der kleinen Tinu oder aber wie uns die Statistiken glaubhaft machen wollen. In der *bewussten* Wahrnehmung indischer Mädchen – und das überschneidet Einkommen, Bildung und regionale Unterschiede – wird die Antwort auf die Frage nach Geschlechterdiskriminierung eher verneint als bejaht. Der Studie zufolge erzählen Mädchen nicht von Diskrepanzen in Bezug auf ihre Gesundheitsversorgung und Ernährung (obgleich sie meistens die Letzten in der Familie sind, die gemeinsam mit der Mutter essen). Auch nehmen sie gegenüber ihren Brüdern keinen Unterschied in der Austeilung von Lob und Bestrafung wahr. Soweit es die Bildung betrifft, glauben über 70 % (mit steigendem Prozentsatz in den Bundesstaaten Kerala und Maharashtra), dass Bildung für Mädchen genauso wichtig ist wie für Jungen.

Wie kommt es zu dieser Kluft der subjektiven, positiven Wahrnehmung der Mädchen und der objektiven, faktischen Realität ihrer Diskriminierung? *Eine* Antwort ist, dass die kulturelle Bevorzugung von Söhnen und die Benachteiligung der Töchter, wie sie in den Statistiken (oder auch in den leichter zugänglichen Kindheitserinnerungen von Schriftstellern) erfasst sind, sich nicht immer direkt auf die Psyche indischer Mädchen auswirken. Die patriarchale Haltung, mit der Mädchen kulturell abgewertet werden, wird durch den Filter der Familie – der Beziehung und dem Verhalten anderer Familienmitglieder gegenüber dem Mädchen – gemildert. Mit anderen Worten, damit die kulturelle Abwertung von Mädchen und Frauen in ein tief empfundenes Gefühl der Wertlosigkeit und Verbitterung umschlägt, müsste – im alltäglichen Familienleben – zunächst einmal das Verhalten der Eltern und anderer Bezugspersonen des Mädchens völlig mit dieser kulturellen Abwertung übereinstimmen. Weiterhin setzt die tiefe Verinnerlichung eines niedrigen Selbstwertgefühls auch voraus, dass Mädchen und Frauen keine eigene Sphäre haben, keine unabhängigen Einkommensbereiche und Tätigkeitsquellen, keine Verantwortung, Kompetenzen und Kontrolle in Familie und Gemeinschaft, keinen Lebensraum außerhalb dem der Männer, innerhalb dem sie jene Aspekte weiblicher Identität erschaffen und ausleben, die aus der Intimität und der Zusammenarbeit mit anderen Frauen hervorgehen. Aber tatsächlich gibt es im traditionellen Indien diese Ventilfunktionen, die dazu beitragen, die Diskriminierungen und Ungerechtigkeiten patriarchaler Haltungen und Institutionen zu mildern.

Aus ethnologischen Berichten und anderen Quellen kennt man die Nachsichtigkeit, Zuneigung und oft mitfühlende Aufmerksamkeit, die Mütter ihren Töchtern ein ganzes Leben lang entgegenbringen.[8] «Ich drehe die steinerne Getreidemühle mit der Schnelligkeit eines rennenden Rehs; das kommt daher, weil meine Arme mit der Muttermilch, die ich getrunken habe, so stark geworden sind.» Dieser und andere Verse, die von Frauen auf dem Land in ganz Indien gesungen werden, bezeugen, dass die Tochter sich an die Zuneigung der Mutter erinnert, und zeigen das Selbstbewusstsein und die Willensstärke, die dadurch in ihr gewachsen sind.

Zusätzlich zu dieser empathischen Bindung an ihre Mutter sorgen auch die Beziehungen innerhalb der Großfamilie dafür, dass Ressentiments, die die Heranwachsende gegen ihre Brüder hegen mag, gemildert werden. Unter den vielen Erwachsenen, die einer indischen Großfamilie angehören, gibt es fast immer jemanden, der einem kleinen Mädchen ganz besondere Bewunderung entgegenbringt und ihm das Gefühl der Einzigartigkeit vermittelt – etwas, das die Brüder meistens von vielen erfahren. Wenn das Mädchen neben Brüdern zudem noch die *einzige* Tochter in einer Familie ist, dann steigen solche Chancen natürlich gewaltig. So gibt es in indischen Volksmärchen oft Ehepaare, die – egal, wie viele Söhne sie auch haben mögen – die einzige Tochter in ihrer Mitte zum Liebling erkoren haben.

In Tinus Fall – ganz abgesehen von der Fülle ihres reichen Innenlebens und den Ressourcen einer poetischen Vorstellungskraft – ist es ihr emotionaler Zugang zu ihrem Vater, der ihr erlaubt, mit der Diskriminierung in kreativer Weise umzugehen, ohne verbittert zu werden:

«Wenn niemand mich beachtet, dann will ich frei schweben, schmuddelig und ungekämmt in den großen, einsamen, nackten Räumen, wo ich mit den Schatten tanzen kann, wenn Dinu und Mutter weggegangen sind zu Großmutters vollem und lautem Haus. ... Ich liebe es, zurückgelassen zu werden. Sobald sie um die Ecke sind, komme ich raus und weiß, dass das Haus jetzt meines ist. Jetzt kann ich singen, ich kann lachen, ich kann vor dem Spiegel Grimassen schneiden und nach Würmern im Garten graben. Ich kann auch Vater ganz für mich haben, wenn er zum Mittagessen nach Hause kommt. Ich kann Geschichten erfinden, um ihn zu unterhalten, während er isst, und er wird gutmütig nicken und mein Kleckern, das in der Aufregung passiert, übersehen. Aber es ist nicht leicht, zurückgelassen zu werden ...»[9]

Weiterhin darf nicht vergessen werden, dass im traditionellen Indien jedes Mädchen in eine wohldefinierte Gemeinschaft von Frauen in ihrer Familie hineingeboren wird. Obwohl diese Gemeinschaft durchaus nicht immer von gutem Willen und Solidarität erfüllt ist, gibt doch die Existenz dieser exklusiven Sphäre der Weiblichkeit und Häuslichkeit einem heranwachsenden Mädchen die greifbare Möglichkeit, tätig und produktiv zu sein. Mit den anderen Frauen zurechtzukommen, die Fertigkeiten des Haushaltens, Kochens und der Kinderversorgung zu erlernen, den eigenen Platz in dieser Primärwelt zu finden: Das sind die Aufgaben, die zum Alltag eines traditionell heranwachsenden Mädchens gehören. Wenn nötig, sind die anderen Frauen der Familie – die Mutter, Tanten, Schwestern, Schwägerinnen – darüber hinaus nicht nur Lehrerinnen und Vorbilder, sondern auch Verbündete gegen die Diskriminierung und die Ungerechtigkeiten der äußeren Welt. Im «Untergrund» dieser weiblichen Eigenwelt, gespiegelt in Balladen, Hochzeitsliedern und Witzen, reagieren Frauen sehr wohl auf die Diskriminierung der patriarchalen Kultur, indem sie Männer als eitel, treulos und kindisch darstellen.[10] Zu guter Letzt hat das junge Mädchen die Vorbilder älterer Frauen – alles «Mütter» –, die in Familienangelegenheiten respektiert werden und häusliche Macht besitzen. Der zutiefst verrufene altindische Gesetzesschreiber Manu richtet sich in seiner Frauenfeindlichkeit nicht gegen *alle* Frauen. Seine berüchtigten Aussprüche in Bezug auf Frauen sind gegen die *jüngeren* Frauen gerichtet, nicht aber wenn sie älter und damit *Mütter* sind. So sagt er beispielsweise: «Der Lehrer ist zehnmal verehrungswürdiger als der Gehilfe, der Vater ist hundertmal verehrungswürdiger als der Lehrer, aber die Mutter tausendmal mehr als der Vater.»[11] Alle diese Faktoren helfen, den Schaden des angeschlagenen Selbstwertgefühls eines Mädchens zu begrenzen, wenn es entdeckt, dass es in den Augen ihrer Kultur weniger wert ist als ein Junge.

Lassen wir hier einmal die objektiven Fakten der Diskriminierung gegen Töchter der *Mittelklasse* beiseite, die mit Sicherheit geringfügiger sind als die Diskriminierungen gegen Mädchen, die in traditionellen Familien aufwachsen. Subjektiv gesehen, sind viele Mädchen aus der Mittelklasse davon überzeugt, dass sie und ihre Brüder von den Eltern als gleichwertig betrachtet werden. Tatsächlich stellt eine Studie von 130 Schuljungen und 90 Schulmädchen in Poona das Paradigma der Geschlechterdiskriminierung auf den Kopf, wenn darin berichtet wird, dass Mädchen sich von den Eltern *mehr* akzeptiert fühlen als die Jungen.[12] Und wie soll man eine weitere Studie bewerten, in der es heißt, dass gebildete indische Frauen der Mittelklasse beide Elternteile als stärker umsorgend – also liebevoll, empathisch und nah – beschreiben als Frauen der *amerikanischen* Mittelklasse?[13]

Der Unterschied zwischen städtischen Mädchen der Mittelklasse und Mädchen im ländlichen Indien zeigt sich besonders im Bereich der Bildung. Obgleich ein gewisses Maß an Schulbildung für Mädchen überall im Land breite Akzeptanz gefunden hat, fördern Eltern der Mittelschicht die *höhere* Bildung ihrer Töchter. Ein College- oder Universitätsabschluss, argumentieren sie, sei notwendig, damit die Tochter sich auch in der Ehe eine gewisse Unabhängigkeit und Selbstständigkeit erhalten könne. Bildung ermöglicht einer Tochter, nach der Heirat zum Familieneinkommen beizutragen, und erlaubt ihr, auf eigenen Füßen zu stehen, falls die Ehe geschieden wird.[14] Töchter werden entsprechend stark motiviert, sich ganz der Schule und dem Studium zu widmen. Ihre schulischen und akademischen Leistungen werden von den Eltern mit Stolz und Genugtuung aufgenommen, wobei ihre Beteiligung an den Haushaltspflichten – auch wenn sie weit mehr ist als die der Brüder – sehr viel geringer ausfällt als die ihrer Schwestern auf dem Lande.

In die Pubertät kommen

In der späten Kindheit beginnen Mütter, ein Mädchen bewusst dahingehend zu erziehen, die Eigenschaften einer «guten Frau» anzunehmen. Es fängt damit an, sich die kulturell vorbestimmten weiblichen Rollenmuster einzuprägen. Das gilt für alle Mädchen, obgleich der Bruch zwischen früher und später Kindheit in der städtischen Mittelklasse nicht so stark ist wie auf dem Lande und traditionelle weibliche Tugenden von modernen Werten durchsetzt sind. Wie ihre Schwestern auf dem Lande lernt das pubertierende Mädchen der Mittelklasse, dass weibliche Tugenden, die eine Frau durchs Leben tragen sollen, Unterwürfigkeit und Fügsamkeit im Hause ihres zukünftigen Mannes sind, den sie – als primäre Lebensaufgabe – ebenso zufrieden stellen soll wie ihre Schwiegereltern. Dieser Lernprozess wird allerdings untergraben durch moderne Werte der Mittelschicht, die das Mädchen zu größerem Bildungserfolg, mehr Gleichheit und einer relativen Unabhängigkeit drängen. Die Mitteilung der Eltern ist zwiespältig: Gehorsam und Anpassung, Selbstlosigkeit und Selbstverleugnung sind noch immer Ideale indischer Weiblichkeit, und eine «gute Frau» soll keine Wellen schlagen. Eltern der Mittelklasse fördern allerdings die akademischen Erfolge ihrer Töchter und sind stolz auf sie. Ihre Bestrebungen einer beruflichen Karriere für die Tochter sind aber zweideutiger als vergleichsweise für den Sohn. Das wichtigste Ziel der Eltern für ihre Tochter bleibt eine gute Heirat, wobei Bildung und Karriere ihr helfen sollen, einen gut ausgebildeten, wirtschaftlich wohlsituierten Mann aus einer respektablen Familie zu finden. Klinische Erfahrungen und Gruppendiskussionen mit Frauen der Mittelklasse legen nahe, dass sich die Töchter in den Familien, in denen die Mütter keine Karrierefrauen sind, am Vater orientieren und sich mit dem *Vater* als

Repräsentant der modernen, externen Welt identifizieren. Der Vater spielt eine entscheidende Rolle bei ihrer Karriereentscheidung und der Legitimierung ihre intellektuellen Interessen.

Das stockende Selbstwertgefühl indischer Mädchen während der Pubertät hängt eng zusammen mit einem Entwicklungszeitpunkt – einer Zeit hormoneller Umstellung und emotionaler Labilität –, in der ihre Erziehung zur Dienstbarkeit und Selbstverleugnung verstärkt wird, um sie auf ihre näher rückende Rolle als zukünftige Schwiegertochter und Ehefrau vorzubereiten. Um die Liebe und Zuwendung ihrer Familie zu bewahren, die «narzisstische Zufuhr», die für die Entwicklung eines stabilen Selbstwertgefühls wichtig ist, neigt das Mädchen dazu, elterliche Vorschriften und Erwartungen zu erfüllen, sich in gewisser Hinsicht sogar «überanzupassen».

Die Pubertät ist auch eine Zeit, in der im Elternhaus nicht länger überspielt werden kann, dass die Behandlung von Mädchen und Jungen unterschiedlich ist. Neben ihrer Erziehung zur «guten Frau und Schwiegertochter» wird die Bewegungsfreiheit eines Mädchens – im Vergleich zu ihren Brüdern – eingeschränkt. Ob mit Strenge erzwungen oder relativ locker gehandhabt, die Einschränkung der Bewegungsfreiheit überschreitet die Grenzen von ländlich-städtisch, traditionell-modern und andere Differenzen. Im traditionellen Indien dürfen Mädchen nicht länger mit Jungen spielen, ihr Kontakt soll sich möglichst auf das eigene Geschlecht beschränken. Auch gibt es eine Reihe an Verboten bezüglich der Kleidung, die ein Mädchen tragen darf. Um den Kontakt mit dem anderen Geschlecht möglichst zu behindern, dürfen Mädchen nur begrenzt an Freizeitaktivitäten teilnehmen, die außer Haus stattfinden – beispielsweise alleine Freunde besuchen, zum Markt oder ins Kino gehen.

In vielen Teilen Indiens wird in Pubertätsriten hervorgehoben, dass der Mädchenkörper «aufblüht» oder «zum Frausein» heranreift und somit für das bereit ist, was kulturell als wichtigste Aufgabe im Lebenszyklus einer Frau betrachtet wird: Fortpflanzung und Mutterschaft. Die sexuelle Reife eines Mädchens wurde stets begrüßt und als entscheidender Schritt in ihrer Entwicklung gewertet, da ihre Fruchtbarkeit der Familie und Gemeinschaft zugute kommt. Gleichzeitig aber ist die Pubertät eines Mädchens aufgrund der inhärenten Gefahr sexueller Hingabe und Lüsternheit gefürchtet – sie kann eine Familie und Gemeinschaft zutiefst entehren und beschämen. Nach traditionellen Vorstellungen muss ein Mädchen in der Zeit leichter Verletzbarkeit zwischen Pubertät und Heirat beschützt werden – vor sich selbst ebenso wie vor den Männern –, einer Zeit also, die so kurz wie möglich gehalten werden soll.

Dieser Schutz drückt sich überwiegend in dem kulturell vorgeformten Verständnis aus, wie ein Mädchen sich und ihren Körper zeigen darf und wie die Umgangsformen mit dem anderen Geschlecht auszusehen haben. So wird beispielsweise von einem Mädchen erwartet, dass sie keine großen, männlichen Schritte macht, sondern weiche, kaum hörbare, die sich mit dem Sari, den sie nun tragen soll, von selbst einstellen. Alle Handlungen, die auch nur im Entferntesten auf sexuelle Ausschweifungen verweisen *könnten* – beispielsweise ein schamloser Blick, lautes Gelächter, das Kauen von Betelblättern (*paan*), das den Mund rot einfärbt, sich gegen eine Säule oder Wand lehnen, im Türrahmen stehen –, treffen in einer konservativen Familie auf unverhohlene Missbilligung.[15]

Die Einschränkungen, die einem Mädchen der Mittelklasse auferlegt werden, sind lockerer, bestehen aber durchaus fort. Ein College-Mädchen beispielsweise wird wahrscheinlich lächeln, wenn ein Junge den Clown spielt, um ihre Aufmerksamkeit auf sich zu ziehen, sie wird aber zögern, in lautes Gelächter auszubrechen. Auf einer gewissen Ebene ist sie sich noch immer der traditionellen «Volksweisheit» bezüglich des Umgangs zwischen den Geschlechtern bewusst, die sie von ihrer Familie im Verlauf ihrer Erziehung aufgenommen hat und die zum Beispiel besagt, dass Jungen glauben: «*jo hasi, wo phasi*» (wenn ein Mädchen lacht, ist es bereits im Netz).

Die Einschränkungen der Familie werden nicht als Strafe vermittelt, sondern als eine *Lebensrealität*, aus der es kein Entrinnen gibt. Dem Mädchen wird zu verstehen gegeben, dass die Beschneidung ihrer Freiheit der «natürliche Lauf der Dinge» sei, und dass ein Mädchen – jedes «gute» Mädchen – diese Regeln zu ihrem eigenen Schutz und für den guten Ruf der Familie einhalten müsse. Die Mitteilung, die gemacht wird, ist folgende: Das Mädchen ist dafür verantwortlich, genügend Distanz zu Jungen und Männern aufrechtzuerhalten, um seine «Reinheit» – die auch die Ehre (*izzat*) seiner gesamten Familie betrifft – zu schützen. Es wird ihr zu verstehen gegeben, dass junge Frauen im Allgemeinen schwach und somit verwundbar sind, da sie weder der sexuellen Aufdringlichkeit der Männer und ihrer entschlossenen Werbung noch ihrer eigenen sexuellen Bedürftigkeit widerstehen können. Selbst Mädchen der Mittelklasse sind nicht übermäßig rebellisch oder kritisch gegenüber den Einschränkungen, die ihnen im Umgang mit Jungen auferlegt werden. Obgleich die meisten jungen College-Frauen bevorzugen würden, gemeinsam mit Jungen zu studieren, bleibt ihr Umgang mit dem anderen Geschlecht – zumindest in kleineren Städten – auf das College oder die Universität beschränkt. Wenige würden eine Freundschaft oder persönliche Beziehung außerhalb des College vertiefen wollen, und gewiss würden sie nicht offen miteinander ausgehen, wie es im Westen üblich ist.

In dieser Atmosphäre der Kontaktvermeidung zwischen den Geschlechtern kommt hinzu, dass eine Tochter häufig sehr wenig Zeit mit ihrem Vater verbringt. Im traditionellen Indien essen weniger als die Hälfte der Familien gemeinsam – oft die einzige Zeit, die ein Mädchen mit ihrem Vater verbringen könnte. Auch wenn der Kontakt zwischen Vater und Tochter, wie in der städtischen Mittelklasse, weit größer ist als im traditionellen Familienverbund, spiegelt sich in der Abwesenheit des Vaters, der an den Aktivitäten seiner Tochter nicht teilnimmt, «eine große Tragödie des indischen Familienlebens».[16]

Wir wollen diese düstere Seite der Pubertät im Lebenszyklus eines traditionell erzogenen Mädchens nicht überbetonen. Eine der Kompensationen in dieser Zeit ist die intensive mütterliche Umsorgung, die paradoxerweise in den gleichen Zeitraum fällt, in der die Mutter in der Familie auch die treibende Kraft ist, ihre Tochter nach den kulturell geforderten Richtlinien zu formen. Da sie mit ihrer Verheiratung das mütterliche Haus für immer verlassen wird, wird sie häufig als «Gast» in der eigenen Familie betrachtet und entsprechend mit der eifrigen Fürsorglichkeit bedacht, die gern gesehenen Gästen entgegengebracht wird. Die Mutter, die auf das Schicksal ihrer Tochter bedacht ist, erlebt die emotionalen Konflikte, die ihre eigene Trennung von der Familie einst verursacht haben, häufig noch einmal wieder, was dazu führt, dass sich ihre Zuneigung und Umsorgung der Tochter weiter steigern.

Wie wir bereits bemerkt haben, ist es nicht ganz ohne Reiz, in einer indischen Familie Tochter zu sein – gerade weil die äußeren Bedingungen für die meisten jungen Frauen so abschreckend sind, wird ihnen innerhalb der Familie oft viel Zuneigung zuteil. Eine Auflehnung gegen die Zwänge und Einschränkungen, die ihre zukünftige Rolle als Frau mit sich bringen, ist für ein traditionelles Mädchen fast unmöglich. Vielmehr verinnerlicht es die ihr vermittelten Rollenmuster und richtet ihr Verhalten so ein, dass ihr die Liebe und Zustimmung der Familie, insbesondere der Mutter, gesichert sind. Denn auf die Unterstützung der Mutter wird es mehr denn je angewiesen sein, sobald es das Haus verlässt und in der Familie der Schwiegereltern lebt. Es liegt eine Ironie darin, dass ein Mädchen – um eine «gute» Frau und Braut zu sein – mehr denn je eine perfekte Tochter sein muss.

Ehe: Ist Liebe nötig?

Im traditionellen Indien ist die Verheiratung einer Tochter für die ganze Familie eine spannungsvolle Zeit, die junge Frau aber fühlt sich oft vollkommen überfordert und ausgeliefert. Ungeschriebene Regeln in Nordindien verlangen, dass ein Mädchen in derselben Kaste (oder einer Subkaste) verheiratet wird. Berücksichtigt man, dass Partner der erweiterten Verwandtschaftsgruppe ausgeschlossen werden (womit praktisch alle zur Wahl stehenden Männer ihres Dorfes ausgeschaltet sind), so wird das Mädchen mit hoher Wahrscheinlichkeit an einen Fremden verheiratet, der aus einem entfernten Dorf kommt. Wichtiger noch, sie wird kaum oder gar kein Mitspracherecht in der Wahl ihres Partners haben. Obwohl auch moderne indische Mädchen – wie wir später noch sehen werden – eine arrangierte Heirat der Liebesheirat vorziehen, ist ihre Teilnahme an der Auswahl des Partners aktiver. Während bei traditionellen Heiratsarrangements Kaste und Familienstatus, gefolgt von den Verdienstmöglichkeiten des Mannes, dominieren, sind bei Heiratsarrangements in der Mittelschicht Bildung und «Persönlichkeit» des Bräutigams die wichtigeren Komponenten, wobei die Meinung des Mädchens zu den zur Wahl stehenden Partnern nicht nur gefragt ist, sondern aktiv erbeten wird. Häufig kann sie inzwischen gegen jeden vorgeschlagenen Heiratspartner ein Veto einlegen. Paradoxerweise, was mit der steigenden Konsumhaltung der Mittelklasse zusammenhängt, ist die Höhe des Geldes und der Güter, die als Mitgift von einer Braut erwartet werden, heute weit höher als die Forderungen bei traditionellen Hindu-Heiraten.

Trotz der verinnerlichten Ideale und ihres Entschlusses, eine gute Ehefrau und vorbildliche Schwiegertochter zu sein, betritt die Braut das Haus ihres Mannes mit Gefühlen der Verunsicherung und mit Verlustangst. Gegenüber der Schwiegermutter, die den Platz ihrer eigenen, so schmerzlich vermissten Mutter einnimmt, herrscht Argwohn, der an Feindseligkeit grenzt. Den Schwestern und jungen weiblichen Verwandten ihres Ehemannes, die nun die Schwestern, Kusinen und Freundinnen zu Hause ersetzen sollen, begegnet sie mit einer Mischung aus scheuer Erwartung und Ressentiment. Schließlich sind da noch die ambivalenten Gefühle der Hoffnung und Angst gegenüber dem unbekannten Mann, der nun ihr Gatte ist und sexuelle Nähe einfordert.

Hinzu kommt, dass die junge Braut in der sozialen Hierarchie der neuen Familie gewöhnlich einen der untersten Plätze einnimmt. Gehorsam und Unterwürfigkeit gegenüber der Schwiegermutter und anderen älteren Frauen im Haushalt werden als Selbstverständlichkeit vorausgesetzt. Jedes Fehlverhalten und jede Unterlassung von ihrer Seite können zu sarkastischen Bemerkungen über ihre mangelnden Fähigkeiten, ihr Aussehen oder ihre Erziehung im mütterlichen Haus führen.

Bei jungen Frauen der Mittelklasse ist die Lage nicht ganz so übel. Da hier später geheiratet wird – gewöhnlich in den Zwanzigern –, zieht eine junge Braut nicht mehr unbedingt als unterwürfige Schwiegertochter in den Haushalt des Bräutigams ein. Aufgrund ihrer Bildung und Reife spielt sie nun von Anfang an eine sehr viel wichtigere Rolle in der Familie ihres Ehemannes als noch eine Generation zuvor. Der Rahmen der «Selbstbehauptung» ist für eine junge Ehefrau der Mittelschicht jedoch klar begrenzt, nicht zuletzt aufgrund ihrer tief verinnerlichten traditionellen Wertvorstellungen. Eine junge Frau fühlt sich noch immer in der Pflicht, mit der Familie ihres neuen Ehemannes gut zurechtzukommen und positiven Zuspruch von den Familienmitgliedern zu bekommen (einschließlich der traditionell verschmähten und gefürchteten Schwiegermutter), selbst wenn dies ein gewisses Maß an Selbstaufopferung und Selbstverleugnung erfordert.

Es hilft, dass ein indisches Mädchen – bevor es tatsächlich in das Haus des neuen Mannes zieht – vorbereitet ist oder zumindest genügend gewarnt wurde, was sie in ihrer neuen Heimat zu erwarten hat. Belehrungen aus dem Erfahrungsschatz ihrer Mutter und anderer weiblicher Verwandter, Geschichten, Sprichwörter, Lieder und Informationen – zusammengetragen von frisch verheirateten Freundinnen, die für Besuche ins Dorf zurückgekehrt sind – haben ihr mehr oder weniger einen Einblick in die Härte dieser Übergangssituation gegeben. Falls sie sehr jung verheiratet wird, ist es ein langsamer Übergang in ihr neues Heim, unterbrochen durch regelmäßige und lange Besuche in ihrem Elternhaus. Dort kann ein Teil ihres Grolls und ihrer Einsamkeit, die sie in der fremden Heimat erlebt, mit der Liebe gemildert werden, mit der sie im Elternhaus überschüttet wird. Aber auch im Haushalt ihres Ehemanns nimmt die Isolation der jungen Braut mit der Zeit ab – sie entwickelt Beziehungen und eine informelle Vertrautheit zu jüngeren Familienmitgliedern, besonders zu gemeinsamen «Leidtragenden» im Haushalt: den anderen Schwiegertöchtern.

Obgleich das Klischee der «grausamen Schwiegermutter», die die «leidende Schwiegertochter» in ihrem Haushalt über Jahre unterdrückt, noch immer für viele junge Frauen bittere Lebensrealität ist, beginnen sich die Machtstrukturen in der Familie gebildeter Mittelklassefamilien zu wandeln. Inzwischen sieht die Schwiegermutter sich oft als Verliererin an allen Enden: Sie fühlt sich mit der steigenden Unabhängigkeit – insbesondere der berufstätigen Schwiegertochter – übervorteilt und durch die bessere Bildung der Generation ihrer Kinder und Enkel verunsichert. Hat sie sich als junge Frau den Wünschen und Launen der Familienältesten aussetzen müssen, kann sie nun, als Familienälteste und Mutter erwachsener Söhne, die Früchte ihrer Mühen – ihre «Altersabsicherung» und die bedingungslose Loyalität ihrer Söhne – nicht länger selbstverständlich beanspruchen.

Das Thema der «grausamen Schwiegermutter» und der «leidenden Schwiegertochter» (einschließlich des letztendlichen Triumphs der Jüngeren über die Ältere) ist weiterhin der Inhalt vieler Frauenlieder, Volksgeschichten und Fernsehserien. Dabei wird allerdings selten erkannt, dass die geschmähte Schwiegermutter im Auftrag der gesamten Familie handelt. Man sollte nicht außer Acht lassen, dass – anders als in der modernen Kleinfamilie – das organisierende Prinzip traditioneller indischer Familien sehr viel stärker auf der Eltern-Sohn-Bindung und familiärer Solidarität liegt und nicht auf der Bindung zwischen Ehefrau und Ehemann (die der Dreh- und Angelpunkt moderner westlicher Familien ist). Insofern ist eine frisch verheiratete Braut für die Einheit einer Großfamilie eine sehr reale Bedrohung: Man ist sich darüber im Klaren, mit welcher Macht die Sexualität religiös und kulturell sanktionierte Familienwerte und lange etablierte soziale Normen kippen kann; die Großfamilie ist also darum besorgt, dass die junge Ehefrau ihren Mann dazu bringen kann, seine Pflichten als Sohn, Bruder, Neffe und Onkel zu vernachlässigen; dass er seine Loyalität und Hingabe ihr überträgt, statt ein wahrhafter Sohn des Hauses zu bleiben.

Die Loyalität gegenüber der Mutter oder der Ehefrau ist keine «Entweder-oder»-Entscheidung. Sitten, Traditionen und Interessen der Großfamilie verlangen allerdings, dass in der Neuausrichtung der Rollen und Beziehungen, die mit der Verheiratung des Sohnes entstehen, die Rolle des jungen Paares nicht zentral ist, zumindest nicht am Anfang ihrer Beziehung. Anzeichen einer sich entfaltenden Zärtlichkeit werden von älteren Familienmitgliedern genauestens beobachtet und selten gefördert. Versteckte Neckereien bezüglich ihrer «jugendlichen Vernarrtheit» oder aber offene Beschämungen garantieren praktisch, dass das junge Paar öffentlich keinerlei Zuneigung füreinander zeigt. Auch sind sie oft nur während sehr kurzer Phasen in der Nacht allein. Abgesehen von (oder gerade wegen) ihrer Besitzansprüche an den Sohn, achtet die häufig verleumdete, böse Schwiegermutter im Namen der Familie darauf, dass sich keine «fremde» Zelle im Familienkörper einnistet.

Man würde annehmen, dass der Übergang in die neue Familie für Frauen in Südindien einfacher ist, da dort nicht selten Vettern mit Kusinen oder Onkel mit Nichten verheiratet werden – eine Tradition, die sicherstellt, dass junge Frauen nicht in vollkommen fremden Familien und weit weg vom Elternhaus leben müssen. Auch würde man annehmen, dass im Bundesstaat Kerala die Situation für jung verheiratete Frauen noch einfacher sei, aufgrund seiner Geschichte matrilinearer Familienverbände in weiten Teilen der Bevölkerung. Allerdings scheint der «höhere» Status von Frauen kaum den Stress und die Belastungen jung Verheirateter in angemessenem Grad zu verringern: Kerala beispielsweise hat einen hohen Anteil mitgiftgebundener Morde an Frauen zu verantworten, und unter sieben indischen Großstädten hat Trivandrum – Keralas Hauptstadt – das höchste Aufkommen häuslicher Gewalt.[17] Hohe Alphabetisierungsquoten von Frauen und ihre breite Beteiligung am Arbeitsmarkt, größere Freiheit und Entscheidungsautorität, wie im Falle von Frauen in Tamil Nadu, reichen nicht aus, um die Last kultureller Normen abzuwerfen, die das Rollenverständnis und das Verhalten jung verheirateter Frauen bestimmen.[18]

Wir haben bereits erwähnt, dass die in ganz Indien vorherrschende Vorstellung von Heirat nicht als eine Beziehung zweier Individuen verstanden wird, sondern als ein Bündnis zweier *Familien* – oder mehr noch, zweier Clans. Die Wahl des Partners ist gewöhnlich also keine *individuelle* Wahl, sondern wird von den beteiligten Familien arrangiert. Obgleich junge Leute in Familien der Mittelschicht häufig das Recht haben, ein Veto einzulegen, wenn ihnen die Wahl der Eltern missfällt, wird auch hier ein subtiler Unterschied zwischen den Geschlechtern deutlich: Der Austausch und die Beratung mit der zu verheiratenden Tochter sind oft flüchtiger als die mit dem Sohn.

Arrangierte Heiraten sind nicht nur eine gesamtindische Erscheinung, die über die Grenzen von Bildung, sozialen Klassen, Religion und Regionen hinausgehen, sondern – wichtiger noch – sie werden von den betroffenen jungen Leuten fast nie als Zumutung betrachtet. Die große Mehrheit der jungen Leute – nicht nur in traditionellen Familienverbänden, sondern ebenso in der aufsteigenden Mittelschicht – bevorzugen eine arrangierte Heirat gegenüber der sogenannten Liebesheirat, die so charakteristisch für westliche Gesellschaften ist. Da die Heirat auf den Status der gesamten Familie (und ihr Abstammungsgeschlecht) einwirkt, wird sie als eine zu wichtige Entscheidung betrachtet, um sie den jungen Leuten selbst zu überlassen.[19] Die Bevorzugung einer arrangierten Heirat basiert teilweise auf dem verinnerlichten Selbstverständnis, Heirat als Familienangelegenheit zu betrachten, bei der die Harmonie und die geteilten Werte, die von einem gemeinsamen Hintergrund herrühren, wichtiger sind als die individuelle und sexuelle Faszination.

Liebesheiraten haben in Indien einen schlechten Ruf, da man ihnen nachsagt, dass sie einen unglücklichen Verlauf hätten. Dieser Ruf ist mehr als ein Gerücht, nicht aufgrund der Liebe, die solchen Ehen zugrunde liegt, sondern wegen der negativen sozialen Einstellungen, die diese Ehen unter starken Druck setzen. So ergab eine Studie verschiedener Kasten aus 15 Dörfern in Tamil Nadu, dass nur fünf von siebzig Frauen «Liebesheiraten» eingegangen waren. Keine dieser fünf Frauen und Männer hatte bei der Heirat die moralische oder materielle Unterstützung der Eltern – sie mussten durchbrennen und in einem Tempel heiraten. Die Autorin der Studie schreibt:

«Alle bis auf eine der Frauen bedauern ihre Entscheidung heute. Der Widerstand von den Eltern ihres Ehemannes hat ihr Leben erbärmlich gemacht. Ihre Ehemänner haben es aufgrund finanzieller Probleme nicht geschafft, sich von den Eltern zu lösen, und sie sind ‹mit leeren

Händen› (ohne Gold, Güter und Geld, wie bei traditionellen Heiraten üblich) in ihre neue Familie gekommen, und da sie keine Unterstützung von ihrem eigenen Elternhaus erwarten können, hat sich die Situation nur weiter verschlimmert.»[20]

Die möglicherweise größte Attraktion einer arrangierten Heirat ist, dass den jungen Leuten die Unsicherheit genommen wird, einen Lebenspartner zu finden. Ob man gut aussieht oder nicht, dünn ist oder dick, einfach oder kompliziert – man vertraut darauf, dass die Eltern einen passenden Partner für einen finden. Obwohl Schönheit wichtig ist, hat sie bei der Wahl eines Heiratspartners nicht den gleichen hohen Wert wie in westlichen Gesellschaften. In Indien kann die Kosmetikindustrie mit Sicherheit auf das Bedürfnis von Frauen bauen, schön sein zu wollen, sie kann allerdings nicht – wie es im Westen suggeriert wird – Ängste schüren, dass eine Frau, die nicht genug für ihre Schönheit tut, keinen Partner findet.

Dieser Konsens zugunsten von arrangierten Ehen, der sich durch die Jahrhunderte zieht, ist wahrhaft erstaunlich; es gibt nur einen altindischen Text – nämlich das Kamasutra –, in dem die Liebesheirat als die höchste Form der Verbindung erachtet wird. Wie aber sind dann die vielen populären Bollywood-Filme zu verstehen, in denen die Liebesheirat idealisiert und als wahrer Weg zum Glück dargestellt wird?[21]

Liebe und der lyrische Impuls ihrer Erzählung sind etwas Universelles. Sie sind einige der wenigen verbliebenen Konstanten in einer Welt, die den kulturellen Relativismus zum höchsten Wert erhebt. Erotische Leidenschaft, die zärtlichen Entdeckungen der Liebe mit ihren plötzlichen Qualen und ihrer aufzehrenden Begierde, ist eine der letzten Bastionen unserer geteilten Menschlichkeit. Inder sind ebenso versessen auf Lieberzählungen wie jedes andere Volk auch, insbesondere Kinogeschichten über jung Verliebte, von denen man annimmt, dass sich in ihrer Liebe die reinste Form romantischer Gefühle spiegelt. In Indien – wie in den meisten anderen Gesellschaften – sind Liebesgeschichten kein Spiegel gesellschaftlicher Verhältnisse. Vielmehr kippen sie den offiziellen «Sittenkodex», der die Beziehungen zwischen den Geschlechtern festlegt.[22] Eine der anhaltenden Faszinationen ist der Genuss, den wir aus dieser Unterhöhlung ziehen. Liebesgeschichten werden so zu Trägern unserer versteckten Bedürfnisse und verdeckten Sehnsüchte. Die Liebesgeschichte, ob nun im Film oder in Erzählungen, ist ein Traum von einer Liebe, die frei ist von allen äußeren Beschränkungen und inneren Hemmungen. Ein Traum, der die Frische und Spontaneität der Liebe einzufangen versucht, während die Mächte, die die Begierde zu dämpfen versuchen, ausgeschaltet werden. In einer Gesellschaft die zutiefst hierarchisch ist, mit Kasten- und Klassenbarrieren, die nicht einfach zu überwinden sind (nicht einmal vom Liebesgott *Kama*), ist der Traum von der ungehinderten Liebe groß. Einer Liebe, die frei ist von Familienzwängen und den Verpflichtungen gegenüber Familienältesten und all den anderen Bewahrern gesellschaftlicher Traditionen. Indische Liebesfilme werden insofern nicht als «Anleitung zur Ehe» verstanden, sondern als ein Zutritt zum Traum der Liebe; was sie anzubieten haben, sind nicht etwa Vorbilder, sondern romantische Sehnsüchte, mit der die authentische Vision der Liebe heraufbeschworen wird.

Was aber passiert mit der Liebe in *arrangierten* Heiraten? Ist sie dazu verdammt, ein Traum – ein ungelöschter Durst – zu bleiben? Muss die Liebe in der Sicherheit, die arrangierte Ehen versprechen, vollkommen untergehen? In einer arrangierten Ehe mag das Hochgefühl erotischer Leidenschaft ausbleiben, jedoch verlöscht der Traum von der Liebe nicht vollkommen. Studien mögen zeigen, dass im Falle benachteiligter, sehr armer Frauen die Erwartungen, die sie an einem Ehemann stellen, erschütternd elementar bleiben: «Er sollte nicht trinken, mich nicht schlagen und mich und meine Familie unterstützen.»[23] In der Mittelschicht haben Frauen zusätzliche Ansprüche: Der Ehemann soll gebildet sein, ein gutes Einkommen haben, aus einer «guten» Familie kommen und «modern» sein – in dem Sinne, dass er die Bewegungsfreiheit und Selbstständigkeit seiner Ehefrau nicht übermäßig einschränkt. In der oberen Mittelschicht und Oberschicht, wo die Ansprüche an den Ehepartner weiter steigen, gehen junge Frauen im Vergleich zu westlichen Gesellschaften jedoch noch immer mit weniger hochgesteckten Erwartungen in eine Ehe. Man erwartet nicht – wie es häufig im Westen der Fall ist –, dass der Ehepartner jegliche Interessen, emotionale Bedürfnisse und Sehnsüchte abdeckt. Im Westen soll der Ehemann für seine Frau nicht nur ein erwachsener Partner sein, sondern zugleich auch Vater, Mutter, kleiner Junge und Zwillingsbruder (und die Ehefrau für den Mann umgekehrt ebenso). Ihre überwiegend unbewussten Ansprüche an den Partner, diese verschiedenen Rollen auszufüllen (statt dass sie – wie in Indien – sich auf verschiedenste Mitglieder der erweiterten Familie verteilen), können in Beziehungen zu Spannungen und Überforderung führen.

Aber selbst in Indien, bei aller Differenz in den Erwartungshaltungen, haben Interviews mit Frauen aus den ärmsten Slums gezeigt, dass ihre Träume von der Liebe nicht verschwunden sind.[24] Die *Verortung* der Liebe ist in Indien allerdings – sieht man einmal von der Ober- und oberen Mittelschicht ab – nicht dieselbe wie im Westen, wo die Erotik mit ihren Zärtlichkeiten, einem gegenseitigen Respekt und einer Fürsorglichkeit das gewünschte Traumziel ist. In Indien wird die Liebe selten *vor* der Heirat gesucht. Idealerweise soll sie sich in dem *jodi* – dem Paar – *nach* der Heirat entfalten. Das Elend in einem Slum trübt dabei bei den Frauen nicht die Intensität ihrer romantischen Gefühle – der Sehnsucht, von ihrem Ehemann geliebt zu werden. Im Gegenteil: Die miserablen Lebensbedingungen und der tägliche Kampf gegen die Armut sorgen dafür, dass gerade die Liebe ihren Willen zu überleben am stärksten anzutreiben vermag. Der Traum von der transformierenden Kraft der Liebe und die Vorstellung, von der Liebe ihres Mannes getragen zu sein, sind untrennbar mit dem Leid und der Aussichtslosigkeit ihrer Existenz verbunden.

Das zentrale Bild dieses Traums ist das Paar – *jodi* –, das immer wieder eine machtvolle Anziehung auf die menschliche Vorstellungskraft ausübt. Trotz der Hervorhebung der Großfamilie verliert das Bild vom Paar in der kulturellen Vorstellung der Hindus nicht an Bedeutung. An mittelalterlichen Tempelwänden als *mithuna*-Paar in sexueller Vereinigung dargestellt, manifestiert es sich in seiner höchsten Form als *ardhanarishvara* (der Gott, der halb Mann und halb Frau ist); eine Visualisierung des *jodi* als eine «zwei-Personen-Einheit». Diese Ausgestaltung des kulturellen Ideals, mit der eine hinduistische Gottheit nicht allein, sondern als *jodi* gesehen wird, drückt sich auch in Anrufungen der Götter mit *Sitarama* (statt *Sita und Rama*) oder *Radhakrishna* (statt *Radha und Krishna*) aus.

Die lange Tradition und Bedeutung des *jodi* für das Identitätsgefühl der Frau hilft uns ansatzweise zu verstehen, warum viele Frauen sich beispielsweise trotz ökonomischer Unabhängigkeit eher erniedrigen lassen, als einen unterdrückenden Ehemann zu verlassen; warum einige Frauen, in Zeiten ehelichen Stresses und rasender Wut gegen den Partner, eher den Selbstmord wählen als eine Trennung. Auch macht diese gewachsene Tradition verständlich, warum eine Frau – egal, welcher

Klasse – dazu neigt, eheliche Probleme wie Alkoholmissbrauch und Gewaltanwendungen des Mannes zu leugnen, um das Bild eines glücklichen Paares aufrechtzuerhalten. Sich und anderen eine unglückliche Ehe zu gestehen, hieße nicht nur, den Verlust eines zutiefst gewünschten Lebensziels hinzunehmen, sondern auch ein machtvolles kulturelles Ideal preiszugeben.

Die tiefe Sehnsucht einer Frau nach Intimität mit ihrem Ehemann ist ebenfalls ein überwältigendes Thema in Romanen und im Leben von Mittelklasse-Patientinnen der Psychotherapie. Der intensive Wunsch, ein «Zwei-Personen-Universum» mit dem Ehemann zu erschaffen, wo jeder den anderen schließlich «erkennt», verbindet die verschiedenen Lebensabschnitte einer Frau – von der erwartungsvollen Braut zu einer ernüchterten Großmutter – und ist stets in ihrem Bewusstsein präsent. Es ist ein Leuchtfeuer der Hoffnung trotz der Mühe, Plackerei, Streitigkeiten, Enttäuschungen und gelegentlichen Freuden ihrer stürmischen Existenz in der Großfamilie.

Selbst wenn die Liebe in arrangierten Heiraten eine «stillere Angelegenheit» ist, ohne den Rausch des Begehrens, der die Zeiten der Brautwerbung und den Anfang einer Ehe im Westen kennzeichnet, bleibt der Traum von der Liebe auch für die arrangierte Ehe eine Notwendigkeit. Die Stimmungslage entspricht, wenn das Paar gut miteinander zurechtkommt, eher einer zufriedenen Gemeinsamkeit, in der ein gegenseitiges Begehren sanft einsetzen kann – nicht unbedingt gleich mit der Heirat, sondern oft erst Jahre später.

Natürlich gibt es objektive Bedingungen für die Wahrscheinlichkeit, dass ein Paar sich nach der Heirat ineinander verliebt. Arrangierte Ehen funktionieren am besten und *können* vielleicht nur dann funktionieren, wenn eine Geschlechtertrennung in der Jugend bestand und wenn die Hochzeiten früh stattfinden, bevor die jungen Männer und Frauen Gelegenheit haben, ein Spektrum möglicher Partner miteinander zu vergleichen. Mit Ausnahme einer schmalen Oberschicht haben diese Bedingungen für den Rest der indischen Gesellschaft eine beträchtliche Gültigkeit. Der hormonelle Druck der Jugend und ein Mangel an Erfahrung mit dem anderen Geschlecht sind fast schon eine Versicherung dafür, dass ein junger Mensch biologisch und emotional bereit ist, sich zu verlieben, wenn der Heiratspartner auch nur einigermaßen zufrieden stellend ist.

Städtische, gebildete Frauen der oberen Kasten begannen in den 40er Jahren, in signifikanter Zahl außer Haus zu arbeiten. Davor war es für ein Mädchen einer respektablen Familie undenkbar, einer außerhäuslichen Arbeit nachzugehen. Dieser Prozess, mit dem beruflich qualifizierte Frauen der Mittelklasse in den Arbeitsmarkt einstiegen, hat sich seit den 70er Jahren stark beschleunigt, überwiegend aus zweierlei Gründen: erstens wegen der einsetzenden Veränderungen in der Erziehung der Töchter, bei denen nun eine höhere Bildung gefördert wurde, was ihnen einen Einstieg in sozial respektierte Berufe ermöglichte, und zweitens aufgrund einer zunehmenden wirtschaftlichen Notwendigkeit, zum Teil wegen des steigenden Konsumverhaltens in den Familien der Mittelklasse.

Die meisten gebildeten Frauen der Mittelklasse arbeiten auf der mittleren Ebene, beispielsweise als Angestellte, Sekretärinnen, Telefonistinnen oder in den besser bezahlten (wie Pilze aus dem Boden schießenden) Call-Centers. Diejenigen, die professionell qualifiziert sind, finden sich in der Medizin und in der Wissenschaft, in Schulen und Universitäten. Im letzten Jahrzehnt ist zudem eine kleine, aber bedeutende Zahl von Frauen der Mittelschicht in traditionell von Männern besetzte Berufsfelder eingebrochen – beispielsweise in die Werbebranche, in die Computer-Software-Branche oder als Unternehmerinnen. Die meisten dieser Frauen zeigen ein deutlich größeres Interesse an ihrer beruflichen Karriere als andere berufstätige Frauen der Mittelklasse.

Die Mehrzahl der Frauen, die im Beruf stehen (oder in der Vergangenheit gegen Bezahlung gearbeitet haben), empfinden, dass ihre Bildung und ihre professionelle Qualifizierung einen sichtbaren Einfluss auf ihren sozialen Status und ihr Selbstwertgefühl hat. Für diese Frauen ist die Zufriedenheit über ihre Bewegungsfreiheit und das Maß an Unabhängigkeit, das die Arbeit ihnen gibt, fühlbar. Auch eine *Hausfrau* der Mittelklasse strahlt heute mehr Selbstsicherheit aus als die Generation ihrer Mütter. Sie hat das Gefühl, ihr Schicksal stärker kontrollieren zu können, da ihre Bildung ihr jederzeit ermöglicht, eine Arbeit aufzunehmen, falls die Notwendigkeit dazu irgendwann in Zukunft einmal bestehen sollte. Eine Arbeit zu haben, ist für ihr Selbstwertgefühl weniger wichtig als die Tatsache, *qualifiziert* zu sein – also, wenn nötig, Arbeit zu finden.

Wie man erwarten kann, ist das Interesse von Frauen der Mittelklasse an sozialen, kulturellen und politischen Themen – genährt durch das Fernsehen, Zeitschriften und, in geringerem Maße, durch Zeitungen – sehr viel größer als das traditioneller Frauen. Andererseits aber ist die moderne Mittelklassefrau einsamer als ihre traditionelle Schwester. Das Eintauchen Letzterer in das Leben der erweiterten Großfamilie und in klar eingegrenzte Bereiche häuslicher, sozialer und ritueller Aktivitäten, die in der Gemeinschaft anderer Frauen ausgeübt werden, nimmt sie vollkommen in Anspruch und erfüllt die meisten ihrer Bedürfnisse nach Freundschaft und Intimität. Die Bindungen der modernen Mittelklassefrau an ihre Familie – ihre eigene und die des Ehemannes – sind schwächer, ihre Freundschaften weniger kontinuierlich und ihr sozialer Kreis enger.

Die Tradition hat die Psyche einer Frau der Mittelklasse weiterhin fest im Griff, wenn man bedenkt, dass sie ihre häuslichen und mütterlichen Pflichten als das Zentrum ihrer Identität betrachtet. Das gilt sowohl für die Hausfrau wie auch für die erfolgreich im Berufsleben stehende Karrierefrau. Die traditionellen Normen, die von einer Frau verlangen, dass die erste Verpflichtung einer Frau die gegenüber ihren Kindern und die zweite gegenüber ihrem Ehemann ist, scheinen nicht von dem Bildungs- oder Arbeitsstatus einer Frau verändert zu werden. Berufstätige Frauen, die Zufriedenheit mit ihrer Karriere ausdrücken, betrachten die Umsorgung von Kindern immer noch als das wichtigste Ziel im Leben einer Frau. Hier verschieben sich die Werte von Männern der Mittelklasse und denen ihrer Ehefrauen entscheidend. In einer Studie, die vor 15 Jahren in Bangalore durchgeführt wurde, verbinden die meisten Frauen Heirat mit Kindern, Liebe und Zuneigung sowie der Erfüllung der sexuellen Bedürfnisse ihres Mannes (mehr als ihre eigenen) und bewerten diese Aspekte der Ehe sehr hoch. Ihre Ehemänner wiederum bewerten ein komfortables Leben, Gesellschaft und die Erfüllung individueller, sexueller Bedürfnisse als wichtige Ziele einer angeblich moderneren Ehe höher als ihre Frauen.[25] Nach unserer Einschätzung haben sich die Erwartungen der Frauen an ihre Ehe (sieht man einmal von den unbewussten Wünschen um das *jodi*-Ideal ab) nicht wesentlich verändert – vielleicht mit Ausnahme der oberen Mittelschicht. In gewisser Hinsicht sind Frauen der städtischen Mittelklasse sogar stärker kindzentriert als Frauen traditioneller Haushalte. Beispielsweise übernehmen sie verstärkt die Hauptverantwortung für die Erziehung ihrer kleinen Kinder, auch spielen sie eine Schlüsselrolle in der Organisation und Entscheidung der Freizeitaktivitäten ihrer Kinder – beides eine Domäne, die früher dem Ehemann oder älteren männlichen Familienmitgliedern oblag. Das Leben einer Hausfrau scheint vollkommen um die Bedürfnisse ihrer Kinder zu kreisen, der Rhythmus ihres Tages bestimmt von ihren vielfältigen Aktivitäten. Die Erfolge ihrer Kinder, insbesondere die schulischen, sind die größte Quelle der Befriedigung und Bestätigung als Frau. Ganz gleich, ob sie berufstätig ist oder nicht, die mütterliche Rolle wird einer Frau der Mittelklasse nicht aufgezwungen, sondern ist von ihr frei gewählt, und sie empfindet, dass Mutterschaft der Höhepunkt eines erfüllenden Lebens ist.

Das also ist die moderne indische Frau: zu einer Zeit in einem Baumwoll-Sari, ein altes Ritual ausführend, das ihre Aufmerksamkeit in allen Einzelheiten erfordert und sie belebt – und zu einer anderen Zeit in einer ausgebeulten Jeans auf dem Sofa liegend und eine Fernsehserie familiärer Intrigen anschauend, auf die sie sich voll konzentriert. Sie ist die treibende Kraft der Veränderungen, die in indischen Familien stattfinden – eine Institution, die inhärent konservativ ist und sich sehr viel langsamer verändert als politische, ökonomische und andere gesellschaftliche Institutionen. Langsam, aber sicher drängt die Frau die Familie dahin, der Bindung zwischen Ehefrau und Ehemann einen größeren Raum zu gewähren (wenn nicht gar den bedeutendsten). Eine stärkere Individualisierung der Kinder wird die unvermeidbare Folge dieser *psychologischen* Verkleinerung der indischen Großfamilie sein, genauso wie auch ein Auftrieb der Freuden und Sorgen, die eine stärkere Individualisierung mit sich bringt.

Je zentraler das Paar als Dreh- und Angelpunkt des Familienlebens wird (was bereits in der oberen Mittelschicht sichtbar wird), desto stärker verschieben sich die Belastungen und Spannungen in den «modernen» Ehen. Wie der Psychoanalytiker Otto Kernberg herausgestellt hat, ist das Paradox des Paares, dass ihre Intimität in Opposition zur größeren Gruppe steht, und dennoch braucht es diese Gruppe zum Überleben.[26] Nur in Opposition zur konventionellen Moral der Familie, ihrer ideologischen Ritualisierung der Verpflichtungen gegenüber der Großfamilie und der Familientraditionen kann ein Paar seine Identität entwickeln und seine Reise als Paar beginnen. Die Intimität eines Paares hat immer auch etwas Rebellisches und Herausforderndes; sie provoziert Sanktionen von denjenigen, die sich als Repräsentanten der Familie verstehen, erzeugt aber genauso auch Schuldgefühle im Paar selbst. Die Möglichkeit, diese Familiengrenzen aufzulösen, die ideologischen Untermauerungen der Familie wieder anzuerkennen und damit in der größeren Gruppe «aufzugehen», um die Spannungen zu beheben, die durch die Sanktionen und Schuldgefühle ihrer Intimität verursacht wurden, bleibt für ein indisches Paar entsprechend stets eine Versuchung. Das gilt insbesondere für Paare, die diese Grenzen bereits mit der Geburt eigener Kinder eingerissen haben – denn die Mehrheit indischer Paare geht von der unbewussten Annahme aus, dass elterliche Funktionen die sexuellen ersetzen sollten (Intimität also an Bedeutung verliert). Einige Paare der oberen Mittelschicht suchen eine Lösung darin, dass sie sich von dem Rest der Großfamilie ganz lossagen. Die Gefahr dabei ist, dass aufkommende Aggressionen, die in der Beziehung eines Paares unvermeidlich sind, kein anderes Ventil mehr haben und den Partnern und ihrer Intimität nachhaltig Schaden zufügen können. Die größere Familie kann die Folgen gegenseitiger Aggressivität vermindern, entweder indem einige ihrer Mitglieder als Objekte der Aggressionsentladung dienen oder um für die Bühne zu sorgen, auf der das Paar in der relativen Sicherheit eines intimen Publikums seine Wut aneinander auslassen kann.

In engen Verhältnissen mit anderen Paaren einer Großfamilie zusammenzuleben, kann helfen, das erotische Leben eines Paares aufrechtzuerhalten, indem die sexuellen Aktivitäten der anderen – die zumindest ansatzweise auf den Gesichtern und ihren Körpern zum Ausdruck kommen – zu einer beständigen Quelle der Erregung werden. Indische Großfamilien sind nicht nur ein Netzwerk aus Verpflichtungen, sondern auch ein hoch aufgeladenes erotisches Feld. Die Gefahr ist natürlich, dass das eine oder andere Familienmitglied – eine Schwägerin, ein Schwager, ein Vetter, eine Nichte, ein Neffe – für einen der Partner zu einer sexuellen Versuchung wird und so die Intimität des Paares zerstören kann. Diese Gefahr des Intimitätsverlusts ist jedoch in dem sozialen Netzwerk von Freunden und Kollegen, die beginnen, das Familienleben einiger Paare der Mittelschicht zu ersetzen, sogar größer, wobei die Toleranz solcher Seitensprünge geringer ist, als wenn sie innerhalb der Familie stattfinden.

Nur die Zukunft wird zeigen, ob der lang ersehnte Wunsch indischer

Frauen, ein «Zwei-Personen-Universum» mit ihrem Ehepartner aufzubauen, gelingt und nicht (wie in manchen westlichen Ehen, die zu einer Festungsmauer geworden sind, mit der alle anderen Beziehungen ausgeschlossen werden) in eine gegenseitige Selbstbezogenheit verfällt – einer besonderen Form der *folie à deux.*

Sexualität

Sex im alten Indien

Es gibt nur wenige Aspekte in der indischen Zivilisation, wo die Kluft zwischen «klassischem» und modernem Zeitalter so auffallend ist wie im Bereich der Sexualität. Verglichen mit gegenwärtigen konservativen Sexualeinstellungen und unterdrückenden Sittenkodizes, scheint der Standpunkt, den die alten Hindus gegenüber der Erotik und Sinnlichkeit einnahmen, zumindes bei literarischen und wissenschaftlichen Texten sowie bei Tempelskulpturen zu einer Kultur zu gehören, die Lichtjahre von der Gegenwart entfernt ist. Häufig unterdrückt und geleugnet, wird der Bereich der altindischen Sexualität oft als «Gesang der Sirenen» betrachtet, vor denen selbst moderne Inder ihre Ohren verschließen. Man kann keine Diskussion über indische Sexualität beginnen, ohne sich respektvoll vor dem Kamasutra zu verbeugen. Es hat eine zentrale Rolle gespielt, dem Rest der Welt eine Vorstellung von indischer Sexualität zu vermitteln. Leute, die Schwierigkeiten haben, nur einen einzigen Sanskrittitel zu benennen, oder gar nichts von der Existenz dieser klassischen, altindischen Sprache wissen, haben kein Problem, das Kamasutra zu identifizieren. Allein der Name beschwört erregende Visionen erotischer Fresken herauf, in denen königliche *maharajas* mit übergroßen Genitalien mit nackten, juwelengeschmückten Nymphen in Positionen herumtollen, die in ihrer Exotik selbst bei einem Yoga-Meister zum Bandscheibenvorfall führen würden.[1]

Natürlich haben wenige diesen Text der erotischen Liebe, der aus dem dritten Jahrhundert stammt, überhaupt gelesen, nicht einmal die «guten» Teile über Sexpositionen, die dem Kamasutra den Ruf einer «aufregenden Sexanleitung aus Indien» gegeben haben. Wovon das Kamasutra *tatsächlich* handelt, ist die «Kunst des Lebens»: einen Partner zu finden, die eigene Macht in der Ehe aufrechtzuerhalten, Ehebruch zu begehen, mit einer oder als Kurtisane zu leben, der Gebrauch von Drogen – und schließlich *auch* von Positionen beim Sex. Es hat seinen klassischen Status als die erste umfassende Anleitung zur erotischen Liebe in der Welt erzielt, da es im Grunde genommen von wesentlichen, unveränderten, menschlichen Eigenschaften handelt: Lust, Liebe, Schüchternheit, Ablehnung, Verführung, Manipulation – die alle auch Aspekte der menschlichen Sexualität sind.

Sex und städtisches Leben im 3. Jahrhundert in Indien

Man kann das Kamasutra als Darstellung eines «psychologischen Unabhängigkeitskriegs» lesen, der vor rund zweitausend Jahren in Indien stattfand. Das erste Ziel dieses Kampfes, der darin bestand, die erotische Lust vor einer rohen Instrumentalisierung des sexuellen Begehrens zu bewahren – ihrer Reduktion auf die biologische Funktion der Fortpflanzung –, wurde von vielen Gesellschaften in unterschiedlichen historischen Epochen verfolgt. Heutzutage sind die sozialen Kräfte und moralischen Auffassungen, die die Sexualität an Fruchtbarkeit und Fortpflanzung binden, nicht länger von solch schicksalsbestimmender Bedeutung, zumindest nicht in den Gesellschaften des «modernen Westens» (oder in ihren Enklaven in den traditionelleren Gesellschaften dieser Welt), obwohl das selbst noch vor hundert Jahren anders war.

Die ersten europäischen Übersetzer des Kamasutra lebten in Gesellschaften, in denen die herrschende christliche Moral die Unterwerfung, wenn nicht gar Ausrottung der sexuellen Lust zugunsten des gottgefälligen Ziels der Fortpflanzung anstrebten. Sie standen eindeutig auf der Seite der sexuellen Lust und betrachteten den alten Sanskrittext (der sich vor der Liebesgottheit *Kama* verbeugte, ohne die Fruchtbarkeitsgötter überhaupt zu beachten) als einen willkommenen Verbündeten. Für sie war das Kamasutra Dokument einer Zeit und eines Volks, das die Suche nach sexueller Lust in den Rang des Religiösen erhoben hatte. Der französische Übersetzer Lamairesse bezeichnete es gar als eine «*théologie hindoue*», die lebenswichtige Wahrheiten über die in ihrem Wesen sexuelle Natur des Menschen offenbare, während der deutsche Übersetzer Richard Schmidt voll lyrischer Begeisterung schrieb: «Die Gluthitze der indischen Sonne, die Märchenpracht der Vegetation, die zauberhafte Poesie der von dem Wohlgeruche der Lotusblumen duftenden Mondnächte, endlich auch – und nicht zum mindesten! – die eigentümliche Rolle, die das indische Volk von jeher gespielt hat, die Rolle des weltabgeschiedenen Träumers, Philosophen und unpraktischen Schwärmers: Das alles vereinigt sich, um den Inder zu einem wahren Virtuosen in der Liebe zu machen.»[2]

In einer Epoche, in der die düstere buddhistische Lebensanschauung, die die Liebesgottheit mit *mara* oder Zerstörung und Tod gleichsetzte, noch immer einflussreich war, muss man Vatsyayana und die anderen altindischen «Sexualforscher» als Bannerträger der sexuellen Lust begreifen. Sie waren aber zugleich auch Erben einer anderen Weltanschauung, die in den Sanskritepen des Ramajana und Mahabharata zum Ausdruck kam und für die sexuelle Liebe meist eine Frage des reinen Begehrens und seiner unmittelbaren Befriedigung war. Dies galt insbesondere für den Mann, der die Frau nur als Objekt seiner Lust und Instrument seiner Sinne betrachtete und Sex als eines von vielen körperlichen Bedürfnissen. Zwar idealisieren die Epen die Ehe, aber vornehmlich als einen sozialen und religiösen Akt. Die Pflicht der ehelichen Liebe und die Tugend der Keuschheit wurden hauptsächlich von der Ehefrau gefordert, während dem Mann nur wenige Grenzen gesetzt wurden – der Himmel, unter dem er lebte und zu dem er aufsah, war mit lüsternen Gottheiten und himmlischen Huren gefüllt, die überweltlich und zutiefst begehrenswert waren und nur daran interessiert schienen, Lust zu geben und zu genießen. Das Hindu-Pantheon der Epen ist dem griechischen Olymp nicht unähnlich, wo Götter und Göttinnen sich ohne moralische Feigenblätter miteinander vergnügen und gegeneinander intrigieren. Vatsyayana und die frühen Sexualforscher standen damit auch in einer Tradition, in der sexuellem Begehren ohne moralische Beschränkungen freien Lauf gelassen wurde. Neben der Befreiung der erotischen Lust von den Einschränkungen der Fruchtbarkeits- und Fortpflanzungsmoral verfolgte der «Freiheitskampf» des Kamasutra aber noch ein anderes Ziel: die Erotik auch vor dem ungehemmten sexuellen Begehren zu schützen. Denn dem Begehren wohnt ein offenes, lüsternes Drängen inne, das gleich einer triebhaften Flutwelle unaufschiebbar nach Befriedigung um ihrer selbst willen verlangt. Seit jeher haben die Menschen gespürt, dass das sexuelle Begehren neben der Wollust des Geschlechtsverkehrs und des Orgasmus auch noch andere Zwecke haben kann. So sind zum Beispiel die sexuellen Phantasien von Männern und Frauen oft von den dunkleren Seiten zerstörerischer Aggression gefärbt. Ohne eine vorgestellte Gewalt – so geringfügig, abgeschwächt und unbemerkt sie auch sein mag – lassen sich viele Männer nicht stark erregen; ihre Aggressivität gegenüber der Frau wird zu einem ebenso wichtigen Faktor ihrer Potenz wie Gefühle der Liebe. Eine der Hauptphantasien solcher

Männer besteht darin, sich mit Gewalt zu nehmen, was ihnen nur widerwillig gegeben wird; manche stellen sich vor, dass die Frau sich zunächst nicht auf das sexuelle Erlebnis einlassen will, dann aber doch ihren Vorsätzen zum Trotz durch das kraftvolle Drängen des Mannes mit fortgerissen wird. Eine Variante dieser Überwältigungsphantasie findet sich in der klassischen Sanskritliebesdichtung, etwa aus derselben Zeit wie das Kamasutra, mit einer Vorliebe für Liebesszenen, in der die Frau in einer diffusen Erregung erschaudert, als erwarte sie scheu einen baldigen Angriff, wobei ihre Furcht allerdings nur die eigene wie auch die Erregung ihres vermeintlichen Angreifers steigert. Im achten Gesang von «Kalidasas Kumarasambhava», einem Meisterwerk erotischer Dichtung, wird Shivas Erregung dadurch gesteigert, dass Parvati «am Anfang sowohl Furcht wie Liebe empfand».[3]

Im sexuellen Begehren, in dem das Verlangen und die körperliche Gewalt, die Erregung des Orgasmus und der Jubel über die Inbesitznahme zusammenfließen, wird die erotische Lust nur zu leicht überrannt. Heute, wo das, was von jeher als «Perversion» bezeichnet wurde, zum Tagesgeschäft der Fernsehsender, Videoproduktionen und Internetseiten gehört, wo kleine, aber hochspezialisierte Berufsfelder zur Befriedigung jedes erdenklichen sexuellen Exzesses existieren, dürfte dieses zweite Vorhaben des Kamasutra – die Erotik vor der rohen Sexualität zu bewahren – umso mehr Befürworter finden. In der gegenwärtigen postmoralischen Welt ist die erotische Lust weniger durch die frostige Kälte der Moral bedroht als durch die Glut der triebhaften Begierde. Die wertvollste Einsicht des Kamasutra besteht somit darin, dass Lust kultiviert werden muss: dass im Reich des Sex die Natur der Kultur bedarf.

Kultur im Sinne des Kamasutra – die 64 Künste, die es zu erlernen gilt etc. – setzt Muße und Vermögen, Zeit und Geld voraus, woran es dem hauptsächlichen Zielpublikum des Texts – einer städtischen und mondänen Elite aus Prinzen und Fürsten, hohen Staatsbeamten und wohlhabenden Kaufleuten – nicht gemangelt haben dürfte.

Trotz der Rolle, die Gewalt in der Sexualität spielt, ist die Erotik im Kamasutra überwiegend von einem Gefühlston der Leichtigkeit geprägt. Man findet im Text feine Herren, die Stunden damit zubringen, sich zurechtzumachen und ihren Papageien und Staren das Sprechen beizubringen. Ihre Nachmittage und Abende widmen sie dem Trinken, der Musik und dem Tanz, falls sie nicht gerade dabei sind, Gedichte aufzusagen oder mit wortgewandten Kurtisanen zu schäkern. Das Kamasutra mit seiner unbeschwerten Erotik ist Teil eines literarischen Klimas, das in den ersten sechs nachchristlichen Jahrhunderten das Erotische mit dem Lichten, Strahlenden und Schönen der alltäglichen Welt verband. Die Sanskritdichtungen und -dramen dieser Epoche zeichnen sich auch durch diese Leichtigkeit und eine eher hedonistische als leidenschaftliche Erotik aus. Die Stimmung ist geprägt von einem spielerischen Vergnügen an der Vieldeutigkeit der Liebe, von einem freudigen Auskosten der Lust und von einem vollendeten, verfeinerten Leiden an ihren Kümmernissen. Die Gedichte sind Miniaturen, die einen flüchtigen Blick auf atemberaubend erotische Momentaufnahmen erlauben, deren Intensität durch die Vielfalt sinnlicher Details noch gesteigert wird. Die Ästhetik dieser Epoche konnte selbstbewusst verkünden, dass Emotionen wie Faulheit, Gewalt und Ekel in der Darstellung der Erotik keinen Platz hätten. In unseren Tagen kennt das «Aroma» oder die «Essenz» der sexuellen Liebe – *rasa* – keine solchen Grenzen.

Frauen im Kamasutra

Ein weiterer Aspekt im Kamasutra ist die Entdeckung der Frau als Subjekt und vollwertige Teilnehmerin an der Sexualität. Der Text reflektiert und fördert das Vergnügen der Frauen an ihrer Sexualität. Vatsyayana empfahl jungen Frauen das Lesen des Kamasutra ausdrücklich, und zwar noch vor dem Einsetzen der Pubertät. Zwei der sieben Teile des Buches sind ganz den Frauen gewidmet: das vierte den Ehefrauen und das sechste den Kurtisanen. Frauen werden dabei nicht länger nur als passive Empfänger männlicher Wollust betrachtet. In zwei der vier Formen des Vorspiels übernimmt die Frau die aktive Rolle. In einer umrankt sie ihren Liebhaber wie die Rebe einen Stamm, sie kommt näher, um ihn zu küssen, nur um sich dem Kuss sogleich wieder zu entziehen, womit sie den Mann in einen rasenden Erregungszustand versetzt. In der anderen – die uns dank der Tempelfriese in Khajuraho vertraut ist – setzt sie einen Fuß auf den Fuß des Mannes und drückt den anderen gegen seinen Schenkel. Mit einem Arm umgreift sie seinen Rücken, mit dem anderen hält sie sich an seiner Schulter und seinem Hals fest, als wolle sie einen Baum besteigen.

Unterm Strich wird man allerdings einräumen müssen, dass dieses

Buch von einem Mann hauptsächlich für andere Männer verfasst wurde und die Entfaltung einer aktiven Sexualität der Frau letztendlich der Steigerung der männlichen Lust dienen sollte. Das Kamasutra erkennt, dass eine Frau, die den Sex aktiv genießt, auch dem Mann ein größeres Vergnügen bereitet.

Frauen im Kamasutra werden dabei nicht nur als erotische Subjekte, sondern als sexuelle Wesen mit eigenen Gefühlen und Emotionen dargestellt, die ein Mann verstehen lernen muss, um die erotische Lust in ganzer Fülle zu genießen. Im dritten Teil des Buches wird der Mann ermahnt, einer sexuell unerfahrenen jungen Frau mit großem Zartgefühl zu begegnen, damit sie ihre Ängste und Hemmungen zu überwinden vermag. Erotische Lust setzt voraus, dass der Mann seiner Partnerin gefällig ist. Indem er dem Mann rät, sich seiner Frau in den ersten drei auf die Hochzeit folgenden Nächten nicht zu nähern, sondern in dieser Zeit ihre Gefühle verstehen zu lernen, ihr Vertrauen zu gewinnen und ihre Liebe zu erregen, macht Vatsyayana einen für die Geschichte der indischen Sexualität bemerkenswerten Schritt: Er führt die Vorstellung der Liebe in die Sexualität ein. Er geht sogar so weit, die radikale Ansicht zu vertreten, dass die letztendliche Bestimmung der Ehe in der Entfaltung der Liebe füreinander bestehe. Entsprechend betrachtete er die Liebesheirat – die in den religiösen Texten als rituell niedrig betrachtet wird und die sich bis heute in der indischen Gesellschaft mehrheitlich nicht durchgesetzt hat – als die bedeutendste Form der Ehe.

Auch auf andere Art und Weise ist das Kamasutra in einer konservativen, patriarchalen Gesellschaft ein radikaler Befürworter der Emanzipation von Frauen. Die Gesetzesbücher derselben Zeitepoche urteilen hart über eine Frau, die ihren Mann verlassen will: «Eine tugendhafte Ehefrau sollte ihrem Mann fortwährend wie einem Gott dienen, selbst wenn er sich schlecht benimmt, seiner Begierde freien Lauf lässt und keinerlei gute Eigenschaften besitzt.»[4] Vatsyayana hingegen begegnet dem Wunsch von Frauen, die ihre Männer verlassen wollen, mit Gleichmut; er erklärt uns, dass eine Frau, der die Freuden der Liebe vorenthalten werden, ihren Mann womöglich zu hassen beginnt und ihn für einen anderen verlässt. Ebenso unterhöhlt er die vorherrschende Moral zwischen den Geschlechtern, wenn er Kurtisanen (und damit auch andere weibliche Leserinnen des Textes) anleitet, wie man einen Mann loswird, den man nicht länger haben will:

«Sie tut Dinge für ihn, die er nicht wünscht, und wiederholt Dinge, für die er sie kritisiert hat. ... Sie spricht über Dinge, von denen er nichts versteht. ... Sie verletzt seinen Stolz. Sie hat Affären mit Männern, die ihm überlegen sind. Sie beachtet ihn nicht. Sie kritisiert Männer mit denselben Fehlern. Und wenn sie allein sind, weicht sie ihm aus. Sie regt sich über die Dinge auf, die er beim Liebesakt für sie tut. Sie enthält ihm ihren Mund vor. Sie lässt ihn nicht zwischen ihre Beine. Sie empört sich über Nagel- und Beißwunden. Versucht er sie zu umarmen, wehrt sie ihn ab, indem sie mit ihren Armen eine «Nadel» bildet. Ihre Glieder bleiben unbeweglich. Sie verschränkt ihre Schenkel. Sie will nur noch schlafen. Wenn sie sieht, dass er erschöpft ist, drängt sie ihn weiterzumachen. Sie lacht ihn aus, wenn er nicht kann, und zeigt keine Lust, wenn er kann. Wenn sie bemerkt, dass er erregt ist, selbst tagsüber, geht sie hinaus in die Menge.»[5]

Ja, so wird sie ihn loswerden! Es ist nicht so, dass Vatsyayana Frauen idealisiert; er ist nur genauso zynisch gegenüber Männern wie Frauen, sofern es den Sex betrifft. Die hinduistischen Gesetzesbücher hingegen sind – mit ihrer Begründung, warum Frauen Ehebruch begehen – ganz traditionell patriarchalisch: «Gutes Aussehen spielt für Frauen keine Rolle, noch kümmert sie Jugendlichkeit; ‹ein Mann!›, sagen sie und genießen den Sex mit ihm, einerlei, ob er schön oder hässlich ist.»[7] Das Kamasutra beginnt seine Erörterung des Ehebruchs mit einer viel egalitäreren, wenn auch nicht weniger zynischen Formulierung: «Eine Frau begehrt jeden attraktiven Mann, den sie sieht, und auf dieselbe Weise begehrt ein Mann eine Frau. Aber nach einiger Erwägung geht die Sache nicht weiter.»[6]

Liebe im klassischen Zeitalter

Die erotische Liebe des Kamasutra gehört nicht zu der uns vertrauten romantischen Form der Liebe, wie wir sie heute kennen. Ihre Zärtlichkeit und Zuneigung für den Partner stehen immer noch überwiegend im Dienste des sexuellen Begehrens. So schließt beispielsweise Vatsyayana seine ausführlichen Ermahnungen an den Mann zu zärtlichen Gesten am Ende des Sex, «wenn die Leidenschaft verebbt ist», mit den Worten: «Durch dieses und durch andere Gefühle wächst die Leidenschaft des jungen Paares erneut.»[8] Die literarische Geburt der romantischen Liebe, die im 12. Jahrhundert in Europa mit Gottfried von Straßburgs «Tristan und Isolde» und in der islamischen Welt mit Nizamis «Laila und Majnun» ihren Anfang nahm, lagen noch weit in der Zukunft.

Was die romantische Liebe von der erotischen Liebe im Kamasutra unterscheidet, ist die beständige Allgegenwart eines Gefühls, das sich vielleicht am besten mit «Sehnsucht» umschreiben lässt. Auf der Suche nach dem «Eins-Sein» mit dem oder der Geliebten ist Sehnsucht die Bereitwilligkeit zur Unterwerfung, Bewunderung und Hingabe gegenüber der Person, nach der man sich verzehrt. Sehnsucht setzt zuerst eine spezifische Art der Identifizierung voraus, die den Geliebten für den Liebenden mindestens eine so große Bedeutung zuschreibt wie sich selbst. Sie setzt auch eine Idealisierung voraus, durch die der Geliebte dem Liebenden als unendlich überlegenes Wesen erscheint, dem er bereitwillig sein Begehren unterordnet. Romantische Liebe erfüllt sich nur dann, wenn der Geliebte – metaphorisch gesprochen – gegenüber dem Liebenden porös wird. Besitzergreifende Begierde zielt darauf ab, das Objekt seines Begehrens zu überwältigen, während zärtliche Sehnsucht den Geliebten als unzerstörbar haben will. Somit verleiht Sehnsucht der Begierde Dauer und Stabilität.

Die Porosität, die Hingabe, die Identifizierung und Idealisierung kommen in der erotischen Liebe des Kamasutra oder auch in der klassischen Literatur jener Epoche nicht vor. In Liebesgedichten in Sanskrit und Tamil werden die Liebenden – genau wie im Lehrbuch der Erotik – als Partner begriffen, die füreinander Quellen der Erregung und Freude sind; eine Bereicherung des sinnlichen Erlebens, jedoch kein Leuchtfeuer der Seele. Die geliebte Person will gründlich und in allen Facetten erkundet sein und wird daher auch nicht vorschnell verlassen. Aber weder das Innenleben noch die Vergangenheit und Zukunft der geliebten Person sind Gegenstand der Verzückung; der Impuls liegt nicht auf strenger Monogamie.

Den meisten modernen Lesern und Leserinnen wird das Persönliche und Subjektive viel näher stehen. Die Betrachtung der Liebe als einen unpersönlichen Zustand des Begehrens – sosehr dies unseren Sinnen schmeicheln mag – berührt das Herz nicht sonderlich. Es wird denjenigen, deren Empfindsamkeit von der Romantik und vom Individualismus geprägt ist, schwer fallen, sich mit den gesichtslosen Protagonisten der Gedichte zu identifizieren. Sie handeln nicht von bestimmten Männern und Frauen, sondern von Mann und Frau an sich – vorausgesetzt, dass er gut aussehend ist und sie eine Schönheit und beide jung. Das Gesicht der Heldin beispielsweise gleicht immer dem Mond oder einer Lotosblüte, ihre Augen sind wie Seerosen oder groß wie die eines Rehs. Sie läuft stets leicht vorgebeugt, aufgrund des Gewichts ihrer vollen Brüste. Ihre Taille ist schmal, mit drei Falten, ihre Schenkel sind rund und stämmig wie der Rüssel eines Elefanten oder der Stamm eines bengalischen Feigenbaums, ihr Nabel liegt tief, und ihre Hüften sind schwer. Diese lyrischen, aber durchweg konventionellen Beschreibungen von Körperteilen entsprechen kollektiven Fetischen – kulturell geteilten Signalen –, die dem Einzelnen erlauben, sich der erotischen Erregung hinzugeben, ohne das Risiko der Selbstaufgabe einzugehen, nach der sich bei der romantischen Liebe so sehr gesehnt wird.

Während die erotische Liebe des Kamasutra und der klassischen Sanskritliteratur hell und strahlend erscheint, wird die romantische Liebe – obwohl sie so tiefe Gefühle hervorbringt – von den Liebenden oft als dunkel und schwer erlebt. Wenn die romantische Liebe in voller Blüte steht, büßt das sexuelle Begehren seine Vorherrschaft ein. Die Liebenden streben danach, sich in den Konturen des anderen aufzulösen. Das Geschlecht muss zwar stimmen, aber deren fleischliche Besonderheit angesichts des Strebens nach Ganzheit wird fast nebensächlich. Sexuelles Begehren wird zum bloßen Träger einer Sehnsucht nach der Verschmelzung der Seelen – etwas, das unmöglich ist, solange die Liebenden Körper haben. Die Unmöglichkeit der Verschmelzung, die die Liebenden über ihre elementare Trennung bewusst werden lässt, ist die potentielle Tragödie der romantischen Liebe, ihre Sorge und Qual; es ist die inhärente Schwere, die Liebende durch die Epochen – und nicht nur Romanfiguren – als Plage und Trübsal verflucht haben.

Dagegen hat das Leiden an der erotischen Liebe weniger mit der elementaren seelischen Sehnsucht nach Aufhebung der Trennung zu tun als mit der *körperlichen* Natur des sexuellen Begehrens, denn das sexuelle Begehren erlöscht mit seiner scheinbaren Befriedigung nicht. Die Erinnerung und die wunderbare Spannung der Lust nagen weiter und sind der eigentliche Grund für den Kummer, wenn Liebende der erotischen Liebe voneinander getrennt sind. Dieser Kummer wirft jedoch höchstens einen blassen Schatten auf das Kamasutra, wo er am Beispiel der abgewiesenen Ehefrau und der Angst des noch nicht zum Zuge gekommenen Freiers verhandelt wird. Die erotische Liebe des Kamasutra erscheint so als prekäre Gratwanderung zwischen dem Besitzergreifenden der sexuellen Begierde und der Zärtlichkeit romantischer Sehnsucht; zwischen der Unordnung des Triebhaften und den moralischen Kräften der Ordnung; zwischen den Imperativen der Natur und den Zivilisierungsversuchen der Kultur. Sie streben nach einem harmonischen Ausgleich zwischen all den gegensätzlichen Kräften, die die menschliche Sexualität ausmachen – ein Bestreben, das schon von seinem Ansatz her oft vergeblich bleiben muss. Oder wie Vatsyayana bemerkt: «Wenn das Rad der sexuellen Ekstase in vollem Schwung ist, gibt es kein Lehrbuch mehr und keine Ordnung.»[9]

Sexualität in Tempeln und in der Literatur des Mittelalters

Nach den verfügbaren Zeugnissen (und das Kamasutra liefert den Großteil davon) gab es wenig sexuelle Unterdrückung im alten Indien, zumindest nicht in den oberen Klassen, dem Hauptpublikum des Kamasutra. Die Ansprüche der Sexualität hatten sich mit denen der Religion zu arrangieren – ja! –, aber es war in Zeiten, in denen beide miteinander im Konflikt lagen, mehr eine Versöhnung als eine Unterdrückung. Die ungehemmte Sexualität im Kamasutra, wo in der Phantasie nichts und in der Realität kaum etwas tabu war, wo bei der Liebe Zärtlichkeit und verspielte Aggressivität miteinander verbunden wurden, wo die Geschlechterrollen beim Liebesakt weder starr noch festgelegt waren, schwingt in den Tempeln von Khajuraho zu einem visuellen Höhepunkt auf.

Diese Gruppe der ursprünglich über achtzig Tempel, von den 29 noch stehen, wurde im 19. Jahrhundert in einem Dorf in Zentralindien wiederentdeckt. Die Skulpturen und Friese der Tempel, die zwischen dem 10. und 11. Jahrhundert gebaut wurden, werden im Allgemeinen zu den Meisterwerken indischer Kunst und Architektur gezählt. Neben den religiösen Motiven werden auf den Tempelwänden auch die Welt der religiösen Laien und das Leben in seiner ganzen Fülle dargestellt. Tempel waren in dieser Zeit nicht nur Orte der Verehrung. Sie waren Zentren des sozialen, kulturellen und politischen Lebens, wo Musik- und Tanzveranstaltungen stattfanden, literarische und religiöse Diskurse abgehalten wurden und Leute sich trafen, um Belange der Dorfgemeinschaft zu diskutieren.

Khajurahos gegenwärtige Berühmtheit stammt hauptsächlich von seiner Überfülle erotischer Darstellungen an den Tempelwänden. Mit zu den schönsten Skulpturen Khajurahos zählen die *apsaras*, die «himmlischen Huren», dargestellt in unterschiedlichen Stimmungslagen und verschiedenen Zuständen der Entkleidung. Es gibt graphische Darstellungen der sexuellen Vereinigung, Gruppenorgien und Sex mit Tieren. Wenn etwas klar und eindeutig mit der Sinnlichkeit der gemeißelten Figuren und Szenen in Khajuraho vermittelt wird, so, dass die menschliche Seele hauptsächlich liebend ist und nichts wenn nicht liebend.

Das liebende Paar (das sogenannte *mithuna*-Motiv) taucht an indischen Tempelwänden bereits sehr früh auf (mindestens seit dem 3. Jahrhundert v. Chr.). Das Paar könnte durchaus die Vereinigung der individuellen Seele mit der Weltenseele darstellen – das höchste Ziel der Hindu-Religiosität. Als ein notwendig glücksverheißendes Element indischer Tempel wird das *mithuna*-Motiv über die Jahrhunderte stärker ausgeschmückt. Zur Zeit von Khajuraho wurde das Paar mit der künstlerischen Vorstellungskraft der Tempelbildhauer im Liebesakt dargestellt. Dass sich das Motiv von den mehr abstrakt Liebenden zu dem im Liebesakt vereinten Paar entwickeln kann, hat damit zu tun, dass die sexuelle Vereinigung in Indien nicht außerhalb der Heiligkeit des Lebens steht. Ein maßgebender religiöser Text behauptet: «Das ganze Universum, von Brahman bis zum kleinsten Wurm, baut auf der Vereinigung von Mann und Frau auf. Warum sollten wir also darüber beschämt sein, wenn selbst Gott Shiva sich gezwungen sah, vier Gesichter anzunehmen, um seiner Begierde nachzukommen, eine Nymphe anzuschauen?»[10]

Man sollte sich an dieser Stelle daran erinnern, dass die indische Verbindung von Religiosität und Erotik sich nicht allein auf Khajuraho beschränkt. In der Zeit vom 9. bis 13. Jahrhundert, als es in ganz Indien eine bemerkenswerte Aktivität im Tempelbau gab, waren erotische Skulpturen üblich. Die Vermischung von Religiosität und Sexualität ist nicht auf Skulpturen beschränkt, sondern findet sich genauso in der Literatur, insbesondere in der Dichtung, und in Liedern der *bhakti* – der religiösen Hingabe –, die zuerst im 6. Jahrhundert in Südindien auftauchte, um mit der Zeit stärker und stärker zu werden und im ganzen Land zur dominanten, religiösen Ausdrucksform des Hinduismus zu werden. Die vorherrschende Stimmung der *bhakti* war stets erotisch – rühmend, besitzend und besessen werden von Gott. Hier wird Religion nicht zum Feind der Erotik, sondern zu seinem Verbündeten. Selbst der höchste Gott erfreut sich, wie die Sterblichen, vieler sexueller Nuancen. In Jayadevas Gitagovinda (vielleicht so etwas wie der Schwanengesang einer Epoche, die um das 12. Jahrhundert zu Ende ging) bittet eine verspielte Radha (das Emblem der menschlichen Seele) Krishna (die Inkarnation des Göttlichen), nachdem die ekstatische Liebe der orgasmischen Entspannung gewichen ist, ihre Kleidung und ihr zerzaustes Haar zu glätten:

> «Male ein Blatt auf meine Brüste,
> lege eine Girlande um meine Hüften,
> flechte in meinen dicken Zopf Blumen,
> schlinge um meine Hände Armreifen
> und juwelenbesetzte Reifen um meine Fußknöchel.
> Ihr in gelbe Roben gekleideter Liebhaber
> tat, was Radha wünschte.»[11]

Die Legende über die Entstehung dieser Verse berichtet, dass Jayadeva befürchtete, ein Sakrileg zu begehen, wenn er den Gott Radhas Füße berühren ließ (eine Gebärde, die im Allgemeinen als Zeichen der Unterwerfung unter einen Höherrangigen verstanden wird), zögerte deswegen mit der Niederschrift der letzten Zeilen und nahm ein Bad. Als er in sein Zimmer zurückkam, stellte er fest, dass Krishna selbst das Gedicht in seiner Abwesenheit vollendet hatte ... Die *bhakti*-Poesie mit ihrer erotischen Liebe für Krishna (oder genauso Shiva in der tamilischen und Kannada-Dichtung) ist vergleichbar mit den Gefühlen gegenüber Jesus, die Mystikerinnen des Mittelalters wie Teresa von Avila zum Ausdruck gebracht haben. Diese Gefühle sind nicht eine Allegorie für religiöse Leidenschaft, sie *sind* religiöse Leidenschaft – die indischen Dichter weigerten sich, zwischen dem Religiösen und dem Erotischen zu unterscheiden.

Die Skulpturen von Khajuraho, Konarak und anderen Tempeln des Mittelalters, genauso wie auch die erotische Vermittlung der *bhakti*-Poesie, benötigen entsprechend auch keine phantasievollen Erläuterungen. Sie sind die Kunst von und für ein energisches und erotisches Volk. Wenn man in die Jahrhunderte zurückschaut, sind die Inder einer vergangenen Epoche mit metaphysischen Fragestellungen beschäftigt, die von der Unvermeidbarkeit des Todes hervorgerufen wurden. Die Suche nach

Antworten behinderte sie jedoch nicht, ihr Leben zu leben und sich von diesen Fragen dominieren zu lassen. Khajuraho repräsentiert die Einstellung eines Volkes, das – wie Vatsyayana Jahrhunderte zuvor bemerkte – Zweifel an den Belohnungen von Gelübden und dem asketischen Lebensweg hatte und daran glaubte, dass es besser sei, «einen Spatz in der Hand als eine Taube auf dem Dach» zu haben.

Sexualität der Gegenwart

Moderne, städtische Inder werden Schwierigkeiten haben zu glauben, dass weite Gebiete des gegenwärtigen Indiens in einem «sexuellen Mittelalter» verharren. Sie weiden ihre Augen vielmehr an den erotischen Körperhaltungen spärlich bekleideter Nymphen in prächtig montierten Kinofilmen und nähren sich an den gleichbleibenden Geschichten und Untersuchungen der englischsprachigen Medien, die ein sich sexuell befreiendes Indien verkünden. Trotz entspannterer Einstellung gegenüber dem Sex in der Mittel- und Oberschicht ist Sexualität in Indien zutiefst konservativ, wenn nicht puritanisch geblieben. Sexualität ist selten mit Erotik gesegnet, die sie von Imperativen der Biologie befreit und die Partner in sinnlicher Freude und metaphysischer Offenheit miteinander verbindet.

Wenn man die gegenwärtige Sexualität in Indien betrachtet, gehören die Welten des Kamasutra, Khajurahos und der Gitagovinda einer fernen Vergangenheit an. Zwischen der Welt des Kamasutra und dem gegenwärtigen Indien liegen viele Jahrhunderte, in denen die indische Gesellschaft es mit Erfolg geschafft hat, sexuell verklemmt zu werden. Viele Beobachter wundern sich, was aus dem gleichen Volk geworden ist, das die Erotik in eine Wüste der Ödnis verwandelt hat, ein Land, in dem bis vor kurzem sogar Küssen auf der Leinwand verboten war, gleichzeitig jedoch munter das Vergnügen des oralen Sex auf alten Tempelfriesen gezeigt wird. Einige machen den muslimischen Einfall und ihre Herrschaft im Mittelalter verantwortlich, obwohl – zumindest in den oberen Klassen – die sexuelle Liebe in den meisten islamischen Gesellschaften von einer großen Sinnlichkeit begleitet wurde.[12] Tatsächlich befürworten einige der *hadiths* – die Kommentare des Koran – mit Nachdruck die Befriedigung der sexuellen Bedürfnisse, zumindest für die privilegierten Männer ... Andere machen die viktorianische Moral der britischen

Kolonialherren verantwortlich, die auf dem christlichen Unbehagen in seiner Beziehung zum Körperlichen fußt.

Um dem Niedergang der Erotik in Indien auf die Spur zu kommen, sollte man jedoch lieber einen Blick auf die Hindu-Kultur werfen, ihr Festklammern an asketischen Idealen und die Tugenden des Zölibats. Zur gleichen Zeit, als das Kamasutra entstand, existierten auch andere Texte, die mit erschreckenden Bildern auszumalen versuchten, was für Folgen der Samenverlust für den Mann habe, oder die ganze Mythologien darüber entwarfen, wie Frauen einen Mann mit dem Geschlechtsverkehr «aussaugen» und entkräften. Diesem asketischen Ideal, das zutiefst mit dem hinduistischen Konzept der Reinheit und Unreinheit verbunden ist, liegt die Auffassung zugrunde, dass das, was am reinsten ist, am stärksten geschützt werden muss. Sperma, das reinste Körperprodukt eines Mannes und die Quelle seiner Kraft, muss entsprechend vor der wilden und unersättlichen Begierde der Frauen geschützt werden. Unzählbar viele hinduistische Mythen führen körperliche Schwäche oder den Verlust spiritueller Macht bei einem Mann oder Gott auf den Verlust seines Samens zurück. Diese Mythen und Legenden sind lebhafte Zeugnisse, warum die Ideale sexueller Zurückhaltung und das Zölibat in der indischen Kultur einen so hohen Status genießen. Frauen und ihre Macht, Männer in Versuchung zu bringen, sind eine Vorstellung, die in der Askese mit am meisten gefürchtet wird. Es ist eine Fantasie, in der die Bedrohung durch die Frauen, die von ihrer Natur her als lustvoll und sexuell betrachtet werden (und zwar so lange, bis sie Mütter werden), unheilvolle Spuren hinterlässt.

Das asketische Ideal ist in Konkurrenz zur Erotik immer um die indische Seele bemüht gewesen. Es ist sehr unwahrscheinlich, dass die alten Inder in ihrer Suche nach der Sinnlichkeit jemals so verbissen waren oder hätten sein können wie vergleichsweise die alten Römer. Obwohl man heute wieder Zeichen der Veränderung beobachten kann – ein vorläufiges Wiederauftauchen des Erotischen in der städtischen Oberschicht –, hat die Askese durch die Jahrhunderte den Diskurs über indische Sexualität dominiert. Oder um mit William Blake zu sprechen: «Priester in schwarzen Gewändern ... die mit Gürteln meine Freuden und Begierden binden», haben als brahmanische Priester nur allzu oft das Zölibat als einzigen Weg zur spirituellen Erlösung hochgehalten.

Einer der Wege, mit dem der asketische Diskurs seine Überlegenheit gegenüber der Erotik zu behaupten versucht, ist, Ängste zu schüren, indem die Sexualität für gesundheitliche Schäden verantwortlich gemacht wird. Hierbei meinen wir nicht nur Krankheiten, die sich in der hinduistischen medizinischen Tradition klar auf die Sexualität beziehen. Zum Beispiel wird gesagt, dass «Überhitzung» aufgrund von zu häufigem Sex zu Geschlechtskrankheiten führe; auch sexuelle Vereinigung mit einer menstruierenden Frau oder Ehebruch werden als Ursache für eine Reihe anderer körperlicher und geistiger Krankheiten gesehen.

Dieser asketische Diskurs geht jedoch weit über das Gesundheitliche hinaus. Vielmehr sind die asketischen Vorstellungen geradezu vom Sex *besessen*, zum Beispiel in den Schilderungen des dramatischen Kampfes zölibatärer Yogis mit Kama, dem Gott des Begehrens, bei der sie versuchen, die Sexualität zu besiegen und in spirituelle Macht zu transformieren.

Im traditionellen asketischen Diskurs wird die Spiritualität als eine vollkommen praktische Angelegenheit verstanden, die sich mit der «Alchemie der Libido» befasst, um Sexualität in spirituelle Macht umzuwandeln. Diese alchemistische Umwandlung wird mit dem Schüren des sexuellen Feuers erlangt, wobei der Körper zum Kochtopf wird und das Öl zum Kochen eine Destillation der sexuellen Flüssigkeiten ist. In seiner populären Form lässt sich die Theorie der sexuellen Sublimierung ungefähr so zusammenfassen: Körperliche Stärke und geistige Kraft haben ihren Ursprung in *virya*, ein Wort, das für beides – sexuelle Energie und den Samen – steht. *Virya* kann entweder mit dem Geschlechtsverkehr nach unten geleitet werden, wo es in grober Materie als Sperma ausgeschüttet wird, oder durch die Wirbelsäule in das Gehirn nach oben geleitet werden, in einer subtilen Form, die als *ojas* bekannt ist. Beim Samen, das sollte an dieser Stelle bemerkt werden, treffen sich Medizin und Spiritualität. Tatsächlich ist für Sushruta, den Autor einer der beiden grundlegenden Textbücher zur traditionellen indischen Medizin (dem Ayurveda), der Samen die materielle Form der individuellen Seele.

Im asketischen Diskurs wird die nach unten geleitete Bewegung der sexuellen Energie und ihrer Ausschüttung als Sperma als entkräftend betrachtet – eine Verschwendung der Vitalität und der essentiellen Energie.

Der Lust wird nachgesagt, dass sie von allen Gefühlen den Körper in das größte Chaos stürzt, wobei jede leidenschaftliche Umarmung Millionen roter Blutkörperchen zerstören soll. Die Physiologie des Ayurveda behauptet, dass Nahrung in einer Zeitperiode von dreißig Tagen in Sperma verwandelt wird. Sie durchläuft dabei durch Blut, Fleisch, Fett, Knochen und Knochenmark aufeinander folgende Transformationen und Verfeinerungen, bis der Samen destilliert ist, wobei vierzig Tropfen Blut einen Tropfen Samen produzieren. Jede Ejakulation bedeutet einen Verlust von einer halben Unze Sperma, was gleichbedeutend ist mit der Aufnahme von sechzig Pfund nahrhafter Lebensmittel. In einer anderen Berechnung (mit ähnlicher pädagogischer Absicht) ist jeder Geschlechtsakt gleichbedeutend mit einer Energieverausgabung von 22 Stunden konzentrierter, geistiger Aktivität oder von 72 Stunden harter, körperlicher Arbeit.

Andererseits – mit der Einhaltung des Zölibats – soll der Samen, wenn er zurückgehalten, nach oben geleitet und in *ojas* verwandelt wird, zu einer Quelle des spirituellen Lebens werden statt zur Ursache des körperlichen Verfalls. Langlebigkeit, Kreativität und körperliche sowie geistige Vitalität sollen mit der Zurückhaltung des Samens verbessert werden; Erinnerungsvermögen, Willenskraft, Inspiration (wissenschaftliche wie künstlerische) sollen alle dem Zölibat entstammen. Diese Vorstellung, Sexualität in spirituelle Macht verwandeln zu können, ist in Indien bis heute weit verbreitet. Sie wird von vielen Hindus geteilt – Mahatma Gandhi war nur einer der bekannteren Vertreter und ein Praktizierender dieser Theorie der Askese.

Mit der Verteufelung der Sexualität, die es, soweit möglich, einzuschränken gilt, kann sich kein Volk mit freudiger Hingabe fortpflanzen – außer es hat bezüglich der sexuellen Verordnungen und asketischen Ideale (die über Jahrhunderte dazu beigetragen haben, das kulturelle «Über-Ich» der Hindus zu bilden) eine große Portion Skeptizismus entwickelt. Die Demütigung anmaßender Asketen durch den Charme himmlischer Verführerinnen wird nicht nur von den Göttern mit Erleichterung aufgenommen, sondern genauso von den Sterblichen, die die Mythen in Geschichten, populären Volkstänzen und im Theater immer wieder neu inszenieren. Die Ideale des Zölibats werden also gleichzeitig befürwortet wie auch verspottet. Es gibt in der Hindu-Tradition eine Reihe an Weisen (Mahatma Gandhi ist nur der Letzte in dieser Versammlung), die für die

Einhaltung ihres Zölibats und die Macht, die es ihnen gebracht hat, verehrt werden. Genauso gibt es aber unzählbar viele Volksgeschichten, in denen die Missgeschicke allzu geiler Asketen im Detail erzählt werden … Doch selbst in den würdigeren Mythen wird sogar der Schöpfergott von seinen fleischlichen Gelüsten niedergestreckt:

Die himmlische Nymphe Mohini verliebte sich in den Schöpfergott Brahma. Nachdem sie die Unterstützung des Liebesgottes Kama gewonnen hatte, ging sie zu Brahma und tanzte nackt vor ihm. Brahma blieb unbewegt, bis Kama ihn mit einem seiner Blumenpfeile traf. Brahmas Proteste, dass er ein Asket sei, der alle Frauen vermeiden müsse, insbesondere Prostituierte, nahmen kontinuierlich ab. Mohini lachte und insistierte, dass er mit ihr schlafen solle. Sie zerrte an seinem Gewand und bemerkte seinen erregten Zustand. Die Weisen, die die beiden zusammen fanden, fragten den Schöpfergott, wie es dazu komme, dass Mohini in seiner Nähe sei. Zuerst versuchte der Schöpfer, seine Scham zu verbergen, indem er sich verstellte. «Sie sang und tanzte für eine lange Zeit, und als sie müde wurde, kam sie hierher wie ein junges Mädchen zu ihrem Vater.» Aber die Weisen lachten, denn sie durchschauten das ganze Geheimnis, und auch Brahma lachte.[13]

Eine endgültige – wenn nicht geradezu ironische – Verfeinerung des Zölibats findet sich in den mystischen Praktiken des *Tantra.* Der spirituelle Anwärter wird eingeführt und beauftragt, den Geschlechtsverkehr als eine Form der spirituellen Übung ohne das geringste Begehren zu verüben und seinen Samen im letzten Moment zurückzuhalten. Es wird geglaubt, dass der sexuelle Impuls so von der Körperlichkeit getrennt werden kann. Der Impuls in diesem rituellen (und unglaublich leidenschaftslosen) Geschlechtsakt soll den Samen lediglich aufrühren und Energien gebären, die nach oben geleitet werden können, damit sie dem Praktizierenden einen entsprechenden spirituellen Nutzen bringen.

Unser Skeptizismus hinsichtlich des Zölibats bedeutet nicht, dass wir es undifferenziert ablehnen. Vielmehr würden wir mit Thomas Mann übereinstimmen, dass Bemühungen, der sexuellen Liebe zu entsagen, Respekt verdienen – denn sie befassen sich mit dem Spirituellen und somit mit dem zutiefst Menschlichen. Wir schließen auch, wie Sigmund Freud, die Fähigkeit zu einem erfolgreichen Zölibat bei einer Hand voll außergewöhnlicher Menschen nicht aus, Menschen, die von echter Originalität mit einem selbstentsagenden Missionsdrang oder dem Ziel der

Transzendenz beseelt sind. Unsere Schwierigkeit mit dem Zölibat ist vielmehr, dass es in Indien als kulturelles Ideal für ein ganzes Volk hochgehalten wird. Und damit hat es einen entscheidenden Einfluss auf die Produktion von Ängsten, die bei vielen indischen Männern mit der «Vergeudung von Sperma» assoziiert werden. Es gibt tatsächlich eine bestimmte, nur in Südasien bekannte Krankheit, die *svapnadosha* heißt (wörtlich: «Traumfehler»). Bei dieser «kulturellen Krankheit», die vom Samenverlust während nächtlicher Emissionen herrührt, beklagen sich junge Männer über Körperschmerzen, Kopfweh, anhaltende Müdigkeit und Gefühle, dass der eigene Körper nicht real sei.

Jungfrauen und andere

Die Sexualität ist dafür berüchtigt, sich den Befehlen der kulturellen Moralwächter nicht vollkommen unterzuordnen. Insbesondere in der Jugend neigt sie in ihrer Ungezügeltheit dazu, durch Spalten des kulturellen Bodens hindurchzusickern. Obwohl der indische Sittenkodex jegliche Form jugendlichen sexuellen Verhaltens vor der Heirat tabuisiert, besagen eine Reihe von Studien aus unterschiedlichen Regionen Indiens, dass 20–30% junger Männer auf diese Vorschriften pfeifen.[14] Junge Frauen halten sich stärker an den Sittenkodex: In denselben Studien wird vorehelicher Sex von nur 10% der jungen Frauen berichtet. Dass weit mehr junge Männer sexuelle Erfahrungen machen, liegt daran, dass ihre Partnerinnen (sowohl zum «Zeitvertrieb» als auch aus «wahrer Liebe») nicht nur aus der gleichen Altersklasse stammen, sondern auch Prostituierte und ältere, verheiratete Frauen aus der Nachbarschaft mit einschließen, die von den jungen Männern «Tanten» (*aunties*) genannt werden.

Zum Teil mag der Unterschied ihres sexuellen Erfahrungsschatzes auch daran liegen, dass junge Männer gern mit ihren sexuellen Erfahrungen (prahlerisch) übertreiben, während junge Frauen eher (gehemmt) untertreiben. Junge Frauen gehen mit ihren sexuellen Liaisons vorsichtiger um, da schon die Andeutung einer Beziehung zu einem Jungen ihren Ruf, ihre Heiratsaussichten und den sozialen Status ihrer gesamten Familie zerstören kann. Wenn die Askese ein Weg ist, männliche Sexualität zu kontrollieren, dann halten Keuschheit vor (und Treue in) der Ehe die weibliche Sexualität erfolgreich in Schach.

Sieht man einmal von der dünnen Kruste der Oberschicht in den Metropolen ab, bleibt Keuschheit eines der obersten Gebote für junge, unverheiratete Frauen. Ob ein Mädchen zu einer beschützenden Familie der aufsteigenden Mittelschicht gehört oder in einem Slum einer Großstadt lebt, es lernt früh im Leben, dass es sich in der Öffentlichkeit mit größter Zurückhaltung bewegen und verhalten muss. Im Gegensatz zu Jungen riskieren junge Mädchen nicht nur ihre Reputation, wenn sie auch nur die geringsten Andeutungen eines sexuellen Interesses öffentlich zeigen, sondern werden auch Beute sexueller Belästigung. Auch Familien, wie wir in einem anderen Kapitel bereits gezeigt haben, schränken ihre Töchter im Kontakt mit Jungen, die nicht Teil der Familie sind, stark ein, um ihren «Wert» auf dem Heiratsmarkt nicht zu gefährden. Eine achtzehnjährige Studentin aus Delhi sagte: «Wenn also jemand herausfindet, dass eine Frau viele Freunde hatte, dann – o Gott –, niemand will diese Frau heiraten, denn sie könnte mit den Männern ins Bett gegangen sein … Eine Frau sollte Sex nur nach der Heirat haben.» «Wenn mein Bruder eine Freundin hätte, wäre das kein Problem», sagte eine andere Studentin, «aber andersherum wäre es ein Skandal. Wenn ich morgen verheiratet werde, dann würde die Nachbarschaft sagen, das Mädchen ist charakterlos, weil sie so und so viele Freunde hatte. Mein Bruder hat solche Probleme nicht, weil niemand kommt und sagt, er hatte so und so viele Freundinnen. Wenn also eine von uns einen Freund hat, würde sie es niemals erzählen. Sonst dürfte man zu Hause nicht mehr ans Telefon gehen, nicht mehr ausgehen – nichts.»[15]

Es ist also kein Wunder, dass Frauen in Psychotherapie oft berichten, dass sie ihren ersten sexuellen Kontakt mit einem männlichen Mitglied der erweiterten Familie hatten – einem Onkel, einem Vetter, sogar mit älteren Brüdern und im Falle von Frauen der Mittel- und Oberschicht auch mit männlichen Bediensteten. Diese ersten Kontakte führen selten zum tatsächlichen Geschlechtsverkehr, aber trotzdem nagt an den Frauen ein erhebliches Schuldgefühl, und sie kämpfen darum, die Erinnerungen ihrer eigenen Erregung und neugierigen Beteiligung dieser offensichtlichen sexuellen Missbrauchssituationen zu unterdrücken.

Die Identitätsbildung der meisten jungen Frauen in Indien, der Konflikt zwischen individuellen Bedürfnissen und sozialen Normen, führt bei vorehelichem Sexualkontakten zu anhaltenden Schuldgefühlen. Junge Mädchen entwickeln stark ambivalente Gefühle in Bezug auf ihre sexuelle Identität und ihren Körperausdruck. Neben Schuldgefühlen kann ihr (verstecktes) Interesse an der Sexualität auch zu überwältigenden Schamgefühlen führen. Diese zeigen sich beispielsweise darin, dass viele Mädchen peinlich berührt sind, über sexuelle Angelegenheiten überhaupt zu sprechen. Ab einem gewissen Alter zeigen sich Mädchen nicht länger nackt vor ihren Eltern (manche später nicht einmal vor ihrem Ehemann); auch fühlen sie sich unbehaglich, im Fernsehen sexuelle Szenen mit anderen, insbesondere männlichen Familienmitgliedern anzusehen. Ihre sexuelle Ambivalenz zeigt sich in der tief verankerten Vorstellung, was eine «gute» und «schlechte» Frau ausmacht, wenn eine 19-jährige Studentin der Mittelschicht sagt, «eine gute Frau sollte gebildet sein und arbeiten, sie sollte karriereorientiert und mutig sein und Kühnheit besitzen, sie sollte in der Lage sein, Entscheidungen zu fällen, sie sollte Zeit für ihre Familie haben und sich um alle kümmern. Und eine schlechte Frau – zuallererst hat sie einen schlechten Charakter. Also, sie hat zwei oder drei Liebhaber zur gleichen Zeit, ohne es mit einem ernst zu meinen, und sie respektiert ihre Eltern nicht.»[16]

Wie letzteres Zitat veranschaulicht, ist die gute Frau nährend und mütterlich (nach dem Ideal junger, städtischer Frauen der Mittelschicht auch noch karriereorientiert und selbstbewusst), während die schlechte Frau sexuell aggressiv und damit schamlos ist.

Im städtischen Indien finden aber auch Veränderungen statt. Junge Mädchen entwickeln eine stärkere Körperlichkeit. Sie beginnen mehr Wert auf Kleidungsstücke zu legen, die ihre Körperkonturen betonen, und sind begierig, in Fernsehserien und Zeitschriften alles über Körperpflege und körperliche Schönheit in Erfahrung zu bringen. Dennoch endet dieses zunehmende Körperbewusstsein bei den Genitalien – den eigenen und denen der Männer –, die mit tief verinnerlichten Schamgefühlen verbunden werden. Viele junge Mädchen der höheren Kasten haben nicht einmal einen Namen für ihre Genitalien. Sie beziehen sich auf sie höchstens mit ausweichenden Bezeichnungen, wie zum Beispiel «der Ort, wo man pinkelt», obgleich bereits dieser Euphemismus stark emotional aufgeladen ist. Eine dreiundzwanzigjährige Sikh-Patientin, die in England aufgewachsen war, hatte keine Probleme, ihre Genitalien zu benennen, solange sie das in Englisch tun konnte. Als sie gebeten wurde, diese Worte in ihrer Muttersprache auszudrücken – der Sprache, die näher an ihre frühen körperlichen Erfahrungen heranreichte –, «vergaß» sie entweder die entsprechenden Worte, oder sie gefror in langem

Schweigen.[17] Unkenntnis gedeiht natürlich am besten in einem sozialen Klima des Schweigens. Eine Patientin mit College-Bildung, glaubte bis in ihre späten Teens, dass Menstruationsblut, Urin und Babys durch die Harnröhre kommen. Eine andere Frau, die in einem Dorf aufgewachsen war und von der man hätte annehmen können, dass sie mit den «Fakten des Lebens» besser vertraut ist, realisierte erst bei der Geburt ihres ersten Kindes, dass Babys nicht aus dem Anus kommen, wie sie bis dahin angenommen hatte.

Es ist unbestreitbar, dass junge Mädchen im städtischen Indien sich heute in der Öffentlichkeit sehr viel freier bewegen als noch eine Generation zuvor. Es ist aber ebenso unbestreitbar, dass der öffentliche Raum eine Domäne der Männer geblieben ist, und es gibt nur wenige Zeichen dafür, dass sich dies in der nahen Zukunft ändern wird. Die Schriftstellerin V. Geetha beschreibt wortgewandt, was andere Frauen durch ihre Erfahrungen nur bezeugen können: «Für viele von uns erfasst nichts so sehr die Beziehung von Männern zu Raum wie das Bild eines Mannes, der unbekümmert an einer vielbefahrenen Durchgangsstraße – neben einem Schulgebäude für Mädchen, an einer Straßenecke, an der Busse vorbeifahren, in einem öffentlichen Park – uriniert. Oder die Spanner: Warum müssen sie ihre Genitalien Frauen und Mädchen zeigen? Welche Vorstellungen von Intimität bringen Männer dazu, an einer überfüllten Bushaltestelle Obszönitäten in die Ohren von Mädchen und Frauen zu flüstern? Oder in ihre Brüste und Hintern zu kneifen? Warum wandern die Hände von Männern fast unbewusst, wie es scheint, zu ihren Eiern, selbst wenn sie sich in einer öffentlichen Sitzung oder auf einer Bühne befinden? (Frauen hingegen würden ihren Sari enger um ihre Brüste ziehen.) Es ist, als ob der öffentliche Raum, den sie so mühelos als ihren eigenen beanspruchen, von ihrem Penis und seinen Launen definiert würde.»[18]

Sexualität und Heirat

Mit so vielen Frauen, die eine Last aus Schuld und Scham hinsichtlich ihres (sexuellen) Körpers mit sich herumtragen, mit Bildern von nicht zu befriedigenden Frauen und Vorstellungen, dass der sexuelle Akt Männern ihre Kraft und Vitalität raubt, ist die Ausgangslage für ein freudvolles sexuelles Leben in vielen Ehen nicht sehr vielversprechend. Es ist schwierig für einen Mann, sich vollkommen der Erotik zu überlassen, wenn die potentielle Untreue der Frau ein zentrales Thema in Sprichwörtern aller großen indischen Sprachen ist.[19] «Nur wenn Feuer abkühlt, der Mond brennt oder der Ozean sich mit Süßwasser füllt, wird eine Frau rein sein» ist lediglich einer der vielen Sprüche zu diesem Thema. «Sie ist eine Frau, wenn sie sich innerhalb ihrer Grenzen bewegt, ein Esel, wenn außerhalb», sagen die Tamilen. Die eher ungewöhnlichen Sprichwörter, die die Ehefrauen loben (beispielsweise in Bengali und Assamese), sprechen natürlich – was voraussehbar ist – über den mütterlichen Aspekt von Frauen: «Wer könnte wagen, eine Frau schlecht zu machen? Frauen, die Kinder gebären!» Ein Sprichwort aus dem Punjab baut auf der Ambivalenz des Mannes auf: «Eine Frau, die dir mehr Liebe gibt als deine Mutter, ist eine Schlampe!» Studien haben gezeigt, dass indische Männer die Inhalte derartiger Sprichwörter verinnerlicht haben. Gefühle wie «sie sollte nicht mit anderen Männern außer mit mir sprechen; selbst zu meinen Brüdern und Verwandten nur in meiner Gegenwart»[20] werden von vielen geteilt und führen zu einer weitverbreiteten sexuellen Eifersucht, die gelegentlich an Paranoia grenzt. Manche Frauen sprechen mit ihrem Ehemann nicht einmal über Verhütungsmittel, um sich zu schützen oder ungewünschte Schwangerschaften zu vermeiden, aus Angst, von ihm beschuldigt zu werden, Seitensprünge begehen zu wollen.[21] Es mag sein, dass manche Männer diese Eifersucht brauchen, um ihr besitzergreifendes Begehren zu nähren und somit ihr sexuelles Vergnügen zu steigern. Diese Gewalttätigkeit aus Eifersucht untergräbt jedoch jegliche Erotik, färbt den Sex mit Sadismus und zerstört alle Kontrollen ihrer Beherrschung.

Im gegenwärtigen Indien tendiert die körperliche Liebe in vielen Ehen dazu – niedergedrückt von der kulturellen Last aus Angst, Scham und Schuld –, eine scharfe, stechende Lust zu sein, ohne die belebende, erotische Leidenschaft. Interviews mit niedrigkastigen, armen Frauen in Delhi haben eine Sexualität zutage gefördert, die von Feindseligkeit und Gleichgültigkeit durchdrungen ist statt von Zuneigung und Zärtlichkeit.[22] Die meisten dieser Frauen beschrieben den Geschlechtsverkehr als einen heimlichen Akt in einem engen, überfüllten Raum, der kaum länger als ein paar Minuten dauerte und bei dem körperliche oder emotionale Zuwendung in Form von Streicheln etc. bezeichnenderweise fehlten. Die meisten Frauen fanden Sex schmerzhaft oder unangenehm oder beides. Es handelte sich um eine Situation, der man sich ergab – oft auch aus Angst, sonst geschlagen zu werden. Keine der Frauen entkleidete sich für den Geschlechtsakt, da es als beschämend betrachtet wurde, so etwas zu tun. Obwohl einige der weniger verbitterten Frauen sich noch immer nach körperlicher Zärtlichkeit von ihrem Ehemann sehnten, wurde der Geschlechtsakt selbst als ein Vorrecht und als ein Bedürfnis für den Mann betrachtet: «*Aadmi bolna chahta hai*» (der Mann möchte sprechen). Eine andere Metapher für das, was im Englischen «Liebe machen» genannt wird, ist, «*hafte mein ek baar lagwa lete hain*» (Ich lasse es mir einmal die Woche machen). Die Zwischentöne des in Hindustani gesprochenen Satzes muten in der Originalsprache an, als handele es sich um eine wöchentliche Spritze, vielleicht schmerzhaft, aber notwendig für die Gesundheit. Die von diesen Frauen am häufigsten benutzten Ausdrücke für den Geschlechtsverkehr sind *kaam* und *dhandha* – «Arbeit» und «Geschäft». Geschlechtsverkehr scheint für sie (und die Männer) in Form eines vertraglichen und unpersönlichen Beziehungsaustausches strukturiert zu sein, mit der stets gegenwärtigen Möglichkeit, dass die eine Partei die andere ausbeutet oder betrügt.

Studien aus anderen Teilen Indiens bestätigen diese Beobachtungen. Für die große Mehrheit junger Frauen aus ärmeren Verhältnissen sind die Erwartungen an ihr sexuelles Leben minimal. Die meisten Frauen berichten, dass sie unvorbereitet waren und bis zur ersten Nacht mit ihrem Ehemann keine Ahnung vom Geschlechtsverkehr hatten. Viele erlebten eine Form von sexuellem Zwang und beschrieben ihre ersten sexuellen Erfahrungen als traumatisch, unangenehm, schmerzhaft mit der Beteiligung körperlicher Gewalt: «Es war eine grauenvolle Erfahrung; als ich versuchte, mich zu wehren, drückte er meine Arme oberhalb meines Kopfes zusammen. Es muss so schmerzhaft und erstickend gewesen sein, dass ich ohnmächtig wurde.»[23] Dieses Indien ist tatsächlich weit entfernt von dem Land, in dem das Kamasutra einst einen frisch verheirateten Mann – zugegebenermaßen wohl eher aus der Oberschicht – anleitete:

«Während der ersten drei Nächte, nachdem sie vereint sind, schlafe das Paar auf dem Boden, bleibe sexuell enthaltsam und esse ohne Salz und Gewürze. Dann nehme es, an sieben Tagen, ein zeremonielles Bad zum Klang von Musikinstrumenten, kleide sich fein, esse gemeinsam, sehe sich Vorstellungen an und ehre seine Verwandten. All dies gilt für alle Stände. Während dieser Zeitspanne von zehn Nächten beginnt er, sie mit sanften Aufmerksamkeiten zu umwerben, wenn sie nachts zusammen allein sind.

Die Anhänger Babhravyas sagen: ‹Wenn das Mädchen den Mann drei Nächte lang schweigen sieht wie eine Säule, wird sie entmutigt und verachtet ihn als einen der dritten Natur.› Vatsyayana sagt: Er fängt an, sie zu umwerben und ihr Vertrauen zu gewinnen, aber er bleibt sexuell enthaltsam. Wenn er sie umwirbt, bedrängt er sie in keiner Weise, denn Frauen sind den Blumen gleich sehr zärtlich zu umwerben. Wenn sie von Männern, die ihr Vertrauen noch nicht gewonnen haben, gewaltsam genommen werden, werden sie zu Hasserinnen des Sex.»[24]

Anders als in der Populärliteratur für Frauen im Westen dient die indische «romantische» Sehnsucht weder der Erkundung der Tiefen erotischer Leidenschaft noch dazu, von einem großartigen Liebhaber hinweggefegt zu werden. Es ist eine viel ruhigere Angelegenheit, die – wenn sie unbefriedigend ist – das emotionale Leben vieler Frauen austrocknen lässt, so dass einige als bloße mütterliche Automaten durchs Leben gehen. Andere reagieren mit einer inneren Verzweiflung, bei der – wie eine Frau es ausdrückte – «selbst der Geruch des Ehemannes zu einer täglichen Tortur wird, die einem stillen Schrei gleicht». Die ersehnte Intimität, die die Feindseligkeit zwischen Ehefrau und Ehemann auszuräumen vermag, ist der wirkliche *sasural* (Haus des Ehemannes), nach dem sich eine junge Braut sehnt.

Ein Thema männlicher Sexualität

Wenn es ein sich wiederholendes Thema in der Psyche vieler indischer Männer gibt – ein Thema, das sexuelle Konsequenzen hat –, ist es die sehr nahe Mutter-Sohn-Bindung.[25] Ein indischer Mann erlebt seine Mutter fast immer als «gute Mutter». Der prozentuale Anteil der Männer, die ihren Müttern auf *bewusster* Ebene Abneigung, Angst oder Verachtung entgegenbringen oder von ihnen solche Gefühle erfahren haben, ist in Indien verschwindend gering. Dies wird auf frappierende Weise in der klinischen Arbeit deutlich: In den frühen Stadien einer psychotherapeutischen Behandlung schildert ein Patient nach dem anderen seine Mutter als extrem hilfsbereit und höchst liebenswert. Auch in der Kunst, in beliebten Bollywood-Verfilmungen, in den Autobiographien indischer Männer, in Geschichten und Legenden sowie in indischer Literatur verschiedenster Sprachen wird der gütige und beschützende Aspekt der Mutter voller Nostalgie und ohne die geringste Spur der Skepsis oder der Ambivalenz hervorgehoben. Es sollte an dieser Stelle betont werden, dass dieses idealistische Bild der «guten Mutter» eine größtenteils männliche Konstruktion ist – indische Töchter sentimentalisieren ihre Mütter nicht auf diese Weise. Für Töchter ist die Mutter keine anbetungswürdige Gestalt auf einem Sockel, sie ist eine irdischere Erscheinung – nicht immer gütig, aber ständig *da*. Es ist durchaus möglich, dass die Allgegenwart der Mutter in der männlichen Psyche in Indien offener ist, als es im Westen der Fall ist. So beobachtete der indische Gelehrte und Dichter A. K. Ramanujan, dass indische Männer tendenziell ihre *Unabhängigkeit* von der Mutter unterdrücken, während Männer westlicher Kulturen vergleichsweise ihre *Abhängigkeit* von der Mutter unterdrücken.[26]

Mit der hier beschriebenen Mutter-Sohn-Konstellation wird deutlich, dass die Trennung von der Mutter für viele indische Männer mit großen psychischen Schwierigkeiten behaftet ist. In einer Studie von Männern der Agarwal-Gemeinschaft in Nordindien, die vor 45 Jahren durchgeführt wurde, sagte nur ein Fünftel der Männer, dass ihnen ihre Ehefrauen näher sei als ihre Mütter.[27] Heute ist der Anteil der Männer, die sagen, dass sie sich ihren Frauen näher fühlen – insbesondere in der städtischen Mittelschicht –, weit höher, sicherlich schon deshalb, weil das Abhängigkeitsverhältnis des Sohnes zur Mutter als schamvoll – da zutiefst unmodern – betrachtet wird. So machen heute anhaltende Konflikte zwischen der Schwiegermutter und einer oft recht unabhängigen Schwiegertochter das Leben vieler Männer – und das betrifft alle Klassen – schwerer als zu den Zeiten, als die Loyalität des Sohnes ungefragt stets der Mutter zustand, ganz gleich, wie alt ein Mann ist und wie lange er bereits verheiratet ist. Unfähig, eine Wahl zu treffen, also Partei für die Mutter oder Ehefrau zu ergreifen, reagieren Männer häufig mit einer emotionalen Entfremdung gegenüber beiden.

Die psychologische Verkeilung von Mutter und Sohn, die bis weit in die Kindheit hineinreicht, kann zu der unbewussten Forderung der Mutter führen, den Sohn als Objekt ihrer eigenen unerfüllten Wünsche zu betrachten – ganz gleich, wie entgegengesetzt diese Wünsche zu denen des Sohnes sind. Mit dieser Leerstelle, die der Sohn füllen soll, fühlt er sich häufig überfordert, hilflos und unzulänglich – erschrocken über die überwältigende Nähe der Mutter und dennoch unfähig und nicht gewillt, sich von ihr zu lösen. Einige dieser mütterlichen Forderungen sind sexueller Natur, und da diese Behauptung strittig ist und sich mancher gar darüber empören würde, wollen wir darauf ein wenig näher eingehen:

Die Sexualität eines indischen Mädchens kann als eine sozial erzwungene, im Verlauf ihres Lebens zunehmende Zurückhaltung erotischer Bedürfnisse umschrieben werden. Die Geburt eines Kindes ändert nichts an der gesellschaftlichen Erwartungshaltung ihrer sexuellen Zurückhaltung. Im Gegenteil, mit der Mutterschaft wird von einer Frau eine noch größere Beherrschung ihrer erotischen Impulse verlangt. Die familiären und gesellschaftlichen Erwartungen, dass sie sich nun ausschließlich dem Wohl des Kindes zu widmen habe, die Tabus, die in vielen Gemeinschaften den Geschlechtsverkehr während einer Schwangerschaft und über lange Perioden nach der Entbindung verbieten, sind nur zwei von vielen der sozialen Faktoren, die eine junge Mutter dazu bringen können, ihre ganze erotische Bedürftigkeit auf den kleinen Sohn zu richten. Es versteht sich von selbst, dass die Stimmungen und Enttäuschungen einer Mutter sich auf ihr Kind wortlos – durch die tägliche Intimität ihres Zusammenseins – übertragen. In indischen Familien werden erotische Gefühle der Mutter (oder anderer weiblicher Familienmitglieder) gegenüber dem Sohn offen ausgedrückt. Zu sehen, wie Frauen in einer Familie spielerisch die Genitalien des männlichen Säuglings streicheln oder sogar küssen – begleitet von fröhlicher Ausgelassenheit hinsichtlich des vergnüglichen Sich-Windens des Säuglings –, ist nicht ungewöhnlich.

Die Verlagerung der sexuellen Bedürfnisse vom Ehemann auf den Sohn kann entsprechend zu einer der größten Schwierigkeiten werden, mit der der kleine Sohn fertig werden muss. Die mütterlichen Spannungen zu lösen, kann für ein Kind genauso wichtig werden wie die Befriedigung eigener Bedürfnisse. Ab einem bestimmten Punkt erwecken die unbewussten erotischen Wünsche der Mutter, die sich durch ihre Fürsorge verinnerlichen, eine Gefühlsintensität, der sich der kleine Junge nicht länger gewachsen fühlt. Er befindet sich in einer äußerst misslichen Lage: Obwohl er die körperliche und emotionale Fürsorge braucht, die anfänglich fast ausschließlich von der Mutter oder anderen mütterlichen Versorgern kommt, ist er gegenüber der Intensität ihrer Gefühle für ihn (und seiner für sie) argwöhnisch und muss unbewusst fürchten, von ihnen überwältigt zu werden. Mit dem Heranwachsen merkt der Junge, dass er weder ohne seine Mutter auskommt noch sich ihrer Gegenwart entziehen kann und gleichzeitig ebenso wenig in der Lage ist, ihr zu geben, was sie braucht. Obgleich dieser Konflikt, der aus der komplexen Mutter-Sohn-Beziehung entsteht, bei Männern aller Kulturen eine Rolle spielen kann, ist insbesondere die Psyche vieler indischer Männer gezeichnet von dieser unbewussten «mütterlichen Fesselung»: dem Wunsch, sich der Mutter zu entziehen, mit der gleichzeitigen Furcht vor einer Trennung; Angst vor der Mutter, nach der man sich so sehnt; inzestuöse Begierde neben der Furcht, die die gefährliche, weibliche Sexualität auslöst.

Insofern liegt der offenen Idealisierung der mütterlichen Opferbereitschaft und Zuwendung auf *unbewusster* Ebene eine dunklere Seite – nämlich die heimliche Überzeugung einer unersättlichen, lüstern-bedrohlichen weiblichen Sexualität – zugrunde, von der wir weiter oben schon gesprochen haben. Diese dunkle Vorstellungswelt der mütterlichen Sexualität, die den Sohn entleert, auslaugt und verschlingt, durchdringt Abhandlungen zur Moral und Auffassungen gegenüber Frauen in den altindischen Gesetzesbüchern; sie begegnet einem in Volksgeschichten, die gesättigt sind mit Gestalten älterer Frauen, deren sexueller Appetit die Vitalität der Männer schwächt, und drückt sich in Sprichwörtern aus wie: «Feuer kann nie genug Öl bekommen, Flüsse können das Meer nicht füllen, der Tod kann nicht genug Leben und Frauen nicht genug Befriedigung von Männern bekommen.»

Die Furcht vor weiblicher Sexualität äußert sich in vielen Teilen Indiens auch in der leicht phobischen Einstellung gegenüber sexuell reifen Frauen. Die vor vielen Jahren gemachte Beobachtung in einem Dorf bei Hyderabad ist auch heute noch zutreffend: Junge Männer sind besonders fasziniert von heranwachsenden Mädchen, deren Jugend gerade «erblüht», und jungen Männer, denen es gelingt, die halb entwickelten Brüste eines pubertierenden Mädchens zu streicheln oder mit einem Mädchen zu schlafen, deren Schamhaar gerade zu wachsen beginnt, gewinnen unter Altersgenossen nicht selten höchste Bewunderung.[28] Die Praxis unter Frauen vieler Gemeinschaften, ihre Schamhaare abzurasieren, hat nicht nur hygienische Gründe, wie die Frauen behaupten würden, sondern hängt auch mit dem männlichen Unbehagen reifer weiblicher Genitalien zusammen und dem Vorzug einer Scham, die etwas

Jungfräuliches hat. Ein in Nord- und Zentralindien verbreitetes Schimpfwort lautet «Penis deiner Mutter» und entstammt genau dieser düsteren, emotionalen Vorstellungswelt indischer Männer über die Mütterlichkeit. Wie die Psychoanalytikerin Karen Horney gezeigt hat, ermöglichen Phantasien (beispielsweise Frauen mit einem Penis auszustatten) Männern, die furchterregenden, weiblichen Genitalien (in Indien primär die der Mütter) zu leugnen.

So ist der Teufelskreis, der sich in der Psyche vieler indischer Männer manifestiert, offensichtlich: Reife, fordernde Frauen sind für sie eine sexuelle Bedrohung, was zu ihrem «Vermeidungsverhalten» in intimen Beziehungen beiträgt, was wiederum die Frauen dazu veranlasst, ihre sexuelle Präsenz gegenüber den kleinen Söhnen zu verstärken, was dazu führt, dass die erwachsen werdenden Männer die als übermächtig wahrgenommene Sexualität reifer Frauen fürchten ....

Zwei populäre Mythen der Söhne Parvatis unterstreichen anschaulich, wie die enge Mutter-Sohn-Bindung zu einer heftigen Bedrohung der Integrität eines Mannes werden kann:

In einem Mythos des Gottes Skanda, der davon handelt, wie er einen gefürchteten Dämonen tötet, belohnt ihn seine Mutter – die große Göttin Parvati –, indem sie ihm erlaubt, sich zu amüsieren, wie es ihm gefalle. Skanda vernascht daraufhin mit großem Appetit die Frauen der Götter. Parvati, die ihn nicht aufzuhalten vermag, entschließt sich, jeweils die Gestalt *der* Frau anzunehmen, die Skanda gerade verführen will. Skanda beginnt sich zu schämen und denkt dann bei sich, «das Universum ist voll von meiner Mutter», und er verliert alle Lust.

In einem weiteren Mythos der beiden Brüder Skanda und Ganesha schwamm eine Mango im Fluss, und Parvati versprach, sie demjenigen ihrer Söhne zu schenken, der es schafft, als Erster das Universum zu umkreisen. Der Kriegsgott Skanda schwang sich sofort auf seinen goldenen Pfau und flog los. Der Elefantengott Ganesha überlegte: «Was könnte meine Mutter gemeint haben?» Er lief einmal – die Mutter laut verehrend – um sie herum und rief: «Ich habe mein Universum umkreist.» Er bekam die Mango.

Mit Ausnahme weniger Menschen, die zur englischsprachigen Elite der Metropolen gehören – die meisten in den höheren Berufsfeldern der Werbung, Mode, des Designs, der Kunst und Schauspielerei –, werden Männer (und Frauen) mit gleichgeschlechtlichen Partnern sich weder als homosexuell identifizieren noch ihre sexuellen Vorlieben offen zugeben – oft nicht einmal gegenüber sich selbst. Mit anderen Worten, es gibt in Indien eine große Anzahl von Männern – viele von ihnen verheiratet –, die Sex mit Männern hatten oder weiterhin haben, aber nur eine winzige Minderheit ist bereit, sich selbst als «homosexuell» zu bezeichnen.

Die Aussage, dass es in Indien kaum Homosexuelle gibt und trotzdem beträchtlich viel gleichgeschlechtlichen Sex, scheint widersprüchlich zu sein, ist aber sehr einfach zu erklären. Sex zwischen Männern, insbesondere zwischen Freunden oder während der Jugend innerhalb der erweiterten Familie, wird von ihnen nicht als Sex betrachtet, sondern als *masti* – eine aufregende, erotische Verspieltheit, die auf einen Elefanten in *mast* (sexueller Hitze) anspielt. Außerhalb des Freundeskreises ist es eine Möglichkeit, dringende körperliche Bedürfnisse zu befriedigen, und für einige auch, Geld zu verdienen. Sex hingegen wird assoziiert mit der seriösen Angelegenheit der Fortpflanzung in der Ehe. Fast alle Männer, die gleichgeschlechtliche sexuelle Beziehungen haben, heiraten, selbst wenn viele von ihnen nach der Heirat fortfahren, Sex mit Männern zu haben. Gleichgeschlechtliche Liebe ist für indische Männer keine Quelle des Konflikts, solange die Person von sich glaubt, kein Homosexueller zu sein – in Sinne eines exklusiven Vorzugs für Männer –, und seine männliche Identität nicht kompromittiert, indem er sich weigert zu heiraten und Kinder zu produzieren. Wie eine kürzlich erschienene Studie belegt: «Selbst feminine Männer, die ein starkes Bedürfnis nach penetrierendem Sex haben, sind geneigt, in ihrer Selbst-Identifizierung ihre Rolle als Ehemann und Vater stärker zu bewerten als ihr homosexuelles Verhalten.»[29] Ashok Row Kavi, ein bekannter Schwulenaktivist, erzählte, als er jung war und von seiner Familie unter Druck gesetzt wurde zu heiraten, insbesondere von der älteren Schwester seines Vaters, es plötzlich aus ihm herausbrach, dass er nun einmal gern Männer ficke. «Es ist mir egal, ob du Krokodile oder Elefanten fickst», schnappte die Tante beleidigt zurück, «warum kannst du nicht *heiraten*?»[30]

Die kulturelle Ideologie, die die sexuelle Identität primär mit der Fähigkeit zu heiraten und sich fortzupflanzen verbindet, vermindert tatsächlich den Konflikt, sich mit der eigenen Homosexualität zu befassen. Für viele dient eine Heirat auch dazu, ihre sexuelle Orientierung zu verstecken und sich selbst damit die Möglichkeit eines essentiellen Teils der eigenen Identität zu versagen. Diejenigen, die eine wirkliche homosexuelle Orientierung haben, fühlen sich oft unbewusst genötigt, eine emotionale Distanz in ihren homosexuellen Begegnungen zu halten. Diese Distanz durchkreuzt ihre Suche nach Liebe und Intimität (neben dem Druck der sexuellen Begierde), die diese Begegnungen erst motiviert hat. Die Leugnung der Homosexualität – wie wir es hier einmal benennen wollen – wird von der indischen Kultur auf vielerlei Art und Weise befördert. Das Verhalten eines Mannes muss schon sehr eindeutig sein, so wie etwa das der *hijras* (der Gemeinschaft der Transvestiten), die sich als Frauen kleiden, um öffentliches Interesse zu erzeugen oder Kommentare hervorzurufen. Manchen Männern ermöglicht die Mythologie um den Samen die Leugnung ihrer homosexuellen Orientierung – eine Art kultureller Abwehr: Ashok Row Kavi erzählt uns über die *dhurrati panthis* – Männer, die sich gern von anderen Männern penetrieren lassen, in dem Glauben, dass der fremde Samen in ihnen sie doppelt so männlich und fähig mache, ihre Ehefrauen *wirklich* zu befriedigen. Dann gibt es noch die *komat panthis*, die anderen gerne «einen blasen», aber selbst nicht angefasst werden wollen. Manche dieser Männer sind verehrte Lehrer – «*gurus*» – in Bodybuilding-Zentren, die glauben, dass sie außergewöhnlich machtvoll werden, wenn sie mit jungen Männern oralen Sex haben. Beide würden entsetzt sein, wenn man sie homosexuell nennen würde.

Ein Großteil der gegenwärtigen Einstellung gegenüber der Homosexualität reicht zurück ins alte Indien, wo zwar der Homosexuelle gesellschaftliche Verachtung hervorrief, nicht jedoch gleichgeschlechtlicher Sex! Im klassischen Indien war die Herabsetzung des Homosexuellen allerdings nicht ohne Mitgefühl. Man glaubte, die Homosexuellen gehörten einer unzulänglichen Klasse von Männern an – im Sanskrit *kliba* genannt –, unzulänglich, weil sie unfähig waren, männliche Nachkommen zu zeugen. Der Ausdruck *kliba* schloss Viele ein: jemanden, der steril, impotent, kastriert oder ein Transvestit war oder ein Mann, der oralen Sex mit anderen Männern hatte, der analen Sex empfing, ein Mann mit verstümmeltem oder unzulänglichem Glied, ein Mann, der nur Mädchen zeugte, oder schließlich ein Zwitter. *Kliba* ist zwar kein Ausdruck, der heute noch existiert, aber einiges klingt nach: Die Wahrnehmung eines Mangels und die Verbindung von Mitleid, Bestürzung und Ekel gegenüber einem Mann, der sich nicht in der Lage fühlt, zu heiraten und Kinder zu produzieren, hängt auch weiterhin an dem Homosexuellen.

In «Same Sex Love in India» argumentiert Ruth Vanita, dass die relative Toleranz – die Grauzone zwischen schlichter Akzeptanz und totaler Zurückweisung homosexueller Anziehung – sich auf das Hindu-Konzept der Wiedergeburt zurückführen lasse.[31] Statt das Paar zu verdammen, wird ihre gegenseitige Anziehung als unfreiwillig erklärt, da sie einer Zuneigung aus einem früheren Leben entstamme. Diese Verbindung, so wird angenommen, hat den Charakter einer «unfertigen Angelegenheit», die mit der jetzigen Geburt gelöst werden muss. In altindischen Texten, Volksgeschichten und täglichen Konversationen werden Liebende, die nicht zueinander passen – im Allgemeinen Liebende mit großen Statusdifferenzen, beispielsweise ein Fischer oder ein «Unberührbarer», die sich in eine Prinzessin verlieben –, widerwillig ihrer Schuld entbunden. Man stellt sich allmählich auf die Verbindung ein, da sie als schicksalhaft aus einer früheren Geburt betrachtet wird. Widersetzt sich ein mutiges homosexuelles Paar allen Konventionen, indem es offen miteinander lebt, baut die Toleranz der beiden Familien und der sozialen Umwelt gewöhnlich auf der Wiedergeburtstheorie auf. Als zwei Polizistinnen 1987 im Bundesstaat Madya Pradesh in Zentralindien «heirateten» – ein *cause célèbre* in den indischen Medien –, war die Erklärung derjenigen, die sie nicht länger «als nur zwei Freundinnen, die gemeinsam wohnen» betrachten konnten, dass eine von ihnen in einem vorherigen Leben ein Mann gewesen sein müsse und das Paar voreilig durch ein grausames Schicksal voneinander getrennt worden sei.

Im alten Indien wurde Homosexualität zwar ignoriert oder als minderwertig stigmatisiert, aber nicht aktiv verfolgt. In den *dharma*-Textbüchern (den moralischen Gesetzesbüchern) wurden männliche homoerotische Handlungen zwar bestraft, wenn auch milde: Ein rituelles Bad oder das Zahlen einer kleinen Strafe waren oft ausreichend «Sühne». Das hatte sich auch mit dem Einfall des Islam nicht geändert, der Homosexualität unzweideutig als ernstzunehmende Straftat verdammte. Muslimische Theologen in Indien behaupten, dass der Prophet eine schwere Bestrafung der Sodomie befürwortete.[32] Islamische Kultur in Indien hatte aber auch einen persischen Einfluss, in dessen Literatur Homoerotik gefeiert wurde. In der mystischen Dichtung der Sufis – in Persisch und später auch in Urdu – wird die Beziehung zwischen dem Göttlichen und dem Menschlichen in homoerotischen Metaphern ausgedrückt. Die Mystik wurde natürlich auch auf menschlicher Ebene praktiziert. Zumindest in den oberen Klassen der Muslime, bei den «feinen Herren», wurde Päderastie ein akzeptiertes Ventil für erotische Bedürfnisse, sofern der Mann seine Pflichten als verheirateter Ehemann weiter erfüllte.[33]

Es scheint, dass die gegenwärtige Wahrnehmung homosexueller Liebe – in erster Linie in den Bildnissen der Sodomie – auf die muslimische Epoche der indischen Zeitgeschichte zurückgeführt werden kann. Im alten Indien, beispielsweise im Kamasutra, ist es Fellatio, die als definitiv männlicher homosexueller Akt betrachtet wurde. Die Anwendung der Fellatio bei Männern der «dritten Natur» (das Pendant zum *kliba* in anderen Sanskrittexten) wird in beträchtlichem sinnlichen Detail diskutiert, während die Sodomie nur in einer Passage erwähnt wird und auch dort nur im Kontext von heterosexuellem Sex, *nicht* von homosexuellem Sex. Auch bei den britischen Kolonialherren, in ihrer virulenten, homophobischen, viktorianischen Moral, war es insbesondere der Aspekt der Sodomie, der zu der drakonischen Gesetzgebung von 1861 führte. Dieses Gesetz – der Paragraph 377 des indischen Strafgesetzbuches – besagt: «Wer auch immer freiwillig fleischlichen Geschlechtsverkehr gegen die natürliche Ordnung hat mit einem Mann, einer Frau oder einem Tier, soll lebenslänglich mit Gefängnis ... oder für eine Dauer von bis zu zehn Jahren und mit einer Geldstrafe bestraft werden.» Dieses Gesetz, das von Schwulenorganisationen vor Gerichten angefochten wurde und derzeit im Obersten Gerichtshof von Delhi verhandelt wird, hat immer noch Gültigkeit und ist Teil der Gesetzesbücher. Auch wenn das Gesetz in der Praxis selten Anwendung findet, um Homosexuelle vor Gericht zu bringen, wird es von korrupten Polizisten regelmäßig genutzt, um Homosexuelle an öffentlichen Orten zu belästigen.

Wenn Homosexuelle sich in Indien unsichtbar machen, scheinen Lesben in der indischen Gesellschaft gar nicht zu existieren. Natürlich sind Inder sich der Existenz von Lesben bewusst. Sie verstehen die gleichgeschlechtliche Liebe von Frauen jedoch nicht als eine persönliche Wahl – etwas, was theoretisch, wenn auch mit Widerständen, Männern mit einer gleichgeschlechtlichen Orientierung zugestanden wird, den Männern der «dritten Natur», wie sie im alten Indien genannt wurden. Lesbische Aktivität wird jedoch unveränderlich als Folge eines Mangels sexueller Befriedigung von unverheirateten Frauen, Witwen oder Frauen, die in unglücklichen, sexlosen Ehen stecken, verstanden. Diese Vorstellung lesbischer Liebe zeigt sich sogar in kreativen Darstellungen wie Romanen oder Filmen, beispielsweise in Deepa Metha's Film «Feuer» aus dem Jahr 1998. Dieser Film führte in Indien zu einer großen Kontroverse, in der aufgebrachte Hindu-Nationalisten Kinohallen anzündeten, weil offen gezeigt wurde, dass zwei Frauen eine Affäre miteinander hatten – Frauen, die sich einander nur deshalb zuwandten, weil sie zutiefst unglücklich in ihren Ehen waren.

Im alten Indien, im Kamasutra, wird lesbische Liebe am Anfang des Kapitels über den Harem beschrieben, wo viele Frauen in der Abwesenheit von Männern miteinander lebten. Was die Königinnen hatten, war nur ein einziger König, der mit seinen Staatsaffären beschäftigt war (und kein König kann – wie Gott Krishna nachgesagt wird – alle seine 16 000 Frauen jede Nacht befriedigen). Die Frauen im Kamasutra benutzten Dildos, genauso wie auch Knollen, Wurzeln oder Früchte, die die Form des männlichen Gliedes hatten. Es wird impliziert, dass diese Handlungen nur in Abwesenheit «der wirklichen Sache» stattfanden. Es gibt auch Hinweise auf lesbische Aktivitäten in den alten Gesetzesbüchern, wo es beispielsweise heißt, dass eine Frau, die eine Jungfrau verführt, bestraft werden soll, indem ihr zwei Finger abgehackt werden (ein Verweis darauf, was der männliche Autor glaubt, was zwei Frauen miteinander im Bett machen ...). Die strenge Strafe gilt weniger der lesbischen Handlung als der Entjungferung – dem, wie es betrachtet wurde, abscheulichen Verbrechen, ein junges Mädchen seiner Keuschheit zu berauben. Es scheint (und das überrascht kaum), dass weibliche Homosexualität stärker bestraft wurde als männliche; um die Jungfräulichkeit und sexuelle Reinheit der Frauen zu beschützen, würden die Traditionalisten sagen; um Kontrolle über die sexuellen Entscheidungen und Handlungen von Frauen auszuüben, würden moderne Feministinnen erwidern.

Um im indischen Mittelalter weibliche Homosexualität zu umschreiben, kennt man den aus dem Urdu kommenden Ausdruck *chapati* (zusammenkleben oder -hängen), ein Ausdruck, der bis heute für lesbische Sexualität benutzt wird. So schreibt ein Hindi-Kommentator des Kamasutra in traditioneller liberaler Sichtweise (nicht alle Traditionalisten sind konservativ) über die lesbische Liebe in Indien: «Dieser Tage wird die Handlung zweier Frauen, die ihre Vulvas gegeneinander reiben, *chapati* genannt. Vatsyayana hat alle natürlichen und unnatürlichen Formen der Befriedigung ungestillter sexueller Begierde diskutiert. Aber es ist erstaunlich, dass er nicht über den *chapati*-Geschlechtsverkehr bei unbefriedigten Königinnen spricht.»[34]

Dies also sind einige indische Variationen des universellen Themas der Sexualität – dieses endlos fließenden Flusses im menschlichen Dasein. Sexualität ist ein Land, das auf einer Seite von biologischen Instinkten begrenzt wird und auf der anderen von Phantasie. Erotische Spontaneität ist kein wildes Sich-Austoben, sondern wird von Vorstellungen gezähmt, die in ihrem Ursprung hauptsächlich kulturell sind und die Seele in faszinierende Paradoxien verwickeln, während der Körper orgasmische Erfüllung anstrebt.

Gesundheit und Heilung

Ramnath war ein 51-jähriger Mann, der ein Lebensmittelgeschäft im ältesten Teil Delhis besaß. Als er in die Psychotherapiepraxis kam, litt er an einer Reihe von Beschwerden, obgleich er den Analytiker nur für eine Beschwerde konsultierte – eine unspezifische «Angst», die insbesondere in Gegenwart seines Vaters akut wurde. Diese Angst, die er nicht länger als drei Jahre hatte, war eine relativ neue Entwicklung. Seine Migränen hingegen gingen bis in seine Jugend zurück. Ramnath führte sie auf einen Überschuss an «Wind» in seinem Magen zurück, der, wie er es ausdrückte, in regelmäßigen Abständen aufstieg und gegen die Adern seines Kopfes drückte. Zu dieser Diagnose war es in Konsultationen von Ärzten traditioneller indischer Medizin – des Ayurveda – gekommen, und seine Migräne wurde mit ayurvedischen Medikamenten und Nahrungsvorschriften sowie großzügigen Dosen Aspirin behandelt.[1]

Ramnath hatte schon immer einen nervösen Magen gehabt, aber es war nie so schlimm wie in den ersten Monaten nach seiner Heirat vor ungefähr dreißig Jahren. Zu der Zeit litt er unter schweren Magenkrämpfen und einem alarmierenden Gewichtsverlust. Er wurde von seinem Vater zuerst in ein Krankenhaus gebracht, wo er geröntgt wurde und eine Reihe von Tests durchlief. Da die Ärzte nichts gefunden hatten, verschrieben sie ihm Vitamine und Tonikum, was nicht von großer Hilfe war. Ältere Familienmitglieder und Freunde hatten dann einen nahebei lebenden *ojha* empfohlen – «Zauberer» wäre eine zu starke Übersetzung für diesen sanften Exorzisten. Der *ojha* diagnostizierte, dass sein Zustand das Resultat magischer Handlungen eines Feindes sei. Der Feind wurde als der neue Schwiegervater von Ramnath identifiziert. Die Rituale, um der Magie des Feindes entgegenzuwirken, waren teuer, ebenso wie das gelblich flüssige Brechmittel, das der *ojha* verschrieb und mit dem sich Ramnaths Magen regelmäßig in heftigen Krämpfen entleerte. Zumindest war er nach zwei Monaten Behandlung beim *ojha* vollkommen geheilt, und dieses spezifische Problem trat nie wieder auf.

Für die langsam sich verstärkende Arthritis in seinem rechten Ellenbogen und Handgelenk hatte Ramnath sich der Homöopathie zugewandt, nachdem der obligatorische Besuch beim Allopathen (wie die «westlichen» Ärzte in Indien in Abgrenzung zu anderen medizinischen Systemen genannt werden) ihm nicht weitergeholfen hatte. Die Homöopathie scheiterte ebenfalls, und Ramnath suchte daraufhin den Priester-Heiler eines lokalen Tempels auf, der bekannt war für seine Heilfähigkeiten bei Gelenkschmerzen. Der Priester verschrieb eine Reihe an *pujas* (Gebeten) zusammen mit Speisevorschriften, wie die Vermeidung von Joghurt und besonders von Butter. Die Mittel hatten nicht gewirkt.

Ramnaths Angst wurde von verschiedenen Ärzten mit Medikamenten behandelt – Allopathen wie auch Homöopathen, den *vaids* des Ayurveda sowie von *hakims* der islamischen *Unani*-Medizin. Er konsultierte Psychiater, nahm Medikamente ein und ließ eine Elektroschocktherapie über sich ergehen. Er ging durch die Rituale zweier *ojhas* und dachte daran, einen von vielen empfohlenen Dritten zu konsultieren.

Seine einzige Entlastung kam von den wöchentlichen *satsangs* – den Zusammenkünften einer ortsansässigen Gruppe der *Brahmakumari*-Sekte (wörtlich: «die Jungfrauen Brahmas»), der er kürzlich beigetreten war. Die gemeinsamen Meditationen und Gesänge gaben ihm ein Gefühl des inneren Friedens und machten seine Nächte weniger ruhelos. Ramnath war gegenüber seinem anhaltenden Angstzustand und seinen anderen Beschwerden ratlos. Er hat sich bemüht, ein guter Mann zu sein, sagte er, beides entsprechend seines *dharma*, der «richtigen Lebensführung» seiner Kaste und der Grenzen, die ihm sein Charakter und seine Neigungen auferlegten. Er hat die Götter verehrt, regelmäßig den lokalen Tempel besucht und sogar eine großzügige Summe für die Errichtung einer Krishna-Statue im Tempel seines Geburtsortes in Rajasthan gespendet. Er habe keine schlechten Angewohnheiten, versicherte er. Tee und Zigaretten, das ja, aber seit einigen Jahren habe er selbst diesen kleinen doch angenehmen Süchten abgeschworen. Dennoch sei die Angst geblieben, beständig und unnachgiebig.

Wir befassen uns bei dieser kleinen Fallgeschichte weder mit einem psychologischen Verständnis von Ramnaths Symptomen noch damit, die Entstehung seiner Lebensgeschichte zu verfolgen. Unsere Absicht ist, den Hintergrund seiner kulturellen Tradition zu verstehen – die Kontexte, in die Ramnath seine Gebrechen stellt und sein Wohlbefinden zurückzuerlangen versucht. Mit anderen Worten, wir streben eine kulturelle Analyse (statt einer Psychoanalyse) von Ramnaths Zustand an, die uns helfen wird, das Wesen von Gesundheit und Krankheit in einem indischen Kontext klar zu verstehen.

Auf den ersten Blick scheint Ramnaths Gedankenwelt in Bezug auf Krankheit und Wohlbefinden recht konfus zu sein: Götter und Geister, Gemeinschaft und Familie, Essen und Trinken, persönliche Angewohnheiten und Charaktereigenschaften – alles scheint an der Aufrechterhaltung seiner Gesundheit beteiligt zu sein. Trotz dieses Durcheinanders verweisen all diese und andere Faktoren (wie beispielsweise biologische Infektionen, soziale Verunreinigung und kosmisches Missfallen – alles Dinge, die viele Inder als Verursachung von Krankheiten akzeptieren würden) lediglich auf die gleichzeitige Existenz einer Person in vielen verschiedenen Seins-Ordnungen. Um westliche Kategorien zu benutzen, vom ersten Geburtsschrei bis zum letzten Atemzug existiert ein Individuum gleichermaßen in einem *Soma*, einer *Psyche* und einer *Polis*; mit anderen Worten, ein Mensch ist gleichzeitig ein Körper, ein Selbst und ein soziales Wesen. Ramnaths Erfahrung und Wahrnehmung seiner Krankheit mag einem Nichtinder befremdlich erscheinen, weil Körper, Selbst und Gemeinschaft in den Kulturen unterschiedlich wahrgenommen und ausgelegt werden. Das Konzept vom Körper und das Verständnis seiner Prozesse sind in Indien nicht ganz dieselben wie im Westen. Das Selbst – für Hindus der «subtile Körper» – ist in Indien nicht primär eine psychologische Kategorie, obwohl es durchaus etwas von der westlichen Vorstellung von «Psyche» beinhaltet. Ähnlich besteht die Polis für die meisten traditionellen Inder nicht nur aus lebenden Mitgliedern der Familie und Gemeinschaft, sondern auch aus Ahnengeistern, anderen geistigen Helfern und – für die Hindus – den vielen Göttern und Göttinnen, die den indischen Kosmos bevölkern.

Subjektiv ist ein Inder also geneigt zu glauben, dass eine Krankheit in einer der verschiedenen Seins-Ordnungen eine Störung spiegelt, wobei die Symptome sich in einer der anderen Ordnungen manifestieren können. Wenn, sagen wir, eine Behandlung in der «physischen Ordnung» fehlschlägt, ist ein Inder bereit, die Ursache der Krankheit einer anderen Ordnung zuzuschreiben (beispielsweise einen Geistheiler aufzusuchen) und der entsprechend verordneten Heilkur zu folgen – ohne deshalb jedoch die Achtung vor den anderen Behandlungsmethoden zu verlieren.

Die pluralistische Offenheit und Bereitschaft, alle Ordnungen der menschlichen Existenz als mögliche Quellen von Krankheit zu akzeptieren, heißen allerdings nicht, dass – im Falle einer bestimmten Krankheit oder eines bestimmten Krankheitsbildes – eine die andere unkritisch ersetzen kann. Bis vor vier Jahrzehnten beispielsweise glaubten die meisten Inder, dass das Vorkommen von Röteln, Masern, Windpocken, Pocken und Cholera auf den Besuch einer gewissen krankheitsspezifischen Göttin zurückzuführen sei. Die Besänftigung und Anrufung dieser Göttinnen – der *matas* oder «Mütter» – war damals die Hauptmethode der Behandlung solcher Krankheiten.

Da alle Seins-Ordnungen in Krankheit und Gesundheit einbezogen sind, neigen Inder bei besonders widerspenstigen Krankheitsfällen im Allgemeinen dazu, nach mehr als einer Ursache zu suchen. Die Ursachen werden nicht als einander ausschließend, sondern vielmehr als komplementär betrachtet. Sie werden in eine Ordnung gebracht, indem die unmittelbare Ursache genauso wie auch mögliche weiter am Rande liegende Ursachen benannt werden. Die Ursachen werden in konzentrischen Ringen angeordnet, wobei der äußere Ring alle inneren umschließt. Um mit unserem Beispiel fortzufahren: Ramnath mag seine arthritischen Schmerzen als die Folge eines Ungleichgewichts verstehen – was im Ayurveda als Ungleichgewicht der *doshas* bezeichnet wird –, beispielsweise als einen Überschuss an *vayu* oder «Wind», der mit Nahrungsvorschriften, Medikamenten und äußeren Anwendungen (wie Massagen) wieder zurück in die richtige Balance gebracht werden muss. Dieses Ungleichgewicht kann auf persönlicher Lebensführung – auf schlechten Gedanken und Gewohnheiten – gründen, die für die Heilung Veränderungen auf der «Ebene des Selbst» erfordern. Falls eine Krankheit bestehen bleibt oder sich mit großer Hartnäckigkeit manifestiert, beziehen Inder dies auch häufig auf astrologisch «schlechte Zeiten» im persönlichen Horoskop, die lindernde Maßnahmen wie *pujas* (Gebete) erfordern. Der astrologische «Fehler» wird von manchen dann noch weiter zurückverfolgt und auf das schlechte *karma* eines vorherigen Lebens zurückgeführt, für das letztendlich nichts getan werden kann – außer vielleicht die Kultivierung eines stoischen Durchhaltevermögens mit Hilfe meditativer Praktiken.

Wie bei den meisten Hindus sind Ramnaths Körperbild und seine Vorstellung körperlicher Prozesse noch immer bestimmt von den Grundsätzen des Ayurveda, das mehr als ein traditionelles medizinisches System ist. Ayurveda umfasst seine gesamten Vorstellungen davon, wie der Mensch beschaffen ist, wie die Verbindung von Körper und Psyche zu verstehen ist und wie die *polis* – die natürliche Umwelt und der Kosmos – in die Bestimmung von Krankheit und Gesundheit eingreift. Diese Überlegungen mögen nicht immer auf einer bewussten Ebene nachzuvollziehen sein, trotzdem bilden diese Vorstellungen ein kulturelles Prisma, durch das Männer und Frauen in ganz Indien seit jeher den Menschen und sein Wohlbefinden betrachtet haben. Was der Anthropologe Gananath Obeyesekere vor dreißig Jahren bemerkte, hat noch immer Gültigkeit: «Ohne eine gewisse Kenntnis der ayurvedischen Medizin kann man das, was in der südasiatischen Welt in den Köpfen der Menschen vor sich geht, nicht gut verstehen.»[2]

Der Körper bei Gesundheit und Krankheit im Ayurveda

Ayurveda ist nicht das einzige medizinische System, das in einer sehr engen Beziehung mit der Kultur und Gesellschaft steht, aus der es hervorgegangen ist. Medizinische Theorien, Vorstellungen und Praktiken sagen in jeder Gesellschaft viel über soziale Vorstellungen aus, genauso wie auch über die Kunst und Wissenschaft des Heilens. Einen Menschen beispielsweise im Koma zu halten ohne Hoffnung, ihn wieder ins Leben zurückholen zu können, oder teure medizinische Verfahren einzuleiten, auch wenn eine Krankheit bereits einen nicht länger aufzuhaltenden Verlauf genommen hat, verraten uns manches über die hohe Wertschätzung der Technik bei kaum lösbaren Problemen, über die Bedeutung des Individuums in Bezug zur Gemeinschaft (besonders wenn die Behandlung des Kranken die Familie in den finanziellen Ruin getrieben hat), die mechanistische Auffassung vom Körper und so weiter. Im Gegensatz zur westlichen Medizin ist Ayurveda jedoch weniger ein Spiegel kultureller Glaubensvorstellungen als vielmehr einer seiner «Hauptarchitekten». Der nicht zu unterschätzende Beitrag des Ayurveda in der Bewusstseinsprägung der Inder kommt von der vorherrschenden Monopolstellung, die die ayurvedische Theorie und Praxis über Jahrhunderte innehatte, bevor dieses Monopol im 19. Jahrhundert von der westlichen Medizin herausgefordert wurde. Nicht, dass das ayurvedische Medizinsystem bis zur Kolonialzeit in einem mythisch reinen Zustand geblieben wäre – es gab immer lokale Abweichungen von den kanonischen Texten, in der Einflüsse volksmedizinischer Praktiken, ab dem 13. Jahrhundert auch die Auswirkungen der islamischen *Unani*-Medizin zum Tragen kamen. Westliche allopathische Medizin hingegen konnte nicht einfach im ayurvedischen Paradigma untergebracht werden. Diese Herausforderung brachte ein «modernes» Ayurveda hervor – das traditionelle Heilsystem wurde am Modell westlicher Medizin professionalisiert und institutionalisiert, und man begann, sich damit zu beschäftigen, «wissenschaftliche» Beweise für die Wirkung seiner Heilmethoden und Medikamente zu liefern, die ayurvedische Therapie zu kommerzialisieren und zu standardisieren. Insbesondere die Kommerzialisierung der Medikamente für eine städtische Mittelschicht sowie andere Aspekte des traditionellen Heilsystems – überwiegend entspannende Ölmassagen und Nahrungsberatungen – bildeten eine Form des Ayurveda heraus, die an die Bedürfnisse der indischen Mittelschicht und an ein internationales Publikum angepasst wurden.

Die modernen Entwicklungen stehen der Kernidee des klassischen Ayurveda entgegen und werden von vielen traditionellen Heilern energisch zurückgewiesen. Für die traditionellen Heiler ist der Ayurveda eine Schatzkammer «der reinen Wahrheit», die in einer weit zurückliegenden, goldenen Vergangenheit lokalisiert ist. Nur die altehrwürdigen Texte können ihrer Meinung nach als wahre Lehrer dieser Kunst und Wissenschaft des Heilens betrachtet werden. Es ist genau dieser «unveränderliche» Charakter, mit seinem ganzen Gewicht und Autorität in der Vergangenheit, der der «Wahrheit» des Ayurveda aus indischer Perspektive Legitimation und Bestand gibt. Für ayurvedische Ärzte ist der rasche Wandel der Krankheitstheorien in der westlichen Medizingeschichte – von Krankheit als fehlerhafte Verteilung der Körperflüssigkeiten bis hin zur Theorie der Autointoxikation (Selbstvergiftung), vom Konzept der Herdinfektion bis hin zu den Anfängen bakterieller und viraler Krankheitsursprünge – eine Suche nach der Wahrheit, die das ayurvedische medizinische System schon seit Ewigkeiten für sich beansprucht. Die Anwendung von Standardkriterien der Wissenschaft (beispielsweise Experimentieren, Falsifikation, Quantifizierung und eine Beweisführung, die nicht auf Autorität basiert) sind für das Ayurveda irrelevant, da es mit einem Menschenbild arbeitet, das sich sehr stark von dem unterscheidet, das der westlichen Medizin zugrunde liegt.

Der Eckstein des ayurvedischen Medizinsystems ist die Theorie der *pancha-bhuta* (der «fünf Wurzelformen der Materie»). Demnach besteht alles im Universum, sei es belebt oder unbelebt, aus diesen fünf Formen der Materie: Erde, Feuer, Wind, Wasser und Äther. Unter bestimmten, günstigen Bedingungen organisiert sich die Materie zu lebendigen Geschöpfen. Diese lebendigen Geschöpfe absorbieren die fünf Elemente beständig aus der sie umgebenden Materie (Nahrung), die von den «Feuern» im Körper teilweise zu einem feinstofflichen Anteil und teilweise zu Abfällen verarbeitet werden, überwiegend Schweiß, Urin und Fäkalien. Die weitere Verarbeitung des feinstofflichen Anteils der Nahrung erzeugt die sieben physiologischen Elemente (*dhatus*) des «organischen Safts» (*rasa*), nämlich Blut, Fleisch, Fett, Knochen, Mark, Samen sowie die Substanz, aus der Sinnesorgane, die Gelenke, Bänder, Sehnen usw. bestehen, und die drei *doshas*: *kapha*, *pitta* und *vata*. Da die ayurvedische Theorie regelrecht an diesen drei *doshas* hängt, die verschiedentlich als «Säfte» (verwandt mit den vier griechischen Säften), als «methabolische Prinzipien», als «Geist-Körper-Typus», als «Energietypus», als «unveränderliches Körperprinzip» etc. übersetzt wurden, ist es notwendig zu verstehen, was hier mit *dosha* gemeint ist.

Am Anfang der Verdauung von Nahrung bildet sich das schaumartige *kapha*. Wenn sie halb verdaut ist und das Essen in den Darm gelangt, bildet sich eine flüssige Substanz, das *pitta*. Wenn die Reste der Nahrung den Dickdarm erreichen, trocknen sie aus, und nun bildet sich *vata*. In vereinfachter Form zusammengefasst, werden diese drei *doshas* im Ayurveda folgendermaßen verstanden:

Kapha wird im Allgemeinen als «Regler des Wachstums» betrachtet. Es versorgt alle Körperteile mit Feuchtigkeit und erhält das Immunsystem. In geistiger statt physiologischer Terminologie (an die grundlegende Einheit von Körper und Geist im Ayurveda soll an dieser Stelle erinnert werden) wird *kapha* mit Liebe und Mitgefühl assoziiert, wenn es im Gleichgewicht ist, und mit Unsicherheit und Neid, wenn es aus dem Gleichgewicht gerät.

Pitta beherrscht das Stoffwechselsystem. Geistig in Balance, fördert es Intelligenz und eine allgemeine Zufriedenheit mit dem Leben. Aus dem Gleichgewicht geworfen, führt es zu Wut- oder Tobsuchtsanfällen.

Vata reguliert Körperfunktionen, die mit Atmung, Blutzirkulation und Herzschlag verbunden werden. Es fördert die Kreativität, wenn es im Gleichgewicht ist, und führt zu Angstzuständen und Schlaflosigkeit, wenn es außer Balance ist.

Jeder Mensch besitzt alle drei *doshas*, obwohl eines oder zwei dominieren können und jemanden zu einem *kapha*-, *pitta*- oder *vata*-Typ machen. Die Einteilung der Menschen in «*dosha*-Typen» sagt sehr viel über ayurvedische Glaubensvorstellungen aus: Demnach muss sich die Medizin vollkommen auf den Körper-Geist-Zustand eines Individuums einstellen, wobei die verschiedenen Kategorisierungen in «*dosha*-Typen» lediglich Annäherungen sind, um so nahe wie menschlich möglich an die Einzigartigkeit einer Krankheit heranzukommen.

Die Dominanz eines bestimmten *dosha*, die den Menschen als *kapha*-, *pitta*- oder *vata*-Typen klassifiziert, deutet nicht auf ein Ungleichgewicht hin. Die drei *doshas* spielen im Körper eine unterstützende Rolle, solange sie – und das unterscheidet sich von Individuum zu Individuum – im richtigen Verhältnis *zueinander* stehen und damit im Gleichgewicht sind. Wenn allerdings eines der *dosha* anormale Proportionen annimmt – wobei die Ursachen von falscher Ernährung bis hin zu Umweltfaktoren wie Wetterumschwüngen, von psychologischen Faktoren wie Stress bis hin zu «unmoralischer Lebensführung» reichen können –, wirkt es auf die oben genannten sieben Elemente (die *dhatus*) ein und führt zu Krankheit. Es ist die Aufgabe des Arztes, die gestörten *doshas* wieder ins Gleichgewicht zu bringen, überwiegend durch Ernährung und Medikamente, aber auch durch äußere Anwendungen wie Ölmassagen und durch Anleitungen zu moralisch richtiger Lebensführung.

Ein Besuch beim ayurvedischen Arzt

Um ein besseres Bild davon zu bekommen, wie ein traditioneller, ayurvedischer Heiler (*vaid*) behandelt, soll im Folgenden der (fiktive) Praxisbesuch bei einem *vaid* beschrieben werden.

Guruji, ein sechzigjähriger Mann, ist ein ayurvedischer Arzt, der seine Praxis im Erdgeschoss im Sita Ram Bazaar in Alt-Delhi betreibt. Er ist in einem frisch gewaschenen, weißen *Kurta-Pyjama* gekleidet, mit einem weißen Turban um seinem Kopf, wobei seine fröhlichen Augen über die Strenge seiner Manieren hinwegtäuschen. Er ist ein Mann, der daran gewöhnt ist, dass man ihm Respekt und Achtung entgegenbringt. Ramnath steigt die drei Stufen zu der Praxis hoch und geht zu Guruji, der in der

Ecke eines Raumes auf einer dünnen, weißen Baumwollmatte im Schneidersitz auf dem Boden sitzt. Der Rücken des Arztes lehnt an einem großen, runden Kissen an der Wand. Während Guruji den Körperbau und die nervösen, vogelähnlichen Bewegungen Ramnaths beobachtet, spekuliert er bereits über Ramnaths *dosha*-Typus – womöglich ein *vata*. Nachdem er ihm von seinen körperlichen Beschwerden – seiner Arthritis im rechten Ellenbogen und Handgelenk – erzählt hat, beginnt Guruji, ihm vorsichtig Fragen zu stellen. Wird der Schmerz schlimmer, zu bestimmten Jahreszeiten oder an bestimmten Orten? Gibt es eine Familiengeschichte derselben Beschwerden? Verstärkt oder mildert sich der Schmerz nach der Einnahme bestimmter Nahrungsmittel? Nachdem seine genaue Krankengeschichte aufgenommen wurde, die dem Arzt bereits einige Anhaltspunkte über die Ursachen, den frühen Krankheitsverlauf, die Symptome und das Ausmaß der Krankheit gibt, wird es nun Zeit für eine körperliche Untersuchung. Die Untersuchung zeigt nicht nur Ramnaths *dosha*-Typus, sondern auch, welches der *doshas* im Verhältnis zu den anderen im Ungleichgewicht ist und auf welcher Stufe die Krankheit sich befindet. Guruji ist ein strenger Anhänger traditioneller Weisheit und geht mit großer Genauigkeit durch die einzelnen Untersuchungsphasen. Er fängt mit einer allgemeinen körperlichen Untersuchung an, die ihm über Ramnaths Körper, Haare, Nägel, Farbgebung und Struktur seiner Haut, Farbe und Sensibilität von Teilen seiner Zunge, Farbgebung und Festigkeit seines Stuhlgangs und Urins – Ramnath hatte eine Urin- und Stuhlprobe mitgebracht – Aufschluss gibt. Ein genaues Nachfragen bezüglich Ramnaths Angewohnheiten, seinen Schlaf und seinen Träumen folgt, während Guruji auf Eigenheiten seiner Sprache achtet. All dies, genannt *tattva-pariksha*, dient der Einschätzung von Ramnaths Geisteszustand – ob er eher eine *sattvic*-Veranlagung hat (ruhig, still und intelligent), ob er eher das Temperament eines *rajasic* hat (der sinnlich ist und zur Ungeduld neigt) oder ob er *tamasic* ist (faul, stumpf und geistig instabil). Ramnath wird auch genauestens nach seinen Essgewohnheiten gefragt. Ein *sattvic* bevorzugt süße und milde Nahrung, ein *rajasic* scharfe, saure und bittere Nahrung, und ein *tamasic* mag abgestandene, halbgekochte Nahrung, die ihrer natürlichen Säfte beraubt ist. Ramnath beantwortet gewissenhaft alle Fragen und erzählt von seinen wiederkehrenden Angstzuständen und dem Kampf mit seiner Vergesslichkeit.

Da Nahrung in der ayurvedischen Vorstellungswelt von großer Bedeutung ist, folgen Fragen nach der Verdauung, deren Antworten gemeinsam mit der Untersuchung der Stuhlprobe ausgewertet werden. Bei der Vorherrschaft von *pitta* verläuft die Verdauung schnell, bei *kapha* ist sie langsam, und bei *vata* kann die Verdauung sowohl schnell als auch langsam verlaufen. Ramnath gesteht ein, eine schlechte Verdauung und verminderten Appetit zu haben.

Nun kommt der wichtigste Teil der körperlichen Untersuchung: das *nadi-pariksha*, grob übersetzt als «den Puls untersuchen», wobei *nadi* sowohl Nerv als auch Arterie bedeuten kann. Laut Guruji kann ein guter Arzt das Bild jedes wichtigen Körperorgans im Schlagen, der Bewegung und der Temperatur des *nadi* wiedererkennen – eine Fähigkeit, die wie Musik oder Tanz nur durch persönliche Unterweisung in Verbindung mit systematischer Übung gemeistert werden kann. Obgleich es vierundzwanzig fühlbare *nadis* gibt, die der Untersuchung wert sind, sind die am häufigsten untersuchten *nadis* die der Schlagader im rechten Handgelenk, gefolgt von denen in den Fingern und Daumen. Mit Ausnahme von Notfällen sollen diese Pulsuntersuchungen morgens verlaufen. Es wird davon ausgegangen, dass sich der Pulsschlag der *nadis* morgens nach der Nachtruhe in seinem «reinen», natürlichen Zustand befindet; dagegen ist zu erwarten, dass er mit der Hitze am Nachmittag und der Ansammlung von Körperspannungen tagsüber mit großer Wahrscheinlichkeit getrübt wird.

Die Störung eines *dosha* ist das Mindeste, was ein Arzt mit der Pulsuntersuchung an Informationen erhalten kann. Ein Überschuss an *vata* lässt den Puls wie «das Gleiten einer Schlange» unbeständig sein; ein Überschuss an *pitta* spiegelt sich in einem «froschähnlichen Hüpfen»; während ein Überschuss an *kapha* den Puls wie «den Gang einer Henne» langsam und stetig sein lässt. Es gibt unterschiedliche Kombinationen von Pulsschlag und Bewegungen des *nadi*, wobei gewisse «Pulssignaturen» für bestimmte Krankheiten, angegriffene Organe und Gemütszustände stehen, die ein kompetenter Arzt in der Lage sein sollte zu erfassen. Bei schwerwiegenden Krankheitsfällen wird zudem davon ausgegangen, dass ein sehr guter Arzt in der Lage ist, vom Zustand der *nadis* den Zeitpunkt des Todes eines Patienten – im Zeitraum einiger Tage, manchmal auch Stunden – vorauszusagen.

Am Ende ist Guruji so weit, eine Diagnose zu stellen und die nötige Behandlung zu verordnen, die nach ayurvedischem Diktum aus «Reinigen, Beruhigen und Ursachenentfernen» besteht. Seine Diagnose für Ramnath ist chronisches *ama vata*, was er seinem ratlosen Patienten geduldig erklärt. *Ama* ist ein giftiges Nebenprodukt der Verdauung, das von einem vermehrten *vata* zu den *kapha*-Gegenden des Körpers – wie den Gelenken, dem Magen oder dem Gehirn – geleitet wird. Aufgrund des Ungleichgewichts der *doshas* wird das *ama* klebrig und beginnt wichtige Kanäle zu blockieren, die den Körper versorgen. Gurujis Behandlungsweise beruht darauf, dass Verdauungsfeuer anzutreiben, um die Produktion des *ama* zu stoppen. Weiterhin, das bereits vorhandene *ama* aus dem Körper zu leiten, um die Entzündung der Gelenke zu lindern und die betroffenen Hand- und Ellenbogengelenke zu verjüngen.

Er verschreibt zwei Kräuterpillen, die die Verdauung verbessern sollen, und zwei Produkte, die aus Kräutern und Mineralien bestehen, um die Entzündung in den Gelenken zu behandeln. Er steht auf und verschwindet in den hinteren Teil seiner Praxis, die als Apotheke dient. Nach einer Weile kehrt er mit den Medikamenten zurück – jedes einzeln in altes Zeitungspapier eingewickelt. Er rät ihm, seine Medikamente nicht in den offiziellen Apotheken zu kaufen, da es dort nur ayurvedische Produkte gibt, die von großen pharmazeutischen Unternehmen hergestellt werden und bei denen die Anteile bestimmter Kräuter, Pflanzen und Mineralien entsprechend festgelegt sind, obwohl diese Anteile eigentlich bei jedem Patienten individuell gemischt werden müssten. Heutzutage werden ayurvedische (und *Unani*-)Medikamente für Husten und Erkältungen, Verdauungsstörungen, Pickel, Ausschläge und Menstruationsbeschwerden unterschiedslos von pharmazeutischen Unternehmen vermarktet. Sie werden beworben als «natürliche Mittel» für chronische Beschwerden wie Arthritis, Diabetes, Bluthochdruck oder als Tonikum, die das Erinnerungsvermögen, die Leberfunktion oder die sexuelle Leistung steigern sollen.[3] Guruji ist besonders vorsichtig, wenn es um Medikamente geht, die einen hohen Mineralienanteil haben. Auch wenn ayurvedische Präparate überall zu bekommen sind – Millionen von Indern benutzen sie, insbesondere in der städtischen Mittelschicht –, können sie gefährlich sein, da die Qualität der Mineralien und die Methode ihrer Verarbeitung entscheidend sind. Es ist ein Mythos, der von fast allen Indern geglaubt wird, dass ayurvedische Medikamente vollkommen harmlos seien. «Wenn ein Medikament Wirkung hat, ist es potentiell auch gefährlich», sagt er und zitiert aus der Erinnerung aus dem Cakrasamhita, einem Grundlagentext des Ayurveda. «Ein starkes Gift kann zum besten Medikament bei richtiger Anwendung werden. Umgekehrt wird auch das beste Medikament zum Gift, wenn es falsch benutzt wird.»

Um die Symptome in Ramnaths schmerzenden Gelenken zu lindern, empfiehlt Guruji eine Massage mit Sesam- oder Senföl alle zwei Wochen. Abgesehen von seinen einsilbigen Ratschlägen wie «vermindere Sorgen und Ängste», enden Gurujis Anweisungen bezüglich der privaten Lebensführung mit konkreteren Ratschlägen: «Vermeide lange Nächte und Nachmittagsschläfchen, trinke und bade immer mit heißem Wasser, pass auf, dass du immer einen regelmäßigen Stuhlgang hast.» Die genauesten Vorschriften macht Guruji bezüglich der Nahrungsaufnahme: «Vermeide Joghurt, Milch, Rohrzucker und verstopfende Lebensmittel», sagt er zu Ramnath, ohne Letzteres auszuführen, da er davon ausgehen kann, dass er von Kindheit an damit vertraut ist. «Verzehre Kichererbsen, Ingwer und bitteren Flaschenkürbis», fährt er fort. «Säfte aus Roter Beete, Karotten und Gurken sind zu empfehlen. Orangen, Trauben und Papaya sollten bevorzugt werden. Weiche einen halben Teelöffel Knoblauchzehen über Nacht in Buttermilch ein, forme daraus am Morgen eine Paste, und nimm sie täglich mit einem halben Teelöffel Wasser auf leeren Magen ein. Deine bevorzugten Gewürze beim Kochen sollten Koriander und Kreuzkümmel sein.» Es sollte bemerkt werden, dass im Ayurveda, das mehr personen- als krankheitsbezogen ist, verbotene Nahrungsmittel nicht formuliert werden in Form von «dieses und jenes ist schlecht für alle Menschen», sondern relativer, «dies ist schlecht für eine bestimmte Sorte Menschen, besonders in einer spezifischen Jahreszeit».

Nachdem Ramnath die Praxis verlassen hat, ist Guruji in der Stimmung, über seinen Beruf zu sprechen. Er sagt, er gehöre zu der schwindenden Sippe der Puristen. Die meisten ayurvedischen Ärzte haben wenig Bedenken, die medizinischen Geräte der westlichen Medizin in ihren Behandlungszimmern auszustellen – Stethoskope und Thermometer beispielsweise. Das ist nicht nur ihr Fehler, räumt er ein. Viele Patienten, insbesondere auf dem Land, kommen nicht, wenn man ihnen keine Spritze gibt.[4] Ebenso können ayurvedische Medikamente nicht länger als bittere Mischungen, grobe Pulver oder handgerollte Pillen verabreicht werden, sondern müssen in moderner Weise – beispielsweise als beschichtete Tabletten, als Kapseln in Sichtpackungen oder als Sirup verabreicht werden, selbst wenn das fünfmal teurer ist als die traditionelle

Form.[5] Aber das ist, was moderne Konsumenten der indischen Mittelklasse in ihrer Medizin genauso wie in ihren Filmen, ja sogar in ihrer Vorstellung über sich selbst wollen: indische Seelen, gekleidet in einem geschniegelten, westlichen Stil. Philosophischer werdend, fährt Guruji fort: «Medizin ist dazu da, Krankheiten zu bekämpfen, nicht den Tod. Wenn der Tod im Gewand einer Krankheit kommt, sollte der Arzt den Patienten darauf vorbereiten. Die Feinde der Gesundheit sind die natürlichen Triebe des Menschen: Gier, Lust, Wut und so weiter. Man kann lernen, manche zu beherrschen, aber der eine oder andere Feind wird immer überleben, und er wird den Tod zu dir bringen. Der Mensch verringert seine Lebensspanne durch seine eigenen Sünden und lädt den zu frühen Tod ein.» Früher erkundigten sich viele Patienten nach dem Zeitpunkt ihres Todes und akzeptierten ihn. Ein alter Töpfer hatte ihn einmal im Verlauf einer Krankheit gefragt, ob seine Zeit bald reif sei, da er – bevor er diese Welt verlasse – noch rechtzeitig ein Darlehen zurückzahlen wolle. Aus welchem Grund auch immer, die Menschen dieses Landes haben immer daran geglaubt, dass es eine große Sünde sei, vor dem Ablauf der Zeit zu sterben, ebenso wie sich am Leben festzuklammern, wenn der Tod anklopft.[6] Ein guter Tod wird als ein Ende verstanden, auf das man sich vorbereiten muss.

All dass, empfindet Guruji, hat sich mit dem Einzug westlicher Medizin verändert. Ein in westlicher Medizin ausgebildeter Arzt sieht in jeder Krankheit eine Herausforderung, sie zu überwinden. Und tatsächlich sind die Fortschritte, die die Technologien westlicher Medizin und ihrer Medikamente ermöglichen, erstaunlich, obwohl Guruji findet, dass diese Medizin etwas zu stark ist für Menschen, die aus dem Holz dieses Landes geschnitzt sind. Obwohl er gegen die moderne Massenherstellung traditioneller Medikamente ist, würde er mit einem ihrer Marketing-Manager übereinstimmen, dass Ayurveda- und *Unani*-Medizin den Indern gibt, «was sie wirklich sind – ihre Geschichte, ihre Kultur und ihre Gesundheit».[7] Aber es sind sowieso nicht mehr viele Patienten von der Sorte zu finden wie der alte Mann, den er kürzlich zu überzeugen versuchte, sich ins Krankenhaus einweisen zu lassen, und der erwiderte: «Wenn ich Lebenszeit übrig habe, wirst du mich retten. Wenn nicht, wirst du es mir früh genug mitteilen, so dass ich die Göttin anrufen und meine Vorbereitungen treffen kann. Soweit menschenmöglich, wirst du mein Leiden verringern. Was kann ein Arzt sonst noch tun?»

Es gibt wenige Völker wie die Hindus, die sich so intensiv mit Nahrungsmitteln befassen – nicht nur mit ihrer Zubereitung, sondern auch mit den Auswirkungen auf den menschlichen Körper und Geist und damit mit Nahrungsmitteltabus. Die meisten dieser Speisevorschriften haben ihre Ursprünge im Ayurveda, selbst wenn die betreffenden Personen sich dieser Ursprünge nicht bewusst sind. Mit der Gleichstellung von Körper und Universum, von Mikro- und Makrokosmos – sofern es die fünf grundlegenden Elemente, die fünf *bhutas* Luft, Wasser, Erde, Feuer und Äther betrifft – ist eine Person buchstäblich das, was sie verzehrt. Die Nahrung eines Menschen ist die Hauptstütze körperlicher und geistiger Gesundheit genauso wie auch Ursache von Krankheit. Das grundlegende Prinzip ist, dass die Nahrungsaufnahme zur Erhaltung des Gleichgewichts im menschlichen Körper beitragen sollte, wobei das universale Gleichgewicht, das einen umgibt, nachgeahmt wird. Das kann, nach ayurvedischer Auffassung, nur durch den Verzehr der richtigen Nahrungsmittel zum richtigen Zeitpunkt und in der richtigen Jahreszeit geschehen, wobei die für eine Jahreszeit oder einen bestimmten Zeitraum unverträgliche Nahrung vermieden werden sollte, um die Dominanz oder einen überproportionalen Anstieg eines *dosha* auszugleichen. Entsprechend gibt es für Nahrung und Medikamente verschiedene Klassifizierungen. Die erste Klassifizierung ist entsprechend des Geschmacks: süß, sauer, salzig, stechend, bitter und beißend. Jeder Geschmack besteht aus zwei *bhutas*: Süße Nahrung wie Reis, Milch, Weizen zum Beispiel besteht aus Erde und Wasser, während saure Nahrung wie Joghurt, Zitrone, Tamarind aus Erde und Feuer besteht. Die zweite Klassifizierung von Nahrungsmitteln entspricht ihrem «Nach-Verdauungs-Geschmacks» (im Gegensatz zum «Zungengeschmack»), wobei die beiden auseinander fallen können. Verzehrt man beispielsweise Bananen zusammen mit Milch, wird das Verdauungsfeuer vermindert, so dass Erkältungen, Husten und Allergien entstehen können. Bananen und Milch zu mischen, ist nach ayurvedischem Verständnis ein Beispiel für die Unverträglichkeit zweier Lebensmittel, denn obwohl beide einen süßen Geschmack haben, ist der Nach-Verdauungs-Geschmack von Bananen sauer, während der der Milch süß ist. Die dritte Klassifizierung befasst sich damit, ob Nahrung in seiner Wirkung auf den Körper «erhitzend» oder «kühlend» ist. Süße, bittere und beißende Geschmäcker sind gewöhnlich kühlend, während saure, salzige und stechende Geschmäcker erhitzend sind, was als Richtlinie dienen kann, welche Speisen in welcher Saison oder zu welcher Tageszeit bevorzugt auf dem Essensplan stehen sollten.

Die letzte Klassifizierung von Nahrungsmitteln bezieht sich auf die «Persönlichkeit» der Nahrung, beispielsweise ob Speisen abführende oder verstopfende Wirkung haben. Melone zusammen mit Milch zu essen, wäre nicht zu empfehlen. Beide sind zwar süß und kühlend und damit auf der Ebene des Geschmacks und der Wirkung kombinierbar, aber ihre «Persönlichkeiten» sind unverträglich: Milch ist abführend, Melone ist harntreibend.

Ayurvedische Speisevorschriften sind also eine sehr komplexe Angelegenheit. Ihre Anwendung verlangt nicht nur ein umfassendes Wissen der unterschiedlichen Qualitäten von Nahrungsmitteln, sondern auch wie diese Qualitäten sich miteinander vertragen und von unterschiedlichen Jahreszeiten, Klimazonen und Kochweisen beeinflusst werden. So gehörte die Kochkunst zu einer der zehn Techniken, bei der von einem traditionell ausgebildeten ayurvedischen Arzt überdurchschnittliche Leistung erwartet wurde. Die meisten Inder haben diesbezüglich nicht so viel Ahnung. Was sie allerdings verinnerlicht haben, ist eine grobe Richtlinie, die ihnen von älteren Familienmitgliedern während des Heranwachsens vermittelt wurde. So wissen beispielsweise viele, ohne darüber nachdenken zu müssen, welche Nahrungsmittel erhitzend oder kühlend wirken – dass der Verzehr zu vieler Mangos einem die Pickel ins Gesicht treibt oder dass man abends keinen Joghurt essen sollte. Eine unter Indern weit verbreitete Vorstellung ist die Verbindung von Nahrungsmitteln mit Emotionen – beispielsweise dass Zwiebeln, Knoblauch und Fleisch das sexuelle Begehren steigern, Tee und Chilis nervös machen, saure Speisen schlecht für die Selbstkontrolle sind usw. Die gewöhnlichste, in ganz Indien verbreitete Beschäftigung mit Speisen bezieht sich auf die Verdauung – hat also mit dem morgendlichen Gang auf die Toilette zu tun. Verstopfung wird in Indien sehr viel mehr Aufmerksamkeit geschenkt als im Westen. Stuhlgang wird in seiner Konstitution genauestens beobachtet. Einen Tag einmal nicht aufs Klo gehen zu können, ist fast so schlimm, wie eine milde Krankheit zu haben, die die Stimmung der betroffenen Person den gesamten Tag bestimmen kann.

Es gibt einen Aspekt im ayurvedischen Diskurs über Nahrungsmittel, der – wie wir glauben – in der Beschreibung sozialer Beziehungen in Indien relativ vernachlässigt wurde. Er hat mit der Allgegenwart diskriminierender Praktiken in der indischen Gesellschaft zu tun, von denen die Unberührbarkeit das offensichtlichste Beispiel ist. Da eine Person das ist, was sie verzehrt, wird ihr Bewusstsein nicht nur von dem «Bewusstsein», das in der Nahrung enthalten ist, geformt, sondern auch von dem «Bewusstsein» des Kochs. Je reiner die Nahrungsmittel und je reiner der Koch, umso höher der Bewusstseinszustand des Konsumenten. Diese Sichtweise ist am ausgeprägtesten bei den *Jainas* sowie bei einer der größten Hindu-Gemeinschaften, den *Vaishnavas.* Ihr konsequenter und strikter Vegetarismus rührt zum Teil daher, dass der Schmerz und Terror, den ein Tier mit dem Schlachten fühlt, in sein Fleisch übergeht und Teil desjenigen wird, der es verzehrt. Im Westen sind es höchstens Starköche, die so weit gehen zu sagen, dass man den emotionalen Zustand eines Tieres, das man verzehrt, schmecken kann. In einem Artikel im «The New Yorker» über zwei große Köche zitiert Adam Gopnik den Koch Fergus Henderson – berühmt für seine Fleischküche, bei der jedes Körperteil eines Tieres zur Delikatesse wird – über die unterschiedliche Muskelspannung in einem walisischen und einem Yorkshire-Kaninchen, die ein aufmerksamer Gast schmecken kann. Alain Passard, eine Ikone der französischen Küche, der ausschließlich auf vegetarische Küche umgestellt hatte, spricht fast so wie ein *Vaishnava*, wenn er beschreibt: «... jeden Tag kämpfte ich um eine kreative Beziehung mit der Leiche eines Tieres! Und ich konnte in mir die Schwere und Traurigkeit der *cuisine animale* fühlen und seitdem (seit der Umstellung) – weg!» Er fährt fort, dass seine Verdauung sich verändert habe, aber mehr als das auch eine neue Leichtigkeit in der Bewegung und im Geist in sein Leben gekommen sei.[8]

Inder gehen natürlich noch weiter als der große französische Koch. Es ist nicht nur das Bewusstsein in den Speisen, sondern der Koch selbst, der Rupa Goswamy, eine der großen, respektierten Gestalten in der *Vaishnava*-Geschichte, dazu führte zu schreiben: «Wenn du Nahrung verzehrst, die von niederträchtigen Menschen zubereitet wurde, wirst du selbst niederträchtig.»[9] Die Küche wird somit zu einem der bedeutendsten Orte in einem Haus, eine Erweiterung des vedischen Altars, seine Heiligkeit durch viele Tabus bewahrt – wie beispielsweise nicht mit Lederhausschuhen einzutreten, nicht einzutreten, wenn man menstruiert oder sich anderweitig in einem unreinen geistigen oder körperlichen

Zustand (und damit auf einer niedrigeren Bewusstseinsebene) befindet. Selbst heutzutage ist der Koch eines wohlhabenden, traditionellen Haushalts nach wie vor ein Brahmane, dessen Reinheit und somit Bewusstsein man höher einstuft als das anderer Kasten.

Das «schlechte» Bewusstsein in Speisen (selbst von Gemüse glaubt man, dass es leide, wenn es geerntet und verzehrt wird) soll gelindert werden, indem man es als Nahrungszubereitung für die Götter betrachtet, wobei die Menschen nur die «Essensreste» der Götter (*prasad*) verspeisen, nachdem die Speise rituell den Göttern geopfert wurde. Auch Fleischgerichte werden «besser», wenn sie als Opfer für die Götter verstanden werden. Alle Fleischesser oder Konsumenten von Speisen, die von Menschen mit unreinem, niedrigerem Bewusstseinszustand vorbereitet wurden – aus Perspektive der Hindus sind dies Muslime, Europäer und die niedrigsten, unberührbaren Kasten –, müssen von der eigenen Küche und dem Esszimmer fern gehalten werden, so dass sie die Familie nicht mit ihrem minderwertigen Bewusstsein verschmutzen können. Die gefürchtete Verschmutzung Hochkastiger durch bestimmte Menschengruppen – die Unberührbaren – ist nicht nur eine Furcht vor körperlichem Kontakt, sondern auch vor dem Kontakt des Bewusstseins. Wie bereits im Kapitel zur Hierarchie erläutert, steht der niedrige Bewusstseinszustand der untersten Kasten auch in Verbindung mit ihren «schlechten» Essgewohnheiten.

Mit der wirtschaftlichen Liberalisierung und den Entwicklungen der letzten zwei Jahrzehnte ist die Zahl der Restaurants und Cafés in Indiens Großstädten geradezu explodiert. Es stellt sich die Frage, ob die steigende Nachfrage in der städtischen Mittelschicht, mit ihren Familien außerhäuslich essen zu gehen, bedeutet, dass sich die traditionelle Ideologie in Bezug auf Speisen und Unberührbarkeit im Rückgang befindet. Auf den ersten Blick scheint sich diese Hypothese zu bestätigen – werden in diesen Restaurants doch (einschließlich der allgegenwärtigen «reinen vegetarischen Restaurants», bei denen sich «rein» mehr noch als auf den hygienischen Zustand der Küche auf die Reinheit der Speisen bezieht) alle möglichen Speisen und Fleischgerichte aus Indien und der Welt serviert. Vielmehr sieht man hier eine «Modifizierung», kein Verschwinden traditioneller Speiseideologie. Man sollte die indische Neigung zur Tradition *und* dazu, Dinge gleichzeitig in einen Kontext zu stellen, nicht unterschätzen, wobei der Kontext das Traditionelle beständig im Dienste der

Pragmatik verändert. So wie früher erklärt wurde, dass eine Hand, die Arbeit verrichtet, immer rituell rein sei, um schwerwiegende Unterbrechungen der wirtschaftlichen Aktivitäten zu vermeiden, gilt die traditionelle Speiseideologie heute nicht länger an öffentlichen Orten wie Restaurants, obgleich bestimmte Tabus auch weiterhin eingehalten werden. So wird man es beispielsweise nur sehr selten erleben, dass ein Hindu in einem Restaurant in Indien Rindfleisch verzehrt, und kaum ein Hindu wird sich wohl fühlen, wenn andere am gleichen Tisch Rind essen. Dennoch kann «Kontextualisierung» selbst bei den strengsten Verboten gelten, wie beispielsweise Hindus, die Steaks mit allen sichtbaren Zeichen des Vergnügens in Restaurants *außerhalb* Indiens essen, mit der Erklärung, dass nur die indische Kuh heilig sei!

Gesundheit und moderne Medizin

Bedenkt man die Rolle, die Ayurveda in der Herausbildung einer zutiefst indischen Vorstellung vom Körper spielt, würde man erwarten, dass indische Patienten, wenn sie krank sind, in erster Linie bei ayurvedischen Ärzten Hilfe suchen. Das ist aber nicht der Fall. Die Anzahl der Patienten, die sich *ausschließlich* dem Ayurveda zuwenden, ist minimal. Wenn man die Selbstmedikation einmal ausklammert – die Heilmittel von der Großmutter, die im Krankheitsfall aus Kräutern, Gewürzen und Nahrungsmitteln bestehen und auf der Grundlage ayurvedischer Kenntnisse zusammengestellt sein mögen –, ist Ayurveda nur der sekundäre Anlaufpunkt für die meisten Kranken, nämlich dann, wenn die westliche Medizin unwirksam ist. Studien zu «gesundheitssuchendem Verhalten» zeigen, dass die westliche Medizin in Indien weitverbreitete Akzeptanz gefunden hat und dass ein Allopath – ein westlich ausgebildeter Mediziner – in den meisten Krankheitsfällen zuerst konsultiert wird.[10] Bezieht man Alter und Geschlecht, wirtschaftliche Möglichkeiten, städtischen oder ländlichen Standort etc. mit ein, gibt es natürlich teilweise erhebliche Differenzen: Städtische, männliche Patienten mit höherem Einkommen konsultieren eher einen Allopathen als die ländlichen Armen, insbesondere, wenn der Kranke eine Frau oder ein Kind ist.[11] Der hohe Status der Biomedizin in den verarmten ländlichen Gegenden oder den städtischen Slums ist erstaunlich, bedenkt man die hohen Kosten und die zum größten Teil schlechte Qualität der Ärzte in diesen Regionen.

Der Zugang zur westlichen Biomedizin wird in Indien von großen öffentlichen und privaten Krankenhäusern in Metropolen und Kleinstädten ermöglicht, von privat Praktizierenden und von der Regierung bereitgestellten Gesundheitszentren in Dörfern, die eigentlich der Gesundheitsversorgung der ländlichen Armen dienen sollten. Letztere sind in einem bodenlos schlechten Zustand: ein Mangel an grundlegender Infrastruktur, Ausrüstung und Medikamenten einerseits und ein hoher Prozentsatz unentschuldigter Abwesenheit des medizinischen Personals, die diese Gesundheitszentren eigentlich besetzen sollten andererseits. Vorausgesetzt, qualifizierte Ärzte – von denen viele träumen, nach England, den USA, Kanada oder Australien auszuwandern – sind überhaupt gewillt, sich in ländlichen Gebieten niederzulassen. Die Folge ist, dass die meisten Menschen – obgleich die von der Regierung gestellte Gesundheitsversorgung überall im Land frei ist – zur medizinischen Versorgung privat praktizierende Ärzte in Anspruch nehmen, wobei ernsthafte Erkrankungen eine arme Familie in noch größere Armut stürzen können.

Privat praktizierende Ärzte, die in Indien ihre medizinische Versorgung anbieten, umfassen die gesamte Palette: von qualifizierten Ärzten, die an Universitäten westliche Medizin studiert haben, Ärzten, die in modernen ayurvedischen und *Unani*-Colleges ausgebildet wurden, bis hin zu Apothekern und anderen, nur partiell ausgebildeten Heilern, die aus der Erfahrung Grundlagen der Biomedizin mit aufgenommen haben und die die Anzahl ausgebildeter Ärzte um das fast Dreifache übersteigen. Mit Ausnahme der hoch qualifizierten Versorgung, die von den Wohlhabenden der Städte in Anspruch genommen wird, bestehen Praxisbesuche für den Rest der Bevölkerung – selbst bei ausgebildeten Ärzten – nur aus flüchtigen Konsultationen, die kaum länger als ein paar Minuten dauern. Die körperliche Untersuchung, wenn Geräte für diagnostische Tests fehlen, umfasst selten mehr als das Abhören von Lunge, Herz und Darm mit einem Stethoskop. Allen gemeinsam – den ausgebildeten wie den nicht ausgebildeten Ärzten – ist ein aggressiver Eingriff und kaum zu fassender Missbrauch von Antibiotika. So ist es durchaus nicht ungewöhnlich, wenn ein ausgebildeter Arzt in einem nordindischen Dorf einem zweijährigen Kind mit einer nur dreitägigen Krankengeschichte einer Erkältung einen B-Komplex verschreibt und eine intramuskuläre Spritze mit Gentamycin gibt – nicht, weil der Arzt eine Lungenentzündung vermutet, sondern als «Placebo», während ein nicht ausgebildeter Quacksalber jemandem mit einem unspezifischen Fieber eine Spritze Amoxicillin geben würde und Appetitlosigkeit mit Penicillin behandelt ...[12]

Einige ausgebildete Mediziner sehen den gefährlichen Missbrauch des aggressiven Einsatzes von Antibiotika – insbesondere weil ungefähr 70 % der Patienten mit Symptomen kommen, die nach ein paar Tagen sowieso von selbst verschwinden würden. Sie rechtfertigen diesen Missbrauch aber, indem sie darauf verweisen, dass ein indischer Patient gewisse Erwartungen an einen Arzt der westlichen Medizin habe – nämlich starke Medikamente zu bekommen, die zu einer sofortigen Besserung von Symptomen führen. Spritzen stehen hoch im Kurs und werden oft höflich von Patienten erbeten, und so verschreiben viele Ärzte bei bis zu drei Viertel ihrer Fälle Spritzen, auch wenn sie medizinisch häufig nicht als notwendig erachtet werden. An diesem Punkt kehren wir zurück zum Ayurveda und der indischen Vorliebe, fremde Systeme und Vorstellungen in eigene zu integrieren, ohne sich zu sehr um Widersprüche zu kümmern, die in einer solchen «Co-Existenz» auftauchen. Mit der Nutzung westlicher Medizin ändert sich aus der Perspektive des indischen Patienten in seiner Vorstellungswelt nichts, außer vielleicht die Anerkennung, dass «heiße» Medikamente der Biomedizin heißer und «kalte» kälter sind als die einheimischen Mittel. Die «Stärke», «Hitze» und «Aggressivität» solcher Medikamente (nicht unähnlich den Attributen, die Indiens Exkolonialisten und den weißen Rassen im Allgemeinen entgegengebracht wurden) sind der Grund, warum auch einige moderne ayurvedische Ärzte sie nutzen! Während sie eine Krankheit in ayurvedischer Terminologie erklären und behandeln, haben sie selten Gewissensbisse, Medikamente zu verschreiben und auszugeben, die auf Penicillin, Sulfa oder Kortison beruhen. Hinzu kommt, dass das Verschwinden von Symptomen im Ayurveda als eine Wiederherstellung des *dosha*-Gleichgewichts bewertet wird und Patienten, die dieses traditionelle Medizinsystem verinnerlicht haben, es schwer finden zu verstehen, warum eine Behandlung – wie beispielsweise mit Antibiotika – über Tage fortgeführt werden muss (oder gar über Monate wie bei den Medikamenten der Tuberkulose), wenn man bereits frei von Symptomen ist.

Bei einem Volk, das tief beeinflusst ist von Ritualen und den Schatzkammern ihrer mythologischen Bilder, ist eine Geschichte des Todes und seines Verhältnisses zu Krankheit ein guter Anfang:

Aus einem Glückszustand heraus begann Prajapati (der Schöpfer, Brahman) zu schöpfen. Jede seiner Kreaturen war einzigartig und wunderbar. Die auf der Erde hatten unendliches Leben. Eines Tages aber erreichte ein Schmerzgeräusch seine Ohren, und seine Nasenlöcher wurden mit Verwesungsgeruch gefüllt. Er bemerkte, dass ein großer Teil seiner Schöpfung auf Erden alt, schwach, fast leblos geworden war und von dem alten Körper der Schöpfung ein Gestank ausging. Prajapati vertiefte sich in Meditation. Er runzelte seine Stirn sorgenvoll, und sein stets lächelndes Gesicht wandelte sich in ein unglückliches, als würden Wolken den blauen Himmel bedecken. In diesem Moment kam ein Schatten aus seinem Inneren und nahm langsam Gestalt an. Eine Frau, ihre Hände flehend zusammengefaltet, stand vor ihm: «Wer bin ich, Vater? Warum bin ich geschöpft worden? Was ist meine Aufgabe?» Prajapati antwortete: «Du bist meine Tochter, der Tod. Du bist erschaffen worden, um deine Arbeit der Zerstörung zu vollziehen.» Die Frau sagte: «Ich bin eine Frau, und trotzdem hast du mich für solch herzlose Arbeit in die Welt gesetzt! Mein weibliches Herz und mein weibliches *dharma* werden nicht in der Lage sein, so viel Grausamkeit zu verrichten.» Prajapati lächelte und sagte: «Du musst diese Aufgabe verrichten, es gibt keinen anderen Weg.» Der Tod protestierte, aber der Herr war unnachgiebig. So vertiefte sich die Frau in *tapas* (asketische Übungen) und hielt für viele Jahre strenge Gelübde ein, bis Prajapati sich gezwungen sah, vor ihr zu erscheinen. «Ich erfülle dir einen Wunsch», sagte er. «Bitte befreie mich von dem schwierigen *karma*, das du mir aufgebürdet hast», sagte der Tod. «Das ist nicht möglich», erwiderte der Herr und kehrte zurück zu seinem Wohnsitz. Die Frau unternahm weitere *tapas* mit noch härteren Gelübden, bis Prajapati noch einmal vor ihr erschien. Als sie ihn sah, begann sie unkontrolliert zu schluchzen. Ihre Tränen waren ein nicht aufzuhaltender Strom, und aus ihnen entsprangen – eine nach der anderen – grauenerregende Gestalten. «Diese Gestalten hier sind Krankheiten. Sie sind deine Schöpfung, und sie sind deine Helfer», sagte Prajapati. «Wie aber soll ich als Frau jemals in der Lage sein, einer Gattin ihren Mann zu nehmen?

Wie soll ich einen Säugling von der Brust der Mutter reißen? Was für eine Sünde lade ich mir mit einer solch herzlosen Aufgabe auf?» Prajapati gestikulierte, um sie zum Schweigen zu bringen. «Du bist jenseits von Tugend und Sünde. Sünde wird dich nicht berühren. Menschen werden dich nur aufgrund ihres eigenen *karmas* rufen. Menschen werden Opfer falschen und schlechten Verhaltens, und du wirst sie nur von Schmerz befreien, gibst ihnen Frieden nach dem Sturm, eine neue Geburt nach einer alten.» «Aber», erwiderte der Tod, «wenn Ehefrauen, Söhne und Töchter, Mütter und Väter voller Schmerz und Kummer sind, wie kann ich Zeuge solch herzzerreißender Szenen sein?» Der Gott sagte: «Ich werde dir das Augenlicht nehmen. Von nun an bist du blind.» «Und ihr Weinen und Klagen?», fragte der Tod. «Die herzzerreißenden Schreie der Männer und Frauen?» «Du wirst auch taub sein. Keine Stimme soll dein Ohr erreichen.»

Deshalb ist der Tod blind und taub; Krankheiten führten ihn bei der Hand zu demjenigen, dessen *karma* sie gerufen hat.

Wie die meisten anderen großen Religionen leugnet der Hinduismus die Endgültigkeit des Todes und hat seine eigenen Antworten auf die stets wiederkehrende Frage der Menschheit – was kommt danach? – gefunden. Hindus lernen, den Tod als das Verlöschen des physischen, materiellen Körpers (*dehanta*) zu betrachten, nicht aber als das Ende des Lebens selbst. Tod steht der *Geburt* entgegen, nicht dem Leben. Er ist eine Unterbrechung zwischen zwei Leben und ein Übergang in ein nächstes. Bis zur endgültigen Befreiung – *moksha* oder *mukti* genannt – aus dem unendlichen Kreislauf von Tod und Leben sind Menschen zu immer neuen Wiedergeburten bestimmt, und die altindischen Texte fordern dazu auf, dies mit Gleichmut zu akzeptieren. Die Trauernden finden in der Tradition Trost, dass Leben und Tod keine wesentlich verschiedenen *onthologischen* Größen sind, die im polaren Gegensatz zueinander stehen, sondern bloß Aspekte eines einzigen, scheinbar unendlichen Zyklus. Ein Vers aus der Bhagavadgita, wo Krishna zum trauernden Arjuna spricht, wird häufig gegenüber Trauernden, die nach dem Tod eines geliebten Menschen zurückbleiben, geäußert und ist seit Jahrhunderten mit einer trostspendenden Kraft kulturell aufgeladen: «Denn Tod ist eine Gewissheit für denjenigen, der geboren wurde, und Geburt eine Gewissheit für denjenigen, der gestorben ist. Daher solltest du um das, was unvermeidbar ist, nicht trauern.»[19]

Mit dem Verlöschen des groben, physischen Körpers beginnt der Prozess der Wiedergeburt. Von der «irdischen Welt» (*bhuloka*), die des Menschen – während er lebte –, Zuhause und der Ort seiner Sinne war, geht die «Seele» (ein Bewusstsein ohne physischen Körper) nun in eine Zwischenwelt ein, eine subtile oder astrale Welt, in der sie auch weiter vollkommen funktioniert. Diese Zwischenwelt (*antarloka*) hat drei Unterteilungen: Himmel, Hölle und dazwischen eine «Welt der Geister» (*pretaloka*), in der die meisten Seelen für eine gewisse Zeit verweilen, um anschließend entweder die Hölle oder den Himmel auf ihrem Weg zur Wiedergeburt zu durchqueren. Himmel und Hölle sind jedoch keine Orte ewiger Glückseligkeit oder Verdammung, sondern Zwischenstationen, um die Folgen schlechter oder guter Taten zu büßen beziehungsweise zu genießen. Man sollte hinzufügen, dass nach Meinung einiger es nicht nur von der karmischen Bilanz abhängig ist, ob die Seele in den Himmel oder in die Hölle kommt, sondern auch vom Geisteszustand der sterbenden Person und ihren letzten Gedanken im Augenblick des Todes. Diese sollen einen machtvollen Einfluss bei der Formierung seines nächsten Lebens haben und den Ort bestimmen, an dem er wiedergeboren wird.

In der Volksnatur, beispielsweise auf Farbpostern, die in den städtischen Märkten und auf Dorfjahrmärkten zu kaufen sind, bekommt die himmlische Glückseligkeit, bei der sich die Seele in Gesellschaft von Göttern und anderen höheren Wesen vergnügt, nur wenig Aufmerksamkeit. Im Gegensatz dazu werden die Formen der Folter in den achtundzwanzig Höllen in bunten Farben und einer Vielfalt blutiger Details hervorgehoben. Die Bestrafungen für Missetaten scheinen auf dem Prinzip der *lex talionis* aufzubauen, dem Gesetz der Vergeltung. «Auge um Auge, Zahn um Zahn» scheint nicht auf das Alte Testament begrenzt zu sein, sondern findet sich auch in hinduistischen Höllenvorstellungen. In der Hölle, die für Fleischesser reserviert ist, warten Geflügel und Tiere, die der Mensch zu Lebzeiten verzehrt hat, um nun an *seinem* Fleisch zu kauen. In der Hölle des Ehebrechers muss der Sünder einen «Partner» aus rotglühendem Eisen umarmen, während ein Mann, der von seiner Frau verlangte, seinen Samen zu schlucken (oraler Sex ist selbst im liberalen Kamasutra verboten), in einen Ozean aus Samen geworfen wird, wo er allein von diesem klebrigen Zeug leben muss. Auch die Kaste folgt der Seele in die Hölle, allerdings in umgekehrter Richtung: Die Bestrafung hochkastiger Sünder, insbesondere der Brahmanen, ist strenger als die der niedrigen Kasten, da man von ihnen sowieso bezüglich moralischer Tugenden wenig erwartet. So werden beispielsweise Säufer, die aus einer hohen Kaste kommen, in eine Hölle geworfen, in der sie flüssiges Eisen trinken müssen; ein Brahmane, der mit einer niedrigkastigen Frau Geschlechtsverkehr hatte, wird in einen Brunnen aus Exkrementen, Urin, Blut und Phlegma geworfen, während Brahmanen, die wilde Tiere gejagt haben, eine Hölle passieren müssen, in der die Diener des Totengottes ihnen die Glieder einzeln abhacken.

Was in der Hindu-Tradition beim Umgang mit dem Tod am stärksten auffällt, ist die Bedeutung der Familie und der Familienverbindungen sowie ihrer Verpflichtungen, die den Tod überdauern. Direkt nach dem Tod werden täglich Riten ausgeführt, um die Verbindung der Seele des Verstorbenen, die – durcheinander und desorientiert – noch in der Zwischenwelt verweilt, mit ihrer irdischen Existenz zu unterbrechen. Am zehnten Tag beispielsweise werden der Seele *pindas* – Bällchen aus Reismehl – angeboten, die symbolisch spezifische Körperteile wiederherstellen, bis der ätherische Körper am dreizehnten Tag vervollständigt ist. Mehr noch wird die rituelle Verbindung zwischen den Toten und den Lebenden mittels regelmäßiger häuslicher Rituale und Opfer zu Ehren der Ahnen, insbesondere an dafür vorgesehenen bestimmten Tagen im Jahr, immer wieder neu hervorgehoben. Über lange Zeiträume hinweg, mindestens über drei Generationen, fühlt sich eine Familie aktiv für das Wohlergehen der Seele der Verstorbenen verantwortlich, um ihr Leid in der Hölle zu lindern oder sie durch die oberen Reichweiten des Himmels in Richtung Wiedergeburt zu schleusen, ihr also letztendlich auf dem Weg zur Erlösung aus dem Zyklus der Wiedergeburten – zur Erlangung von *moksha* – behilflich zu sein.

Zusammenfassend lässt sich sagen, dass mit unseren Beobachtungen des indischen Körperbildes und ayurvedischer Gesundheits- und Heilvorstellungen einige Aspekte der indischen Psyche zum Ausdruck kommen, auf die wir noch genauer im letzten Kapitel eingehen werden. Wir haben gesehen, dass das Körperbild einer Kultur stets in eine geistige Vorstellung eingebettet ist, womit die Vorstellung, die wir uns von unserem Körper und körperlichen Prozessen machen, ein Grundelement der Psyche bildet, mit der wir die Welt «sehen». Unser Körperbild ist also ebenso stark kulturell wie auch individuell geprägt. Der Körper in der hinduistischen Weltanschauung ist dabei weniger klar von seinem Umfeld getrennt und befindet sich im beständigen Austausch mit der Umwelt, worin er sich vom westlichen Körperbild mit seinen klaren Konturen – den körperlichen «Festungsmauern» – unterscheidet. In der westlichen Weltanschauung wird den inneren, biologischen Prozessen in Bezug auf Gesundheit und Heilung mit großem Selbstverständnis Vorrang gegeben, während die indische Einstellung einer grundlegenden materiellen Identität von Körper und Umwelt und den beständigen Austauschprozessen beider dazu tendiert, Gesundheit als einen stärker wechselseitigen Prozess von Umfeld und Körper zu sehen. Während eine Folge des westlichen Körperbildes darin liegt, Krankheit als etwas bösartig Fremdes und «Giftiges» (Bakterien, Viren etc.) im Körper zu sehen, das gewaltsam ausgerottet werden muss, betrachtet der traditionelle Inder Krankheit als eine Störung der Harmonie zwischen dem Körper und der Umwelt, die für die Wiederherstellung der Gesundheit zurück ins Gleichgewicht gebracht werden muss.

Religion und Spiritualität

Die Inder, denen oft nachgesagt wird, eine eher intuitive Beziehung zum Göttlichen zu haben, mögen in ihrer äußeren Erscheinung ganz dem modernen, gebildeten Weltenbürger entsprechen, doch ihre innere Landschaft ist durchdrungen von einer selbstverständlichen Verbundenheit zur Religion und Spiritualität. Der Besuch bedeutender Tempel und Pilgerorte, regelmäßiges rituelles Fasten und die Hinwendung zu tradierten, religiösen Praktiken oder zu einem persönlichen *guru* (Lehrer) haben mit der Globalisierung und ihren weltlichen Verlockungen nicht etwa abgenommen, sondern – insbesondere in der städtischen Mittelschicht – seit den 80er Jahren eher noch an Zulauf gewonnen.

Die Geschichte des Hinduismus ist von gegensätzlichen Strömungen bestimmt, aus deren Zusammenwirken und Synthese der Hinduismus in seiner heutigen Gestalt mit seinen vielfältigen Lehren und Kulten hervorgegangen ist. «Da steht der Glaube an die Beseeltheit von Steinen oder Bäumen (Animismus, Pantheismus) neben dem Glauben an Hochgötter, die monotheistische Verehrung eines Gottes ist ebenso möglich wie die polytheistische oder dämonistische Anbetung vieler Götter, Dämonen und Geister. Ein Gott ausklammernder Monismus existiert neben Dualismus, Materialismus und Agnostizismus», schreibt der Indologe Axel Michaels und fährt fort: «Gelebt wird die Religion in ritualistischen (Brahmanismus, Tantrismus), devotionalistischen (Bhakti), spiritualistisch-mystischen (Askese, Yoga, Meditation) und heroistischen Formen ... Und doch werden all diese Religionsformen weitgehend friedlich nebeneinander praktiziert. Fast möchte man meinen, in Indien sei die religiöse Postmoderne verwirklicht: ‹Anything goes›.»[1]

Der Darstellung dieser Vielfalt kann und soll im Folgenden nicht nachgegangen werden – vielmehr geht es um die Frage, wie die Moderne religiöse Vorstellungen im gegenwärtigen Indien beeinflusst und welche religiösen Antworten auf diese gewaltigen gesellschaftlichen Transformationsprozesse gegeben werden. Es geht uns also um eine Akzentuierung neuerer, moderner Entwicklungen wie den aufkeimenden Hindu-Nationalismus oder die veränderten religiösen Praktiken der städtischen

Mittelschicht, bei der zwar nicht die Religion, wohl aber religiöse Normen und Werte ihre bisher sichere Bestimmung verloren haben und neu verhandelt werden. Unser Blick richtet sich auf den «Hindu-Nationalisten» und den «flexiblen Hindu» – Kategorien, auf die noch näher eingegangen wird – und ihre unterschiedlich ausfallenden Antworten auf die Herausforderungen der Globalisierung.

Der Hindu-Nationalist

Mit der Suche nach «alternativen Lebensformen» als Antwort auf die Moderne hat sich in Indien ein nationalistisch motivierter, religiöser Aktivismus herausgebildet, der starken Einfluss auf die gegenwärtige «Neuformulierung» des Hinduismus nimmt. Der «Hindu-Nationalist», von dem wir hier sprechen, gehört dem *Sangh parivar* an. Dies ist ein mehr oder weniger lose verknüpftes Netzwerk politischer, sozialer, kultureller und religiöser Bewegungen, die sich um den *Rashtriya Sevak Sangh* (RSS) gruppieren. Die Wurzeln der diversen nationalistischen Gruppen lassen sich auf Reformbewegungen des 19. Jahrhunderts zurückführen, beispielsweise auf den *Arya Samaj*, die aus einem Widerstand gegenüber der Dominanz europäischer Kultur und christlicher missionarischer Offensiven entstanden sind. Bereits in den 20er Jahren, mit der Gründung des RSS, begannen Hindu-Nationalisten an Zulauf zu gewinnen,[2] doch die Zeitperiode, in der sich der RSS am stärksten auszuweiten vermochte, fiel auf die 80er und 90er Jahre – jene Epoche, in der die ökonomische Liberalisierung und der Anfang der Integration Indiens in die globale Weltwirtschaft zu tiefgreifenden, gesellschaftlichen Veränderungen führte. Anders ausgedrückt: Der Beginn der Globalisierung fällt in Indien mit der Explosion des Hindu-Nationalismus zusammen.

Der Hindu-Nationalist begegnet den Modernisierungsprozessen und sich wandelnden Familienstrukturen mit der Neuformulierung hinduistischer Werte und Normen. Zum einen ruft er dazu auf, die Familienatmosphäre frei von kultureller Verschmutzung zu halten. Da er die Invasion westlicher Werte als Verschwörung von Kräften betrachtet, die erpicht darauf sind, Indien zu schwächen und aus ihrer kulturellen Verankerung zu entwurzeln, reagiert der Hindu-Nationalist dahingehend, dass er direkt in die Familienpolitik einzugreifen versucht, mit dem Ziel, dem «kulturellen Angriff» der Globalisierung als geschlossene Front – also von «innen», aus der Familie heraus – zu begegnen. Dabei wird der Frau primär die Rolle der Vermittlerin von Tradition zugeschrieben und dem Mann die Rolle des Familienversorgers und Beschützers.

Zum anderen werden Glaubensvorstellungen neu formuliert, wobei insbesondere zwei Aspekten eine zentrale Position eingeräumt wird: *Rambhakti* und *deshbhakti*, der Verehrung Gott Ramas und der Verehrung der Nation. *Rambhakti* zielt darauf ab, Gott Rama zur zentralen und höchsten Gottheit zu machen, während *deshbhakti* die Loyalität gegenüber dem «Mutterland Indien» (*Bharatmata*) in den Vordergrund rückt. Beide haben zum Ziel, die in Kasten, Sekten und Lokaltraditionen zersplitterte Hindu-Gemeinschaft zu einer Einheit zusammenzuschweißen, um sie gegen die Herausforderungen der Globalisierung zu wappnen. Medien und moderne Technologien spielen zur Durchsetzung dieser Ziele eine nicht unerhebliche Rolle. Sie haben, mit der Revolution globaler Kommunikation (insbesondere dem Fernsehen und dem Internet), den Prozess der Homogenisierung hinduistischer Traditionen vorangetrieben. Das Fernsehen beispielsweise, das Ende der 80er Jahre zu einem echten Massenmedium geworden ist, beschwor nicht nur Visionen einer schnell erreichbaren Konsumwelt herauf, sondern produzierte auch eine Reihe mythologischer Serien, von der die Verfilmung des Ramajana-Epos bei seiner Erstausstrahlung (1987) in ganz Indien die höchsten jemals verbuchten Einschaltquoten erreichte. Die Serien des Ramajana-Epos, die auf ein goldenes Zeitalter der Vergangenheit zurückgreifen und aus der Perspektive des Hindu-Nationalisten definieren, was den Kern hinduistischer Kultur ausmacht, haben in ihrer Breitenwirkung nicht nur Gott Rama zur nationalen, panindischen Integrationsfigur aufsteigen lassen, sondern auch die vielen regionalen Traditionen des großen Epos in ihrer Vielfalt abgewertet und an den Rand gedrängt, indem *die* Version bevorzugt wurde – und sich Millionen Zuschauern einprägte –, die dem Hindu-Nationalisten am meisten am Herzen lag.[3]

Heute, am Anfang des 21. Jahrhunderts, ist der Hindu-Nationalismus mit seiner Tendenz zur Homogenisierung von Mythen, Symbolen und der indischen Göttervielfalt zu einer der größten politischen und kulturellen Kräfte auf der indischen Landkarte geworden. Einen integrativen Rahmen – das «kulturelle Fundament» – für diese neue nationale Solidarität aller Hindus zu erschaffen und zu festigen, ist die Aufgabe der

Vishwa Hindu Parishad (VHP), des religiösen Arms der Hindu-Nationalisten, die mit aller Gewalt versucht, sich als führende – wenn nicht einzige – repräsentative Institution aller Hindus weltweit darzustellen. Ihre Ideologie wurde entscheidend von den Schriften Vinayak D. Savarkars (1883–1966) beeinflusst, der den im heutigen Sprachgebrauch gängigen Ausdruck «*Hindutva*» prägte, wobei mit *Hindutva* die Gemeinschaft der Hindus als kulturelle und sozialpolitische Kraft gemeint ist.[4] Identitätsstiftende Terminologien wie *Hindutva* werden dabei vom Hindu-Nationalisten ebenso als Schlachtrufe zur Erschaffung einer Hindu-Einheit genutzt wie die Frage der Religionszugehörigkeit. Als Hindu bezeichnet der Hindu-Nationalist jeden, dessen Glaube innerhalb der Grenzen eines ungeteilten Indiens seinen Ursprung hat, was Buddhisten, Jainas und Sikhs mit einschließt, Christen und Muslime hingegen ausschließt.[5] Dabei ist dem Hindu-Nationalisten insbesondere der Missionsdrang christlicher Institutionen ein Dorn im Auge, denn Konvertierungen unterhöhlen den Nationalismus.

Obwohl der Widerstand der VHP überwiegend im militanten, soziopolitischen Diskurs des fundamentalistischen *Hindutva* eingebettet ist, zielt er auch auf das *religiöse* Gefühl der Hindus ab. In Anspielung auf den Verzehr von Rindfleisch bei Muslimen und Christen heißt es beispielsweise in einem der Flugblätter, die im Januar 2001 auf dem *maha kumbh mela* – dem Zusammentreffen von 30 bis 40 Millionen Pilgern und Asketen an den Ufern des Ganges in Allahabad – von der VHP verteilt wurden, dass ein Hindu mit der Verhinderung einer Konvertierung fünf Kühe retten könne.[6] In einem gemeinsamen Appell, der sich gegen die Missionstätigkeiten anderer Religionen wandte, gelang es der VHP, die Unterstützung öffentlicher Persönlichkeiten wie des Dalai-Lama und einflussreicher religiöser Hindu-Führer zu gewinnen. Laut VHP muss der Missionierung anderer Religionen hartnäckig widerstanden werden, da sie «Bruder gegen Bruder stellt», den Frieden der Hindu-Gemeinschaft zerstört und in gewalttätigen Handlungen mündet, wobei sie das Beispiel der zum Christentum konvertierten Bevölkerung in Nordostindien anführten, die einen unabhängigen Staat fordern.

Viele in Indien betrachten die VHP als eine fundamentalistische Organisation, die den traditionellen Hinduismus stark verzerrt. In dem Bemühen, eine einende Hindu-Identität zu erschaffen und in ihrem Kern zu definieren, filtern Vertreter der VHP nur einige Schlüsseldoktrinen und Praktiken aus der vielfältigen und gewaltigen Anzahl hinduistischer Traditionen heraus. So gelingt es der VHP Schritt für Schritt, die Zersplitterung des Hinduismus in seine verschiedenen *sampradayas* (Sekten)[7] insofern aufzulösen, als religiöse Autoritäten des Hinduismus heute inzwischen routinemäßig von einem Hindu-*dharma* sprechen, statt zwischen *Vaishnavismus* oder *Shivaismus* zu differenzieren – um hier nur die zwei größten Sekten zu erwähnen, jede mit mehreren hundert Millionen Anhängern.

Der Hindu-Nationalist mag in seinen Vorstellungen des gesellschaftlichen und familiären Zusammenlebens von zutiefst konservativen Vorstellungen und Rollenmustern geleitet sein, er mag in seiner Angst vor kultureller Überfremdung – insbesondere durch missionierende Religionen und die kulturelle und ökonomische Globalisierung – auf eine Erstarkung der Hindu-Nation zuarbeiten, mit der Bereitschaft, seine Ideologien notfalls auch mit Gewalt zu verbreiten, aber sein Blick und sein Handlungsspielraum werden dabei entscheidend von zwei bindenden Elementen der hinduistischen Religion und Kultur begrenzt: den Themen der Toleranz und der Universalität. Er ist nicht frei von diesen zwei Hauptelementen seiner religiös-kulturellen Identität, die sich durch die große Erzählung des Hinduismus – das *grand récit* – ziehen und seine Begegnung mit anderen Religionen, säkularen Ideologien und historischen Kräften prägen.

Das erste Thema, die hinduistische Toleranz, hebt die Bereitschaft hervor, sich durch die Geschichte hindurch mit anderen Weltvorstellungen auseinander zu setzen und Veränderungen zu akzeptieren, ohne dabei die eigenen, wesentlichen Grundüberzeugungen aus dem Blick zu verlieren. Das zweite Thema – das der Universalität – unterscheidet sich ein wenig vom Universalismus-Anspruch anderer großer Religionen: Universalität schließt im Hinduismus die Überzeugung mit ein, dass seine wichtigsten Einsichten auch allen anderen Religionen zugrunde liegen. Mit anderen Worten, der «fremde Glaube» ist letztendlich immer auch Teil des eigenen.

Beide Themen, wie im Folgenden gezeigt werden soll, haben Folgen für den Handlungsspielraum des Hindu-Nationalisten und unterscheiden sein Verhalten maßgeblich von nationalistischen und fundamentalistischen Aktivisten anderer Religionen. Beginnen wir mit dem Thema der Toleranz:

Die Militanz des Hindu-Nationalisten führt ihn häufig in Konflikt mit dem Toleranzthema des hinduistischen *grand récit*. Der Hindu-Nationalist scheint gespalten zu sein zwischen einem radikalen Widerstand gegenüber allen fremden Einflüssen, die die Wurzeln der Hindu-Gemeinschaft untergraben, und der Ethik der Toleranz, die für die Hindu-Religion (den Hindu-*dharma*) bestimmend ist, obgleich er in der gegenwärtigen Phase stärker in Richtung militanter Ufer zu steuern scheint als in Richtung Toleranz. Schon in der Gründungsurkunde der VHP sieht der Hindu-Nationalist sich gezwungen, sich dem Offenheits- und Toleranzthema des Hinduismus zuzuwenden. So kann man lesen, dass «die Hindu-Gesellschaft heute mit Herausforderungen gewaltiger Ausmaße konfrontiert (ist), die in ihrem Charakter (...) zutiefst komplex sind. Aber Herausforderungen und Probleme, Diffamierungen und Wandel, Entsetzen und Unterdrückung sind der Hindu-Gemeinschaft (*samaj*) nicht fremd (...) Die Geschichte steht als eloquentes Beispiel dafür, dass die Hindu-Gemeinschaft nie widerstrebend oder allergisch gegenüber Wiederanpassungen ihres äußeren Verhaltens war, allerdings ohne dabei ihre Seele und ihren Geist zu opfern.»[8]

Auch bei dem für Hindu-Nationalisten zentralen Thema religiöser Konvertierung, gegen die mit großer Militanz vorgegangen wird, sofern es sich um Konvertierungen handelt, die aufgrund finanzieller Verlockungen und anderer Bestechungen und «Unter-der-Hand-Taktiken» stattfinden (überwiegend von Missionaren des Christentums), achtet der Hindu-Nationalist darauf, sich nicht offen gegen Individuen zu stellen, die sich aus freier Wahl einem anderen Glauben zuwenden. Trotz seiner immer wieder durchbrechenden Militanz in Abgrenzung zum Islam und zur verwestlichten Moderne fühlt sich der Nationalist nicht in der Lage, ein Ideal aufzugeben, das sich mit Mahatma Gandhis bekannten Worten umreißen lässt:

«Ich will nicht, dass mein Haus auf allen vier Seiten Wände hat und seine Fenster zugestopft sind. Ich möchte, dass die Kulturen aller Länder so frei wie möglich durch mein Haus geweht werden. Aber ich weigere mich, dass sie mir den Halt unter meinen Füßen wegblasen.»[9]

Obwohl der hindu-nationalistische Diskurs reich an Bildern eines gefestigten Glaubens ist, der viele Angriffe im Angesicht großer Stürme überlebt und ausgehalten hat – von militantem Islam und missionierenden Christen bis hin zu den Kräften des Kolonialismus und der Globalisierung –, kann der Hindu-Nationalist sich nicht ganz dazu durchringen, diese Begegnungen allein als Konfrontation zu betrachten. Das Toleranzthema hält ihn davon ab, seine Antwort auf die Globalisierung lediglich in Begriffen von Verlierern und Gewinnern zu artikulieren, denn die Prozesse der Integration, Transformation, Wiederbehauptung und Neubelebung haben ihm nicht nur neues Selbstbewusstsein, sondern auch ein starkes Forum für die Durchsetzung seiner Interessen und Ideologien gegeben. Mit anderen Worten, die Feindseligkeit des Hindu-Nationalisten gegenüber der Globalisierung wird zum Teil dahingehend entschärft, dass er sie als eine zweite Modernisierung betrachtet, die ihm eine Möglichkeit bietet, an ihrer Gestaltung aktiv mitzuwirken.

In den letzten zwanzig Jahren ist es den Hindu-Nationalisten möglicherweise gelungen, die traditionellen Unterschiede der Doktrinen zu erodieren, mit denen sich die Sekten im Hinduismus voneinander abheben. Was er allerdings bisher noch nicht geschafft hat, ist, die Denkweise des *Traditionalisten*, der noch immer die Mehrheit aller Hindus bildet, maßgeblich zu verändern – zumindest was sein Verhalten auf die Herausforderungen der äußeren Welt angeht. Der Traditionalist neigt weniger dazu, sich in der Defensive zu fühlen oder einen ideologisch festgelegten aktivistischen Standpunkt einzunehmen als der Hindu-Nationalist. Das Toleranzthema des *grand récit* hinterlässt in seinen Vorstellungen und Handlungen entsprechend tiefere Spuren. So mag der Hindu-Nationalist Jesus Christus als eine Persönlichkeit respektieren, die der Verehrung und des Respekts wert ist (eine Höflichkeit, die sich nicht auf den Propheten Mohammed ausweitet), ein traditioneller *Vaishnava* hingegen hat nicht einmal Schwierigkeiten, Jesus in einen Sohn *Krishnas* zu verwandeln und ihm den Status eines *avataras* zu geben, genauso wenig wie ein *Vaishnava guru* ein Problem damit hat, seine Lehrreden mit Beispielen aus dem Evangelium und aus dem Leben christlicher Heiliger zu schmücken.[10]

Größere Toleranz scheint aber auch mit größerer Gleichgültigkeit einherzugehen. Entsprechend kümmert sich der Hindu-Traditionalist – im Gegensatz zum Hindu-Nationalisten – weniger um die Auswirkungen der Globalisierung auf seinen Glauben und tendiert dazu (falls er ihnen überhaupt Aufmerksamkeit schenkt), sie als Angelegenheiten zu betrachten, mit denen «westliche Antworten auf westliche Fragen» gefunden werden müssen.

Das zweite große Thema – die Universalität – entflammt im Hindu-Nationalisten einerseits die Hoffnung, sich mit seiner Religion zum Weltenführer aufzuschwingen. Andererseits hindert es ihn aber daran, sich klar gegen das Eindringen aller fremden Einflüsse abzugrenzen.

So betrachtet der Hindu-Nationalist den Hinduismus als universell, weil er auf einer ewigen, mystischen Wahrheit beruht: der grundlegenden Einheit der gesamten Schöpfung, belebt und unbelebt. Wenn alle Religionen also verschiedene Wege zur gleichen Wahrheit sind – «*ekam sat, viprah bahudda vadanti*» (eine Wahrheit, viele Wege, sie zu erreichen) –, dann ist der «fremde Glaube» letztendlich nur eine der unendlichen Erscheinungsformen des Hinduismus. Anders ausgedrückt, alle Religionen dieser Welt sind in ihrem Kern hinduistisch. Entsprechend wird ein religiöser Pluralismus nicht nur vom Traditionalisten und vom flexiblen Hindu, sondern genauso vom Hindu-Nationalisten akzeptiert, denn schließlich ist es nur ein Pluralismus in der *Erscheinung*.

Der Hindu-Nationalist würde allerdings argumentieren, dass man über die äußere Erscheinung hinausgehen müsse, um die *höheren* Ebenen spiritueller Evolution zu erreichen. Er schließt also eine Hierarchie der verschiedenen Glaubensrichtungen nicht aus: Es gibt zwar viele Wege, aber nicht alle diese Wege sind gleichwertig. Seine Toleranz gegenüber «geringeren religiösen Ordnungen» steht entsprechend mit der Hoffnung in Verbindung, dass der hinduistische *dharma* sich in seinem Universalismus in naher Zukunft global durchsetzen wird. Der Hindu-Nationalist sieht in der Globalisierung nicht nur eine Gefahr der Überfremdung, sondern genauso seine Chance, den «Hindu Ethos» weltweit als universales, ethisches Wertesystem der Menschheit zu etablieren. Er ist der Überzeugung, dass sich bei der ethisch-religiösen Globalisierung, die die derzeitige ökonomische Globalisierung ablösen wird, der Hinduismus weltweit durchsetzen wird. So formulierte K. S. Sudarshan (für lange Zeit einer der Hauptideologen des RSS und nun ihr Vorsitzender), dass in den kommenden Jahren «der Welt *Hindutva* als höchste Philosophie und höchster Lebensweg dämmern wird»,[11] wobei «der Glaube im endgültigen Sieg des Hindu-Denkens nicht auf blinden Glauben aufbaut, sondern auf tiefer innerer Bewusstwerdung, dass die Hindu-Philosophie auf Gesetzen beruht, die nicht einfach Hindu-Gesetze sind, sondern universale Gesetze, die für alle gelten».[12]

Verglichen mit dem Traditionalisten und dem flexiblen Hindu, drückt der Nationalist eine gewisse Beunruhigung gegenüber einigen der Folgen der Universalität aus. Er fragt sich, ob Hindus die Thematik der Universalität mit ihrem vedischen Diktum «*vasudhaiva kutumbkam*» (das Universum ist eine Familie) nicht zu stark auf Kosten der Entwicklung eines hinduistischen Gemeinschaftsgefühls betont haben – eines Gemeinschaftsgefühls, das in der heutigen Welt vonnöten ist, um den Herausforderungen militanterer Glaubensrichtungen als geschlossene Front begegnen zu können. Er sorgt sich, ob das Konzept des «*vishvabandhutva*» (universelle Bruderschaft) nicht zu einer Schwächung des «*deshbandhutva*» (nationale Bruderschaft) geführt hat – also einem Mangel an Nationalgefühl. Anders ausgedrückt, im Hindu-Nationalisten wohnen zwei miteinander im Widerspruch befindliche Seelen: die des Universalismus der Hindu-*dharma*-Toleranz und die des Nationalismus der *Hindutva*-Militanz.

Abschließend sei gesagt, dass die Wahrnehmung anderer Religionen durch die Linse des Universalismus einen tatsächlichen Dialog der Religionen behindern kann. Einen gemeinsamen vedantischen Monismus in allen anderen Religionen wahrzunehmen – sie also nicht als eigenständige Religionssysteme zu betrachten, sondern vom Standpunkt einer ihnen überlegenen, «universellen» Wahrheit aus –, führt nicht unbedingt zu Freundschaft und Harmonie, sondern möglicherweise zu vielschichtigen Missverständnissen. Wenn in einer der populären Geschichten um den Hirtengott Krishna Yashoda im Mund des Gottes das Universum erblickt – der Hindu in seiner Weltanschauung trotz aller guten Absichten darauf besteht, sich mit dem Universum anderer Glaubensvorstellungen zu identifizieren –, so ist diese Vision – der baldige Triumph der hinduistischen Weltanschauung in einer globalisierten Welt – dazu bestimmt, enttäuscht zu werden. Illusionen, unabhängig von ihrer Kraft, eine große Anzahl an Menschen zu mobilisieren oder die Utopie einer Weltgemeinschaft heraufzubeschwören, bleiben letztlich nur das … Illusionen.

Der flexible Hindu

Neben den «Hindu-Nationalisten» möchten wir den «flexiblen Hindu» stellen – städtisch, in moderner Weise gebildet und zur wachsenden Mittelklasse gehörend. Der flexible Hindu kann ein Traditionalist sein, indem er spezifische hinduistische Rituale in sein religiöses Leben aufnimmt oder wiederbelebt. Er kann ebenso ein Nationalist sein in seiner Sympathie mit gewissen Haltungen der VHP – beispielsweise der Ablehnung christlicher und muslimischer Missionstätigkeit. Von beiden unterscheidet ihn jedoch, dass er in seinen religiösen Ansichten und Glaubensvorstellungen eklektischer ist als der Traditionalist und weniger ideologisch als der Nationalist.

Der flexible Hindu betrachtet religiöse Festlichkeiten und Rituale als einen wichtigen Ausdruck seiner Identität. Die häuslichen Rituale und Fastenpraktiken (*vrata*), das Feiern religiöser Feste und das Aufsuchen von Pilgerstätten, die den hinduistischen Festkalender strukturieren, werden von ihm auch als eine willkommene Abwechslung zur täglichen Routine gesehen. Die sich wandelnden Lebensumstände der städtischen Mittelschicht erlauben ihm jedoch kaum, die Vorbereitungen und Umstände zu bewältigen, die mit den Festlichkeiten oder dem Einhalten von Fastenpraktiken verbunden sind. Die zunehmende Berufstätigkeit von Frauen und weniger helfende Hände von anderen Frauen der erweiterten Familie als auch die Hektik des Großstadtlebens haben entsprechend zu einer Modernisierung einer Vielzahl von Ritualen und Festabläufen geführt. Der flexible Hindu begrüßt diese – oft kreativen – Veränderungen und passt die herkömmlichen Rituale seinen veränderten Lebensumständen an. So wird beispielsweise der «klassische» Ablauf des Fastentages *Karva Chauth* – ein einmal jährlich stattfindendes Fastengelübde, das von nordindischen Frauen für die Gesundheit und das lange Leben ihrer Männer eingehalten wird – zunehmend aufgelockert. Eine jüngere, körperbewusste Frau, die die *vrata* strikt befolgte, sprach von *Karva Chauth* als Diättag. Andere Frauen halten das Fastengelübde, bei dem sie den gesamten Tag nichts zu sich nehmen dürfen, oft nicht mehr streng ein. Sie treffen sich mit Freundinnen und Verwandten, um zu feiern, Karten zu spielen, Fernsehen zu sehen oder ins Kino zu gehen. Sie stehen seltener Stunden hungrig in der Küche, um das Abendessen vorzubereiten, und vergnügen sich stattdessen in Gruppen auf den bunt geschmückten Märkten, gehen in Schönheitssalons und lassen sich am Abend von ihren Ehemännern in ein Restaurant ausführen.

Die stärkere Orientierung an den eigenen Bedürfnissen statt an traditionellen Vorschriften wird von einigen befürwortet, von anderen als Verfall der Tradition und als konsumorientierte Vergnügungssucht beklagt. Überwiegend jedoch – was uns zum Toleranzthema des *grand récit* führt – wird veränderten Ritualabläufen und der Verkürzung aufwendiger religiöser Praktiken mit Toleranz begegnet. Der flexible Hindu argumentiert, dass die innere Haltung – die *bhakti* und der Glaube – ausschlaggebend sind und weniger die Aufrechterhaltung von Regeln, die die Älteren festgelegt haben.

Ähnlich verhält es sich mit Pilgerfahrten, die ein beliebtes Ziel familiärer Ausflüge und Urlaubsreisen sind. Erst die Moderne ließ Pilgerfahrten zu einem echten Massenphänomen werden: Stärkere Mobilität, ein verbessertes öffentliches Transportsystem, mehr Geld und die überwiegend geregelten Berufsverhältnisse erlauben dem flexiblen Hindu, an verlängerten Wochenenden oder während der Ferien touristische Pilgerziele mit der Familie anzusteuern. Das Interesse an Pilgerfahrten beschränkt sich dabei nicht auf die ältere Generation, auch Jugendliche und junge Erwachsene unternehmen vielfältig im Kreise der Familie oder mit Freunden Pilgerfahrten, bei denen sich Gemeinschaft und Vergnügen mit religiösen Interessen verbinden lassen.

Hinduistische Pilgerstätten ziehen sich wie ein eng geknüpftes Netz über die indische Landkarte. Sie sind zahllos und umfassen in ihrer Bezeichnung als *tirtha-yatra* weit mehr als die christliche Terminologie «Pilgerfahrt». Bei einem der populärsten Pilgerziele in Nordindien – der Höhle der Göttin *Vaishno Devi* – wird der 14 Kilometer lange Fußweg gesäumt von befestigten Schnee- und Regendächern, modernen Toiletten, Schlafunterkünften, Devotionalienständen, Erfrischungsständen, Souvenirläden und in regelmäßigen Abständen Stationen mit Pferden, auf denen sich ermüdete Pilger zur Höhle tragen lassen können. Es gibt Pilger, die den gesamten Weg barfuß laufen und sich ganz dem «religiösen Gefühl» hingeben, um sich das Wohlwollen der Gottheit zu sichern, und andere, für die der vergnügliche, gemeinschaftliche und touristische Aspekt ausschlaggebendes Motiv ist, eine Pilgerfahrt zu unternehmen. Lärm, laute Musik und die gesamte Atmosphäre vermitteln bisweilen das Gefühl, man befände sich auf einem bunten Jahrmarkt. Anders ausgedrückt, eine Pilgerfahrt darf – genauso wie auch ein *vrata* oder die Gestaltung eines religiösen Festtages – zu einem vergnüglichen und sinnlichen Erlebnis werden, solange die «Reinheit des Herzens» und die Aufrichtigkeit religiöser Hingabe gegeben sind. Der *darshana*[13] – das «Schauen» der Gottheit – am Ende des Pilgerwegs ist dabei für alle Ziel und Höhepunkt des Ausflugs. Dieses «Schauen der Gottheit», das im

Selbstverständnis hinduistischer Gläubiger unmittelbar mit einem konkreten und berechenbaren religiösen Verdienst in Verbindung steht, hat nicht lediglich symbolischen Charakter, denn die «sakrale Potenz» kann durch den *darshana* vom entsprechenden Götterbild (oder einer verehrten heiligen Person) auf den Gläubigen übergehen. Erfüllt die Gottheit einen Wunsch, den der Gläubige in Gebeten an sie gerichtet hat – meistens handelt es sich um materielle Forderungen, Gesundheit, beruflichen Erfolg etc. –, so spendet er Geld, Schmuck oder Silber, begibt sich auf eine Pilgerfahrt, hält ein Fastengelübde ein oder erfüllt andere Zusagen, die er der Gottheit *vor* der Wunscherfüllung, bei Gewährung der Gunst, versprochen hat. Entsprechend ist es wenig erstaunlich, dass in einem Land wie Indien, in dem insbesondere der wachsenden Mittelschicht sehr viel mehr Geld zur Verfügung steht als noch vor zehn Jahren, die Tempel die größten Geschäfte machen. Der Goldene Tempel – das Heiligtum der Sikhs – hat seine Einnahmen, derzeit umgerechnet ca. 250 000 Euro täglich, in den letzten vier Jahren verdoppeln können. Der Tirupati-Venkateshvara-Tempel in Andra Pradesh – eine der reichsten Institutionen nach dem Vatikan – verdient allein mit Geldspenden pro Tag durchschnittlich 350 000 Euro. Auch christliche Kirchen und muslimische Schreine wie die Haji Ali tragen zum jährlichen Einkommen der indischen Götter mit insgesamt ca. 200 Millionen Euro bei.[14]

Es ist dieser flexible Hindu, der im Tempel oder zu Hause, genauso aber auch online auf den Webpages berühmter Tempel seine *pujas* macht, der das Internet nutzt, um astrologisch günstige *puja*-Zeiten zu ermitteln, Rezepte für spezifische Gerichte an religiösen Festtagen sucht oder religiöse Lieder aus dem Netz herunterlädt. *Er* ist der Besucher, mit dem in den vielen derzeit aufkommenden Themenparks über indische Gottheiten gerechnet wird – Ramaland, Durgaland, Gangaland –, die nach dem Muster von Disneyland entstehen. Genauso ist er der Kunde, auf den die unüberschaubare Fülle devotionaler Musikkassetten und -CDs ausgerichtet ist, die inzwischen ein Drittel des indischen Musikmarkts ausmachen.

Die Breitenwirkung der Medien und neuen Technologien – das Internet, mythologische Comics, Fernsehserien und Kinofilme – führen nicht nur zu einer stärkeren Homogenisierung hinduistischer Rituale, sondern sie sind für die jüngere Generation auch die wichtigste Quelle der Vermittlung religiösen Wissens. Charismatische Fernsehgurus – einer der bekannteren ist Asha Ram Bapu – rezitieren täglich in diversen Fernsehkanälen Textstellen aus den heiligen Schriften und bauen sich, ähnlich wie die Medienpriester Amerikas, ein schillerndes Imperium auf, mit Anhängern, die vornehmlich aus der traditionellen Mittelklasse stammen. Mit einem täglichen Fernsehkonsum von ca. zwei bis drei Stunden und einer Vorliebe für religiöse Sendungen und Familiendramen sind es die Hausfrauen, die diesen medialen Einflüssen am stärksten ausgesetzt sind. Die Breitenwirkung der Massenmedien, die bestimmte Gottheiten und Heilige ins Zentrum ritueller Verehrung stellt, begünstigt in den schnelllebigen Metropolen «Götter- und Heiligenmoden», die sich wie andere Moden über einen bestimmten Zeitraum aufbauen und genauso auch wieder «entladen» können.

Charismatische Fernsehgurus, Heiler und Gottmenschen der Gegenwart passen sich nahtlos in die neue Welle der *bhakti*-Religiosität der städtischen Mittelklasse ein, in der die individuelle Kommunikation mit Gott und das persönliche Gottesverhältnis ins Zentrum religiöser Aufmerksamkeit gerückt wird. *Bhakti* – die liebevolle Hingabe und das bedingungslose Vertrauen gegenüber einer auserwählten Gottheit oder einem *guru* – gibt dem Gläubigen alle Freiheiten der individuellen Gestaltung seiner religiösen Aktivitäten. Bemerkenswert bei den religiösen Entwicklungen der Gegenwart ist, dass Heiler und Wundergurus wie Mata Nirmala Devi oder Satya Sai Baba in ihrer Popularität und Anziehungskraft die kontemplativen, meditierenden *gurus* – beispielsweise den bedeutenden Heiligen Ramana Maharishi – weitgehend abgelöst haben. Kontemplative *gurus*, die mit der upanishadischen Tradition verbunden werden, sind in der jüngeren Generation der Mittel- und Oberschicht nicht länger der Fokus spiritueller Interessen. Vielmehr wendet sich der flexible Hindu *gurus* und religiösen Praktiken zu, die wenig Zeitaufwand, dafür aber hohes religiöses Verdienst versprechen. *Gurus* wie Sathya Sai Baba oder Shri Shri Ravi Shankar treffen mit ihren Weltanschauungen das «religiöse Gefühl» des flexiblen Hindus, da sie sich auch ganz an den zwei großen Themen des hinduistischen *grand récit* orientieren: dem Thema der Toleranz und dem Thema der Universalität. So vereinen sich beispielsweise in der Sathya-Sai-Baba-Bewegung – einer der größten *guru*-Bewegungen der Gegenwart – religiöse Stilelemente aus verschiedensten Traditionen in einem wilden Eklektizismus. Sathya Sai Baba, der *guru*, *avatara*, Heiliger und Gott zugleich ist, lehrt einen

«Stufenweg» der Befreiung, der in sehr vereinfachter Form der klassischen Vedanta-Lehre nahe steht und als Ziel «Gottrealisierung durch Selbstrealisierung» anstrebt. Aspekte des Shivaismus, Vaishnavismus, Shaktismus und des Christentums werden – ganz im Sinne des postmodernen Relativismus – neu ausgelegt und als «Universalismus» deklariert, wobei innerhalb der Bewegung nicht von einer «neuen Religion», sondern lediglich von der «universellen Gültigkeit» der Lehre gesprochen wird.[15] Dieser Anspruch auf Universalität, den wir bereits beim Hindu-Nationalisten in seiner hoffnungsvollen Vision einer weltweiten Vorherrschaft des Hinduismus gesehen haben, drückt sich auch in dem religiösen Symbol der Sathya-Sai-Baba-Gemeinschaft aus: einem fünfblättrigen Lotus, auf dessen Blättern das hinduistische Om-Zeichen, das christliche Kreuz, das zoroastrische Feueremblem, das buddhistische Rad und der islamische Stern und Halbmond abgebildet sind.

Ähnlich wie die Sathya-Sai-Baba-Bewegung und andere religiöse Gemeinschaften ist das «Sammelbecken» New Age,[16] das seit Beginn der 90er Jahre zunehmend auch in der indischen Mittelschicht Fuß fasst, exemplarisch für eine postmoderne Religiosität, die im hinduistischen Relativismus und Inklusivismus bereits vorweggenommen scheint. Praktiken des New Age lassen sich dabei relativ widerstandsfrei in den traditionellen religiösen Alltag des flexiblen Hindus integrieren. Sie setzen weder eine Entfremdung zur religiösen Tradition noch einen Bruch mit dieser voraus. Ob man sogenannte *traditionelle* religiöse Praktiken verfolgt oder aber Kristalle in den Taschen trägt und sich im Gläserrücken übt, erregt die Gemüter in Indien nicht übermäßig, denn die Ausübung religiöser Praktiken ist in Indien schon immer eine ausgeprägt individuelle Angelegenheit gewesen. Mit anderen Worten, ein Hindu kann Heiligenfiguren anderer Religionen problemlos neben hinduistischen Göttern im Hausaltar verehren, ebenso wie sich in der städtischen Mittelschicht New-Age-Importe aus westlichen Industrienationen spannungsfrei mit bestehenden Religionspraktiken vereinen lassen.

Mit dem Einzug des New Age in Metropolen wie Mumbai, Delhi oder Bangalore etablieren sich nicht nur neue Praktiken wie Reiki, Pranic Healing, Lama Fera, Tarot oder Feng-Shui, sondern auch Begriffe und Konzepte des indischen Kulturraumes – beispielsweise die altindische *karma*-Lehre – werden in ihrer *westlichen* Rezeption rückimportiert. Kurse zur Stressbewältigung mit Meditations- oder Yogaübungen stehen genauso auf dem Programm wie Astrologie, Aromatherapie, ägyptisches Tarot, Bachblüten, Aura-Lesen, Magnetheilung, Zen oder Channeling – um nur einige Beispiele zu geben.

Egal, wie «verwestlicht» der flexible Hindu auch sein mag, die Beibehaltung spezifischer Fastengelübde, das Aufsuchen von Pilgerorten, die Hinwendung zu *gurus* oder die Integration von New-Age-Praktiken gibt ihm einen Rückbezug zur Tradition und eine positive Bestätigung seiner Identität. Mit anderen Worten, die Antwort des flexiblen Hindus auf die Moderne ist nicht die Abwendung von seiner religiösen Tradition, sondern ihre Umgestaltung und Anpassung an seine veränderten Lebensverhältnisse.

Der Hindu-Nationalist mag diese offene Haltung des flexiblen Hindus missbilligen und in ihm den indischen Vorläufer der Globalisierung sehen, er mag die Religiosität des flexiblen Hindus als «karnevalistisch» abwerten und auf ihn herabschauen, wenn er sich ohne Differenzierung mit religiösen Stilelementen schmückt, die sich aus allen Teilen dieses Globus und aus verschiedensten Geschichtsepochen zusammenschöpfen, ohne ein Gespür für Rituale und geschichtliche Epochen zu entwickeln, die diesen Elementen einst ihre Integrität verliehen. Dennoch kann er den flexiblen Hindu – und das hat mit dem großen hinduistischen Thema der Offenheit und Toleranz zu tun – nicht aus der Herde der hinduistischen Gemeinschaft ausschließen. Ein solcher Ausschluss wäre für den Hindu-Nationalisten ein Verrat an einer seiner größten Ikonen, dem aktivistischen Mönch Swami Vivekananda, dessen eindringliche Worte er häufig zitiert: «Wir tolerieren nicht nur, sondern wir akzeptieren jede Religion, wir beten in den Moscheen der Mohammedaner, verehren den Feueraltar der Zoroaster und knien vor dem Kreuz der Christen, wohl wissend, dass alle Religionen einschließlich des niedrigsten Fetischismus der menschlichen Seele viele Bemühungen kosteten, das Unendliche zu erfassen und zu realisieren – ein jeder determiniert durch seine Umstände, seine Geburt und Beziehungen.»[17]

Bei allen Unterschieden ist die Verquickung religiöser Ideale hindunationalistischer Bewegungen mit der Wertbildung der aufsteigenden städtischen Mittelschicht vielfältig beobachtet worden. Es wird allerdings leicht übersehen, dass die konsumorientierte Mittelklasse hinsichtlich ihrer Interessen in der Lebensgestaltung sowohl größter Träger als auch der am meisten gefürchtete innere *Feind* hindu-nationalistischer Bewegungen ist. Der flexible Hindu identifiziert sich mit einer Vielzahl der religiösen und kulturellen Werte nationalistischer Gruppen, zum Beispiel der Angst vor einer kulturellen «Verwestlichung» und dem Übergriff einer aggressiven muslimisch-arabischen Welt. Es ist dabei unwichtig, ob die von den Nationalisten geschürte Angst religiöser und kultureller Überfremdung historisch begründbar ist oder nicht – die Sorge des Zerfalls kultureller Werte und das diffuse Gefühl der Beherrschbarkeit genügen, um sich Parteien und Organisationen zuzuwenden, die eine alternative Moderne versprechen; eine Moderne, in der Hindus sich Märkten, Technologien und Lebensformen zuwenden können, ohne die eigene Identität leugnen oder aufgeben zu müssen. Er ist aber genauso auch «Rattenfänger» einer ganzen Generation: Im Establishment fest verwurzelt, ist der englischsprechende, meinungsbildende flexible Hindu ein Segment der indischen Gesellschaft, das eine ominöse Konkretisierung einer ansonsten abstrakten globalen Bedrohung ist. Er wird für den Hindu-Nationalisten zu einer Bedrohung aufgrund seiner Offenheit gegenüber der liberalen oder vielmehr «unzüchtigen» westlichen Sexualmoral, die auch durch Fernsehprogramme und Werbung, wie beispielsweise Körperpflege und Mode, in die Hindu-Familien getragen wird. Der Hindu-Nationalist protestiert – häufig im stillen Einverständnis mit dem Traditionalisten – gegen die Allgegenwart, Bedeutung und Manifestation des sexuellen Selbst, das im westlichen Kunst- und Literaturdiskurs des 20. Jahrhunderts so zentral ist. Er degradiert Schönheitswettbewerbe oder freiere Geschlechtermischung als eine Form der «kulturellen Verschmutzung» und verdammt alle Erscheinungsformen der Modernität, die die Sinne erregen, statt sie zu beruhigen; die das sinnliche Feuer schüren, statt seine Flammen zu löschen.

«Lasst uns die Hindus zum Hinduismus bekehren, und alles wird gut werden» ist entsprechend einer der Schlachtrufe des Hindu-Nationalisten in Berufung auf Swami Chinmayananda, einen der Gründer der VHP – eine Aufgabe, die von Seiten des Hindu-Nationalisten ironischerweise «Missionseifer» erfordert.[18]

Verkürzt ausgedrückt, Hindu-Nationalist und flexibler Hindu sind «Vettern», die in ihrer Weltanschauung Aspekte des hinduistischen *grand récit* teilen, doch genauso in einer Spannung zueinander stehen, die sich in naher Zukunft wohl kaum auflösen wird.

1. Tag Dehli: 1) Besuch Humayon Grabmal
riesiger Minarett-Turm
2) zur zweitgrößten Moschee d. Welt
riesiger Regierungsviertel

2. Tag Varanasi (Benares) Waschungen
Bootfahrt (Hinduismus)
+ Buddhismus.
Sarnath Hain, Rad d. Lehre.
(600 v. Chr.) Buddhas erste Predigt.

3. Tag Kajuraho Tempel d. Hindu
(Welterbe) 1000 Jahre vergessen.

4. Tag Orcha Tempel u. Festungen
17. Jahrhundert Mogul
Eisenbahnfahrt

5. Tag Taj Mahal Agra → Orcha.
+ rotes Fort der Moguln.

6. Tag Fatehpur Sikri

riesige rote Festungsanlage

Mogul Kaiser Akbar

von dort weiter im Motorrad [illegible]

Jaipur (rosarote Stadt)

Hotel Raj Mahal Palace

Konflikte zwischen Hindus und Muslimen

1924, als Mahatma Gandhi über die Ursachen des Hindu-Muslim-Konflikts schrieb, befand er: «Ich sehe keinen Weg, irgendetwas in diesem geschundenen Land erreichen zu können, ohne eine bleibende Herzenseinheit zwischen Hindus und Muslimen ... Es gibt keine wichtigere und drängendere Frage als diese. Meiner Meinung nach blockiert sie allen Fortschritt.»[1]

Mahatma Gandhis Bemerkung über die Wichtigkeit, eine Lösung für den Konflikt zu finden, hat bis heute Gültigkeit, auch wenn er nicht unbedingt erkannte, dass das, was wie ein andauernder Konflikt zwischen Hindus und Muslimen – den beiden größten religiösen Gruppen Indiens – aussieht, kein Konflikt der Religionen ist. Anders ausgedrückt, es geht nicht um religiöse Glaubensfragen, Dogmen, Verehrungsformen oder die Beibehaltung verschiedener Glaubensvorstellungen und Götter. Als eigentliche Ursache haben Experten andere Faktoren als die Religion dieses scheinbar religiösen Konfliktes festgestellt. Obwohl also fast alle Experten darin übereinstimmen, dass der Konflikt nicht religiös ist, gibt es über die Ursachen keine Einstimmigkeit.[2]

Hindu-nationalistische Historiker, politisch vertreten von einer der zwei größten Parteien – der *Bharatiya Janata Party* (BJP), werten den Konflikt als einen Kampf der Kulturen. Für sie bildet die Kluft eines tausendjährigen Konflikts zweier Zivilisationen den Rahmen der hindumuslimischen Beziehungen, wobei die Muslime – militärisch siegreich und politisch im Aufstieg – ihren hinduistischen Untertanen den Islam mit allen Mitteln aufzudrängen versuchten – vom Zwang bis hin zur Bestechung und gutem Zureden, wobei sie allerdings nur mäßigen Erfolg hatten.[3] Die Kultur der meisten Hindus blieb in der Zeit muslimischer Herrschaft in ihrem Kern intakt, während sie die muslimischen Angriffe mit Ressentiment über sich ergehen ließen. Die Wut der verunglimpften Hindus, die sich über lange Zeiträume angestaut hatte, musste geradezu explodieren, als die historischen Umstände sich wandelten und derartige Ausbrüche möglich machten.

Andere Geschichtswissenschaftler, die eine liberalere oder vielmehr linke Neigung haben und der «säkularen» Schule angehören, befinden, dass die Kategorisierung in Hindus und Muslime relativ neu ist und übergreifende religiöse Identitäten wie die hinduistische oder die muslimische, so wie wir sie heute verstehen, damals noch gar nicht existierten.[4] In vorkolonialer und in der frühen Kolonialzeit war das Leben von Hindus und Muslimen sehr viel vermischter, wobei Letztere sowieso größtenteils konvertierte Hindus waren. Mit der Integration persischer und türkischer Elemente blühte ein kultureller Synkretismus auf, der sich nicht nur in der Musik, Architektur und Kunst der Epoche spiegelt, sondern beispielsweise auch in der Entwicklung synkretistischer Volksreligionen. Die in großem Ausmaß entstandene Gewalt zwischen den beiden Gemeinschaften, die sich im späten 19. Jahrhundert auszuweiten begann, lässt sich dabei hauptsächlich auf den Kolonialismus zurückführen, nämlich auf die britische Politik der Spaltung. Es wird argumentiert, dass die muslimische Identität von den Briten absichtlich gestärkt wurde, da der indische Nationalismus, in dem die Hindus eine vorherrschende Rolle spielten, ihnen zur Bedrohung wurde.[5] Dennoch ist die von Hindus und Muslimen geteilte Mischkultur heute weiterhin lebendig, insbesondere im ländlichen Indien, sie wird jedoch von extremen politischen Parteien bedroht, die – mit dem Ziel, Wählerstimmen zu gewinnen – die Identität der Hindus und Muslime zu polarisieren versuchen.

Anders als die Historiker bedienen sich gewöhnliche Inder beider Geschichtsversionen. In Zeiten erhöhter Konflikte zwischen Muslimen und Hindus erhält die Geschichtsvorstellung der Hindu-Nationalisten Vorrangstellung, die auf der Version einer uralten Feindseligkeit beruht und das kulturelle Gedächtnis in einer ganz bestimmten Richtung formt. In Zeiten relativen Friedens verschiebt sich der Fokus wieder in Richtung der säkularen Geschichtsvorstellung, bei der die Gemeinsamkeiten und die miteinander geteilten Aspekte der Vergangenheit hervorgehoben werden. Viele Aspekte des kulturellen Gedächtnisses, die in Zeiten des Konfliktes gelegen kamen, treten in Friedenszeiten in den Hintergrund, verblassen oder nehmen eine andere Bedeutung an, während andere, in denen die friedliche Koexistenz von Hindus und Muslimen betont wird, wieder erstarken.

Dann gibt es Vertreter – überwiegend marxistischer Überzeugung –, die dem *ökonomischen* Faktor Vorrangstellung geben. Sie sind der Auffassung, dass die Konflikte beider Gemeinschaften, die zu gewalttätigen Zusammenstößen führen, weniger mit Religion als mit «Kommunalismus» zu tun haben. Unter Kommunalismus ist im indischen Kontext dabei primär eine Gemeinschaft von Gläubigen zu verstehen, die nicht nur eine Verbindlichkeit durch ihren Glauben hat, sondern ihre Identität auch über gemeinsame soziale, politische und insbesondere ökonomische Interessen definiert. Diese Interessen können sich im Konflikt mit Vorstellungen anderer – also feindlicher religiöser Gemeinschaften – befinden, die den gleichen geographischen Raum teilen. Laut dieser ökonomischen Vision wird die «wahre» Ursache der Gewalt gewöhnlich in der einen oder anderen Version des Klassenkampfes zwischen Arm und Reich gesehen. Sie beanspruchen, dass dieser Klassenkampf ebenso Gültigkeit hat für die antisemitischen Pogrome in Spanien (14. Jahrhundert), für die katholisch-protestantische Gewalt in Frankreich (16. Jahrhundert), für die antikatholischen Ausschreitungen in London (19. Jahrhundert) wie auch für die gegenwärtigen hindu-muslimischen Ausschreitungen in Indien.[6]

Der Hindu-Muslim-Konflikt – eine Folge des Wettbewerbs um Ressourcen – hat sich möglicherweise in dem veränderten *politischen* Kontext der letzten fünfzig Jahre seit dem Ende der Kolonialherrschaft verschärft. Wenn die Hindu-Muslim-Beziehungen in der Vergangenheit besser gewesen sind, mit sehr viel weniger offener Gewalt, so hat dies auch mit der Art der Staatsform zu tun, in der beide Gruppen lebten. Diese Staatsform war ein Imperium – das Mogul-Reich, gefolgt vom britischen Reich. Wie der Politikwissenschaftler Michael Walzer herausstellte, lässt sich ein Imperium charakterisieren als eine Mischung aus Unterdrückung gegenüber jeglicher Form von Unabhängigkeitsbemühungen, Toleranz gegenüber verschiedenen Kulturen, Religionen und Lebenswegen sowie der Forderung, dass der Frieden im Reich bestehen bleibt. Nur mit dem Ende eines Imperiums führt die politische Frage – «Wer *unter uns* soll in diesen Städten und Dörfern hier die Macht ausüben?», «Welche Gruppe dominiert, wie wird die neue Hackordnung aussehen?» – zu einem erhöhten Bewusstsein religiös-kultureller Unterschiede, die das Potential für gewalttätige Konflikte bilden.[7]

Der Aufstieg fundamentalistischer Gruppen und die Politisierung religiöser Differenzen in vielen Regionen dieser Erde nach dem Ende des

Kolonialismus sind genügend dokumentiert worden.[8] Andere Politikwissenschaftler, die mehr die lokalen als internationalen Beziehungen hervorheben, zeigten, dass die Aufstände zwischen Hindus und Muslimen überwiegend in Städten und Kleinstädten auftraten, in denen formale und Handelsbeziehungen, die Mitglieder beider Gemeinschaften einschlossen, schwach oder nicht vorhanden waren.[9]

Die Sozialpsychologie wiederum würde bezüglich der Ursachen hindu-muslimischer Gewaltausbrüche die Identitätsbedrohung hervorheben, die für Menschen in vielen Teilen der heutigen Welt von den Kräften der Modernisierung und Globalisierung ausgeht. Verlustgefühle und Hilflosigkeit werden begleitet von der Abwanderung aus dörflichen Regionen in städtische Barackensiedlungen, von dem Verlust handwerklicher Fertigkeiten, die den traditionellen Berufen zugrunde liegen, und von der Demütigung, die durch die homogenisierenden und hegemonisierenden Auswirkungen der modernen Welt verursacht werden, mit der traditionell übermittelte kulturelle Ideale und Werte als antiquiert und irrelevant betrachtet werden. Diese Veränderungen verstärken die *Gruppenaspekte* der Identität, indem Betroffene sich vermehrt an kulturellen und religiösen Gruppen orientieren, um ihre Gefühle des Verlusts und der Hilflosigkeit zu bewältigen und den Verletzungen ihres Selbstwertgefühls entgegenzuwirken.

Nicht alle wissenschaftlichen Erklärungsmodelle basieren in ihrer Ursachenforschung auf komplexen Vorstellungen. Abgesehen von den relativ kultivierten Beschreibungen über die Ursachen von Konflikten aus den Federn von Historikern, Politikwissenschaftlern, Soziologen und Sozialpsychologen, gibt es den grob verallgemeinernden Ansatz der Demographen. Sie sind der Auffassung, dass städtische Gegenden in Indien, in denen die muslimische Bevölkerung eine Minderheit von 20–40 % der Gesamtbevölkerung bildet, immer schon anfällig für Gewaltausbrüche gewesen sind.[10] Man sollte allerdings nicht vergessen, dass bei einer Bevölkerungsdichte von *unter* 20 % die Minderheit vermutlich viel zu verängstigt ist, auf etwas zu reagieren, das einer Provokation gleichkommt, und falls doch Gewalt auftritt, dann hat sie eher den Charakter eines Pogroms, nicht eines Aufruhrs.

Das Bild der Hindus von den Muslimen

Die beiden Hauptaspekte anhand deren Hindus Muslime gegenwärtig charakterisieren – eine Vorstellung, die man insbesondere in Zeiten starker Spannungen zwischen den Gemeinschaften in vielen Teilen des Landes wiederfindet –, sind die des *machtvollen* und *tierischen* Muslim. Gemeinsam mit den Eigenschaften des machtvollen, tierischen Muslim geht oft die Vorstellung einher, dass Muslime von Natur aus aggressiv seien und zur Gewalt neigten. Auch wenn dies neu bestärkt wird durch die Militanz in Kaschmir und die Welle terroristischer Angriffe muslimischer Extremisten, reicht diese Vorstellung weit zurück. Mahatma Gandhi beispielsweise, der von einem Hindu-Fanatiker getötet wurde, weil man von ihm glaubte, er habe ein «weiches Herz» für Muslime, war der Meinung, dass ihre junge Religion und ihre über 13 Jahrhunderte währende imperialistische Expansion Muslime zu einer aggressiven Gruppe werden ließ.[11] Obwohl es von Frauen und Männern gleichermaßen geteilt wird, ist das Bild des machtvollen Muslim bei Männern ausgeprägter, insbesondere wenn gewalttätige Ausschreitungen beider Gemeinschaften kurz bevorstehen. Die Charakterisierung als machtvoll und tierisch steht dem Selbstbild der Hindus entgegen, die sich als schwach wahrnehmen – schwach, da geteilt:

«Wenn irgendetwas in der Muslim-Gemeinschaft passiert, sind sie alle eins. Bei uns ist das nicht so, wegen der unterschiedlichen Kasten. Jede Kaste hat ihre eigenen Sitten und Lebensstile.»[12]

«Wir sind nicht geeint. Jeder ist mit sich selbst beschäftigt. Die Reichen versuchen, die Armen auszubeuten. Das passiert bei den Muslimen nicht. Obwohl sie auch Reiche und Arme haben, sind sie zumindest während der Gebetszeiten vereint und beten gemeinsam zur gleichen Zeit. Das führt zu einer Einheit unter ihnen. Unser System ist nicht so. Jeder geht zum Tempel, um seine *puja* zu machen, wann es ihm passt, macht es auf seine Art und Weise und geht dann. Es gibt bei uns keine Kommunikation. Wenn unsere Gebete ebenso gemeinschaftlich wären wie ihre, würden wir auf jeden Fall vereint sein und würden stärker werden als die Muslime.»

Für viele Hindus sind Muslime nicht nur machtvoll, weil sie geeint sind, sondern auch, weil sie glauben, dass der indische Staat sie bevorzuge und Muslime bewaffnet seien – wobei sie in Zeiten des Konflikts ihrer Meinung nach sogar Waffen von außerhalb, nämlich Pakistan, beziehen:

«Muslime bekommen regelmäßig Waffenlieferungen aus Pakistan, oder vielleicht sind sie auch vor Ort hergestellt. Zumindest haben sie immer einen ausreichenden Vorrat. Selbst im ärmsten muslimischen Haus wird sich wenigstens ein Schlachtermesser finden, weil sie alle Fleisch essen. Hindus sind nicht so gut bewaffnet. Wenn die Regierung fortfährt, den Muslimen alles recht zu machen, und Gesetze gegen die Hindu-Mehrheit aufstellt, werden die Ausschreitungen nie aufhören. Wenn Prozessionen verboten werden, dann beide – *Ganesha-* (Hindu) und *Muharram-* (Muslim) Prozessionen. Warum werden nur die *Ganesha*-Prozessionen verboten? Man hat den Eindruck, als würde nur eine der Gemeinschaften gesegnet und geschützt und die andere wie ein Stiefkind behandelt.»

Interessant ist hierbei, dass die Selbstidentifizierung als Hindu sich bei einem Hindu im Allgemeinen nur dann einstellt, wenn er von *dem* Muslim spricht; ansonsten bezieht er sich in Gesprächen hinsichtlich seiner Zugehörigkeit eher auf die Kaste. Der Hindu wird also geboren, wenn ein Muslim den Schauplatz betritt und seine religiöse Identität – in der Präsenz des Muslim – so in sein Bewusstsein dringt. Muslime benötigen für ihr Selbstbewusstsein die Gegenwart Andersgläubiger nicht. Die Gegenwart eines Hindu mag bei einem Muslim zwar das Gefühl der religiösen Identität stärken, aber sie wird dadurch nicht erst geformt.

Der zweite Aspekt der Vorstellung, die Hindus sich von Muslimen machen, ist die des *Tierischen*. Mit anderen Worten, Hindus ordnen dem männlichen Muslim Eigenschaften körperlicher Wildheit, eine ausufernde Sexualität, die Suche nach sofortiger Bedürfnisbefriedigung und eine Schmutzigkeit zu, die weniger mit körperlicher Sauberkeit zu tun hat als mit innerer Verschmutzung – eine Folge des Verzehrs verbotener, tabuisierter Speisen.

«Die Muslime sind nur in zwei Dingen gut. Sie essen und kopulieren wie die Tiere. Wer sonst außer einem Muslim würde auch nur daran denken, mit der Tochter seines Onkels – die fast seine eigene Schwester ist – ins Bett zu gehen?»[13] Dieses Zitat stammt aus einem anthropologischen Bericht, der vor fünfzig Jahren verfasst wurde und zeigt, dass sich das Bild der Hindus von den Muslimen bis zum heutigen Tag erhalten hat.

«Muslime werfen immer ein Auge auf unsere Frauen. Diese Gewohnheit ist ihnen geblieben. Gute Gedanken und Gedanken an Gott kommen ihnen nur, wenn sie *Allah-u-Akbar* rufen ... Sie drängen sich den Frauen auf; sie sind von Frauen und vom Sex besessen. Sieh dir die vielen Kinder an, die sie produzieren – Dutzende, während wir mit zweien oder dreien zufrieden sind.»

Muslime werden nicht nur als sexuell begierig, sondern auch als schmutzig betrachtet, wenn es beispielsweise heißt: «Sie baden nur freitags, am Tag des gemeinsamen Gebets in der Moschee.» Die ihnen zugeschriebene Schmutzigkeit greift tiefer als die persönliche Hygiene, denn Muslime essen Rindfleisch, was Hindus zutiefst verabscheuen und was für viele eine stärkere Verletzung der Moral ist, als zum Islam zu konvertieren oder einen Muslim zu heiraten.

Der Verzehr von Rindfleisch und damit das Töten von Kühen ist historisch möglicherweise die wichtigste Quelle für die Verbitterung der Hindus gegenüber Muslimen. Begibt man sich auf eine Reise durch Tipu Sultans Herrschaftsgebiete im 17. Jahrhundert, so erzählt uns der französische Reisende Abbé Dubois, dass Hindus sich beim Schlachten von Kühen zwar nicht lauthals beschwerten, jedoch weit davon entfernt waren, dieser Beleidigung gegenüber unempfänglich zu sein.[14] Machtlos gaben sie sich damit zufrieden, sich heimlich untereinander zu empören und ihre Entrüstung über dieses Sakrileg in ihren Herzen aufzustauen. Hindus, die gezwungen wurden, zum Islam zu konvertieren, konnten, wenn sie Rindfleisch gegessen hatten – selbst wenn es unter Zwang geschah –, für Jahrhunderte nicht zum Hinduismus zurückkonvertieren. Die Rindfleisch essenden Muslime und der Abscheu der Hindus davor sind vielleicht eine der wirkungsvollsten Schranken, die dem glühenden Wunsch Mahatma Gandhis im Weg stand, eine «anhaltende Herzensgemeinschaft» zu bilden, denn es ist schwierig, sich jemandem nahe zu fühlen, mit dem man kein Mahl teilen kann und dessen Essgewohnheiten einen ekeln.

Derartige Bilder von der anderen Gemeinschaft führen zu einem hartnäckigen Dasein in den tieferen Schichten des Bewusstseins, die der rationalen Auseinandersetzung unzugänglich sind. So war es während einer Feldforschung zum Phänomen der Besessenheit im ländlichen Nordindien belehrend zu sehen, dass der böse Geist, der einen *Hindu* befallen hatte, bei der großen Mehrheit der Fälle muslimisch war. Wenn der Patient während der Heilrituale in eine Trance verfiel und der Geist durch ihn sprach und seine Wünsche zum Ausdruck brachte, so entpuppten sich diese Wünsche – nach verbotener Sexualität und verbotenen Speisen, wie beispielsweise Fleisch – ganz klar als solche, die die Person bei vollem Bewusstsein entsetzen würden.[15] Die Besessenheit durch einen muslimischen Geist scheint insofern die verzweifelte Anstrengung der betroffenen Person zu spiegeln, sich selbst und andere davon zu überzeugen, dass die phantasierten Überschreitungen und Herzenssünden dem muslimischen Tabuzerstörer zuzurechnen und weit von dem «guten» Hindu-Selbst des Patienten entfernt sind. Zudem wurden die muslimischen Geister von Hindus als die stärksten, widerlichsten, bösartigsten und hartnäckigsten der bösen Geister betrachtet. Der Muslim scheint also *den* Fremden in den tiefer unbewussten Schichten der Hindu-Psyche zu symbolisieren.

Das Bild der Muslime von den Hindus

Neben den unvermeidlichen Eigenschaften der Unmoral und dem Mangel, Impulse kontrollieren zu können – eine Schmutzigkeit der Seele –, betrachten Muslime Hindus als ein grausames und feiges Volk.

«Wenn eine Hindu-Frau oder ein Kind durch muslimische Straßen laufen, lassen Muslime sie gehen, da der Kampf zwischen Männern ausgetragen wird und keine Frauen, Kinder und Alten beteiligen sollte. Ein Hindu denkt nicht so. Es reicht ihm zu sehen, dass die andere Person ein Muslim ist, um zuzuschlagen, ohne Rücksicht auf Geschlecht oder Alter.»

«Hindus sind Feiglinge, die nur kämpfen können, wenn sie in einer großen Gruppe sind. Muslime haben keine Angst, selbst wenn es wenige und sie unbewaffnet sind und ihre Gegner Schwerter tragen. Allah gibt ihnen Mut, und sie wissen, dass sie nicht nutzlos sterben, sondern dass ihr Martyrium im Paradies von Allah belohnt wird.»

Bei den armen Muslimen wird man in ihrer Abneigung gegenüber den Hindus einer ermüdeten Resignation gewahr. Sie tendieren dazu, sich als hilflose Opfer veränderter historischer Umstände zu sehen, in denen Indien – ungeachtet seiner formalen Verfassung – ein Land der Hindus geworden ist, die Herrschaft die der Hindus ist und die Diskriminierung gegen Muslime weit verbreitet ist. Hier zeigt sich ein auffallender Unterschied zwischen armen Hindus und armen Muslimen: Erstere sehen sich weniger als Opfer und fühlen sich stärker in Kontrolle über die Umstände ihres Lebens als Letztere. Die muslimischen Armen vermitteln den Eindruck, als steuerten sie ziellos umher, als seien sie Spielball der anderen.

Mit einem beginnenden Gefühl der Unterdrückung und im Schatten einer bedrohlichen, hoffnungslosen Zukunft fühlt sich der bedrängte Muslim dazu genötigt, die Festungsmauern seines Glaubens aufzurüsten. Mit anderen Worten, sie ziehen sich tiefer in den Schutz zurück, den ihre religiöse Gemeinschaft ihnen bietet, und halten sich genauestens an alle Eckpunkte ihrer religiösen Identität – den Koran, die Scharia, die Sprache Urdu, die religiösen Schulen (*madrasa*), von denen ihre religiösen Lehrer ihnen sagen, dass sie sie aus ihrer gegenwärtigen Zwangslage herausführen. Nur so können sie den Ruhm ihrer Vorfahren wiedererlangen, die sich streng an die Gebote des Islam gehalten hatten. Die gegenwärtig schlechte Lage der Muslime, sagen die Prediger, ist nicht durch historische Veränderungen verursacht, sondern durch eine schwere innere Schuld: die Schwächung und den Verlust des religiösen Glaubens. «Kein Wunder», sagt ein Mullah, «dass der Islam sich unter dem Ansturm des *kufr* (Unglaubens) beugen muss. Araber beugen sich den Juden und Christen, ihr euch den Hindus. Wozu diese Beschäftigung mit weltlichem Reichtum und Erfolg? Allah sagt, ihr seid von mir nicht in die Welt geschickt, damit ihr zwei Läden aus einem macht und vier aus zwei. Will der Koran, dass ihr das tut? Will es der Prophet? Nein! Sie wollen, dass ihr euch dem Glauben widmet, euer Leben zum Ruhme des Islam hingebt.»

Der Verlust einer kollektiven Selbstidealisierung kommt auch bei der Elite der Muslime zum Tragen. Die Verzweiflung über den moralischen und politischen Niedergang der muslimischen Gesellschaften, sagt uns der Historiker Mushirul Hasan, ist ein wiederkehrendes Thema in der Urdu-Dichtung, -Literatur und im Journalismus.[16] Für viele ist diese Trauer niemals vorüber, ihr Vorrat an Geschichten des Verlusts und ihre schwermütige Stimmung – am lebendigsten in der Dichtung der *ghazal* eingefangen – wird von einer Generation an die nächste weitergegeben. Für diese Männer und Frauen hat der Vers des Urdu-Dichters Iqbal, «*barq girti hai to bechare Mussulmanon par*» (Blitzschlag trifft nur den glücklosen Muslim) eine Bedeutung erlangt, die Teil ihrer sozialen Identität ist.

Mit anderen Worten, wann immer eine solche Person eher wie ein Muslim fühlt, denkt und handelt statt wie ein Individuum, ist ein Zwischenton der Trauer wahrnehmbar, was «andalusisches Syndrom» benannt wurde.[17] Dieses Syndrom bezieht sich auf die große muslimische Zivilisation der Iberischen Halbinsel, die im 15. Jahrhundert abrupt endete, die islamische Welt ins Dunkel stürzte und eine Sehnsucht nach dem verlorenen Ruhm in muslimischen Gesellschaften am Rande des Mittelmeers hinterließ. Für lange Zeit war das «andalusische Syndrom» ein Teil der Psyche der muslimischen Oberschicht, obwohl die Situation sich heute wandelt, weil die jüngere Generation mehr darauf eingestellt ist, die Herausforderungen anzunehmen und die Möglichkeiten zu nutzen, die die Modernisierung ihnen bringt, statt immerwährend zu trauern.

Vom Konflikt zur Gewalt

Wie bei einem Individuum, wo die Risse der Persönlichkeit am deutlichsten bei einem Zusammenbruch hervortreten, so wird die psychologische Dimension des Hindu-Muslim-Konflikts transparent, wenn ein schlummernder Konflikt beider Gruppen mit großer Gewalt ausbricht. Dies sind die «kommunalen Ausschreitungen», die in der sozialen und politischen Landschaft Indiens stets wiederkehren.

Um einmal die schwierige Frage der eigentlichen Ursache wegzulassen – da sich alle möglichen Ursachen, ökonomische, historische, politische, sozialpsychologische und demographische, in fast jeder Situation eines Aufruhrs finden –: Ausschreitungen werden jederzeit erwartet und überraschen doch jeden, wenn sie ausbrechen. Sprechen wir von Gewaltausbruch, so meinen wir nicht, dass ein Aufruhr spontan ist und keinerlei Planung oder Vorbereitung benötigt, sondern dass Gewalt im Allgemeinen nach einem beträchtlichen Maß der Spannung ausbricht, die sich zwischen beiden Gemeinschaften aufgebaut hat. Um die Metapher zu wechseln, der Aufruhr ist das Aufplatzen eines Furunkels, der Ausbruch von Eiter des «schlechten Blutes» zwischen Hindus und Muslimen, das sich über ein paar Tage oder Wochen an einem bestimmten Ort angesammelt hat. In manchen Städten – Ahmedabad und Hyderabad kommen einem sofort in den Sinn –, wo der Furunkel eine eiternde Wunde ist, verschwindet die Spannung nie ganz, sondern bleibt auf einer unangenehmen Ebene unterhalb der Grenze gewalttätiger Ausbrüche stets bestehen.

Der Aufbau unmittelbarer Spannungen entsteht, wenn die religiöse Identität bei einer großen Gruppe von Menschen aufgrund einer wahrgenommenen Bedrohung dieser Identität in den Vordergrund rückt. Diese Bedrohung der Identität – eine kollektive Verzerrung der Bedeutung tatsächlicher Ereignisse – bringt Mitglieder einer Gemeinschaft dazu, demonstrativ durch Wörter und Handlungen als Hindu oder Muslim aufzutreten. Diese Demonstration ihrer religiösen Identität bedroht wiederum Mitglieder der anderen Gemeinschaft, die entsprechend auch ihre Identität um ihre religiöse Zugehörigkeit mobilisieren. So beginnt die Spirale der wahrgenommenen (oder fälschlich wahrgenommenen) Bedrohung und Gegendrohung, die die Spannungen zwischen Hindus und Muslimen steigert.

Im Zeitraum der Spannungen nehmen sich Individuen zunehmend als Hindus oder Muslime wahr und betrachten Mitglieder der anderen Gemeinschaft stereotypisch. Die unvermeidlichen Folgen sind eine Homogenisierung und eine Entpersönlichung, da der einzelne Hindu oder Muslim austauschbar wird, also nur noch unter dem Vorzeichen seiner Gruppenidentität statt als Individuum wahrgenommen wird. In Spannungszeiten nehmen Unterhaltungen, in denen in Kategorien geurteilt wird, merklich zu: «Schaut, was die Hindus sich da leisten!» oder «Die Muslime haben mal wieder sämtliche Grenzen überschritten.» Wir haben oben bereits die Stereotypen skizziert – das jeweilige Bild, das sich die eine Gemeinschaft von der anderen macht und das mündlich von einer Generation zur nächsten übermittelt wird. Die Rhetorik der Gewalt häuft sich und ist in diesem Stadium noch immer ein Ersatz für tatsächliche Gewaltübergriffe.

Die bewusste Erfahrung und der Ausdruck der eigenen Identität in Form einer *religiösen* Gruppenidentität statt in Form anderer Gruppenidentitäten wie beispielsweise Familie, Kaste oder Beruf variiert von Person zu Person. An einem Ende der Skala gibt es einige wenige Individuen, deren persönliche Identität nicht von ihrer religiösen oder kulturellen Gruppenidentität dominiert wird, selbst nicht in den schlimmsten Phasen gewaltsamer Konflikte. Dabei handelt es sich um Menschen, die ihre Gruppenidentität wie einen leichten Mantel tragen. Sie sind fähig, aus Mitgefühl und unter Selbstaufopferung zu handeln – zum Beispiel Angehörige des feindlichen Lagers unter beträchtlichem Risiko ihrer eigenen Sicherheit vor der Raserei eines wütenden Mobs zu retten. Am anderen Ende der Skala sind die Fanatiker angesiedelt. Ihr Verhalten wird selbst in Friedenszeiten (und ohne dass ihre Identität bedroht wäre) ausschließlich vom «Wir-Gefühl» – also dem Gruppenaspekt ihrer Identität – diktiert. Für sie ist die Identität eine Rüstung, die selten abgelegt wird.

In der Tendenz schien die Gruppenidentität bei den Frauen in beiden Gemeinschaften weniger hervorzutreten als bei den Männern, ein Unterschied, der möglicherweise in ihrer anderen Sozialisation wurzelt. In einer der Städte – Hyderabad –, in der Muslim-Hindu-Ausschreitungen in regelmäßigen Abständen stattfinden, gab es einen signifikanten Geschlechterunterschied zwischen Jungen und Mädchen im Alter von zehn bis fünfzehn Jahren, als sie gebeten wurden, sich eine «aufregende» Szene mithilfe bereitgelegter Spielsachen und Puppen, die einfach als Hindu oder Muslim zu identifizieren waren, auszudenken.[18] Gewaltszenen zwischen Hindus und Muslimen waren bei den Mädchen kaum zu finden, während sie die Szenen der Jungen dominierten. Selbst wenn sie die Puppen als Hindu oder Muslim identifizierten, neigten Mädchen dazu, friedliche Familienszenen zu gestalten – wobei aufregende Elemente, wie beispielsweise ein Polizist, der einen Räuber jagt, an den Rand gedrängt wurden.

Die Rolle religiös-politischer Demagogen

Mit der Verschiebung der Gruppenidentität in den Vordergrund des Bewusstseins und der Aktivierung eines Hindu-Muslim-Konflikts braucht es immer noch mächtige zusätzliche Impulse, bevor Gewaltausbrüche möglich werden. Die «Zone der Indifferenz» bezüglich des Glaubens und der Gemeinschaft in friedlichen Zeiten mag durch Ereignisse wie beispielsweise die Zerstörung der Babri-Moschee in Ayodhya durchbrochen werden, aber dieser Riss benötigt eine beträchtliche Erweiterung, bevor tatsächlich Gewalt ausströmt. An diesem Punkt betreten die religiösen Demagogen, die nicht selten fundamentalistischen Bewegungen angeschlossen sind, die Szene. Einerseits schüren sie mit polemischen, emotional aufgeheizten Reden Verfolgungsängste – beispielsweise mit Bildern einer belagerten und gefährdeten Gemeinschaft, die sich am Rande ihrer Vernichtung in den Händen der anderen, der Feinde, befindet; andererseits stärken sie den Narzissmus der Gruppe, indem der eigene Ruhm besungen wird, während die andere (feindliche) Gemeinschaft verspottet wird. Wir wollen hier zuerst einer berüchtigten Hindu-Demagogin – Sadhvi Rithambra – das Wort erteilen:

«Der seit langem leidende Hindu wird heute ein religiöser Fanatiker genannt, nur weil er einen Tempel bauen will. Die Muslime haben ihr Pakistan bekommen. Sogar in einem verstümmelten Indien werden ihnen besondere Rechte zugesprochen. Sie haben nichts übrig für Familienplanung. Sie haben ihre eigenen Religionsschulen. Und was haben wir? Ein Indien mit abgehackten Armen (ein Verweis auf die Teilung Indiens in die Staaten Indien und Pakistan). Ein Indien, wo uns bei unseren Festen immer mehr Einschränkungen auferlegt werden, wo unsere Prozessionen immer Gefahr laufen, angegriffen zu werden, wo es verboten ist, seine Meinung zu sagen, wo unsere religiösen Überzeugungen aufs Grausamste verspottet werden. In Kaschmir waren die Hindus in der Minderheit und wurden aus dem Tal gejagt. Sprüche wie ‹lang lebe Pakistan!› wurden unseren Töchtern mit glühenden Eisen in die Schenkel gebrannt. Versucht, das Unglück und den Schmerz des Hindus nachzuempfinden, der zum Flüchtling in seinem eigenen Land geworden ist. Der Hindu wurde in Kaschmir entehrt, weil er in der Minderheit war. Aber es gibt eine Verschwörung, ihn im ganzen Land zur Minderheit zu machen. Der Staat sagt zu uns Hindus, wir sollen nur zwei oder drei Kinder haben. Bald wird man uns sagen, eines ist auch schon zu viel! Doch was ist mit denen, die sechs Frauen und dreißig bis fünfunddreißig Kinder haben und sich vermehren wie Moskitos und Fliegen? ... Ich will euch Folgendes vor Augen führen: Als der Hindu in Kaschmir zur Minderheit wurde, ging er nach Jammu. Von Jammu ging er nach Delhi. Aber wenn ihr Hindus in ganz Indien davonlauft, wohin wollt ihr dann noch gehen? Im Indischen Ozean ertrinken oder von den Gipfeln des Himalaja springen?»[19]

Der muslimische Demagoge antwortet darauf: «Erwachet, oh indische Muslime, bevor ihr ganz verschwindet. Selbst eure Geschichte wird in anderen Geschichten keine Erwähnung finden.»[20]

Die Demagogen können auf Erinnerungen vorheriger hindu-muslimischer Gewaltausbrüche aufbauen, die ihren Ursprung fast immer in der Angst haben, dass eine der Gemeinschaften glaubt, vom Feind ausgerottet oder ernsthaft geschädigt zu werden. Die Zerstörung der Babri-Moschee, die 1992 von einem Mob nationalistischer Hindus innerhalb weniger Stunden dem Boden gleichgemacht wurde, nährte die seit langem gärende Angst indischer Muslime, von einer Hindu-Mehrheit hinweggefegt zu werden – eine Kette von Assoziationen, die von dem Niederreißen einer unbenutzten Moschee bis zum Verschwinden des Islam in Indien reichte. Ebenso war auch dem Aufruhr von 1969 in Ahmedabad ein Zeitraum großer Spannungen vorausgegangen, als die RSS (*Rashtriya Swayamsevak Sangh*) – die Speerspitze des indischen Nationalismus – eine Kampagne startete, in der sie die «Indisierung» der Muslime verlangte und damit eine ähnliche Kette mentaler Assoziationen einleitete. Hindus nehmen Muslime als eine Bedrohung wahr, die ihr Überleben in ihrem Heimatland gefährden, was sich in der demonstrativen Identifikation der Muslime mit panislamischen Belangen zeigt oder aber in ihrem Anspruch einer gesonderten kulturellen Identität, die auch darin Ausdruck findet, dass sie auf einem eigenen islamischen Recht bestehen oder fordern, dass die Sprache Urdu in Indien eine bedeutendere Rolle spielen soll. Hier wandelt sich die von den Hindus wahrgenommene Bedrohung zu einer Assoziationskette, in der muslimische Forderungen zu Vorreitern eines gewaltsamen, muslimischen Separatismus werden (so wie in Kaschmir), die zur Schöpfung eines zweiten Pakistan führen und letztendlich zu der gefürchteten Erneuerung einer muslimischen Herrschaft wie in Zeiten des Mittelalters.

Genauso, wie sich Verfolgungsängste bei Individuen oft in einer Bedrohung der Unversehrtheit des eigenen Körpers ausdrücken – besonders bei psychotischen Schüben –, sind die Reden religiöser Demagogen (sowohl bei Hindus als auch Muslimen) gespickt mit Metaphern eines Gemeinschaftsleibes, der verstümmelt ist. Das Bild eines Hindu- oder Muslim-Leibes, der amputiert ist, aufgeschlitzt und geschändet wird, nährt die Kräfte unbewusster Phantasien, mit der Verfolgungsängste gestärkt und die fragwürdige Logik bestimmter politischer Argumente mit der Kraft des Mythos tief in der Vorstellung verankert werden. Was Mahatma Gandhis ersehnten Traum einer «bleibenden Herzenseinheit» zwischen Hindus und Muslimen angeht, antwortet die Hindu-Demagogin Sadhvi Rithambra im Schlusswort einer ihrer Reden:

«Ihr fragt, was mit den Muslimen in einem Hindu-Indien geschehen wird? Ich sage euch, die Muslime werden für ihre Wahlstimmen in einem Hindu-Staat weder entehrt noch belohnt. In Indien werden keine Schirme geöffnet, weil es in Pakistan regnet. Wenn im Golf Krieg herrscht, wird auf indischen Straßen nicht ‹lang lebe Saddam Hussein› gerufen. Und soweit es um die Einheit mit unseren muslimischen Brüdern geht, sage ich: Brüder, wir hören eure Rufe zum Gebet, aber ihr protestiert gegen unsere Tempelglocken. Wie können wir uns je einigen? Der Hindu schreibt von links nach rechts, der Muslim von rechts nach links. Der Hindu betet die aufgehende Sonne an, der Muslim verrichtet sein Gebet in Richtung der untergehenden Sonne. Wenn der Hindu seine rechte Hand zum Essen gebraucht, isst der Muslim mit der linken Hand. Wenn der Hindu Indien ‹Mutter› nennt, ist sie für den Muslim eine Hexe. Der Hindu verehrt die Kuh, der Muslim kommt ins Paradies, wenn er Rindfleisch isst. Der Hindu pflegt seinen Schnurrbart, der Muslim rasiert seine Oberlippe. Was immer der Hindu tut, zu den religiösen Pflichten des Muslim gehört es, das Gegenteil zu tun. Ich sage, wenn ihr alles, was der Hindu tut, umkehren müsst, so isst der Hindu mit dem Mund. Auch hier solltet ihr das Umgekehrte tun!»[21]

Die Visionen des Muslim-Fundamentalisten Ubedullah Khan Azmi handeln ebenfalls von der ewigen Konkurrenz zwischen Hindus und Muslimen, die Frage zu beantworten, welche der beiden Gemeinschaften zivilisierter, stärker und allgemein besser ist:

«Es waren doch diejenigen, die an den Koran glauben, die euch die schönen Seiten des Lebens zeigten, euch beibrachten, wie man isst und trinkt. Alles, was ihr hattet, bevor wir kamen, waren Tomaten und Kartoffeln. Was habt ihr denn schon gehabt? Wir haben Jasmin und Jasminparfüm hierher gebracht. Wir haben euch das Tadsch Mahal gebaut und das Rote Fort. Erst durch uns wurde Indien zu dem, was es heute ist. Wir leben seit über achthundert Jahren hier, und mit uns begann Indien zu glänzen. Innerhalb von 35 Jahren habt ihr sein Licht geschwächt und das Land ruiniert. Ein Bettler wird nicht dankbar sein, wenn man ihn zum Kaiser macht. Werft ihm ein Stück Brot in den Staub, und er wird seinen Appetit wiederfinden. Zwingt uns nicht, deutlich zu werden. Zwingt uns nicht, euch als Feinde gegenüberzutreten. Gott, schau dir ihre Ignoranz an, und dann weißt du, warum wir keine Worte dafür finden, wo wir ihnen doch aus Mitleid die Kraft der Sprache gegeben haben.»[22]

Azmis Versuch, scharf zwischen Hindus und Muslimen zu unterscheiden, indem er unterbreitet, dass Muslime glauben, vor 800 Jahren von außerhalb des Landes nach Indien gekommen zu sein (und von einer überlegenen Rasse abzustammen), kann als Folge erhöhter Feindseligkeit zwischen den beiden Gruppen kurz vor einem Aufruhr gewertet werden. In einer derartigen Situation ermahnt der Fundamentalist den Muslim, die Verunreinigung durch Hindu-Symbole zu vermeiden und danach zu streben, ihre miteinander geteilte islamische Identität in ihrer Reinheit zu bewahren. Ihr sollt regelmäßig eure Gebete vollziehen, fährt er fort, eure Fastenzeiten in der Sommerhitze einhalten. Gebt eurem Leben eine religiöse Ausrichtung. Lebt in Übereinstimmung mit dem Koran, und dann sind wir auf dem Wege, siegreich zu sein.

«Wir sind unter Bögen von Schwertklingen hindurchgegangen. Wir haben die Schlacht von Karbala überstanden. Wir sind durch die Täler Spaniens, über die Hügel von Gibraltar und durch die Ebenen Indiens hindurchgezogen. Wir können mit Stolz sagen, dass die muslimische Nation trotz Tausender von Feuerproben, die sie durchlitten hat, eine Nation ohnegleichen bleibt. Niemand liebt seine Religion mehr als der Muslim den Islam. Unser Glaube wächst mit jeder Herausforderung und macht uns stärker.»[23]

Gerüchte und Ausschreitungen

Man weiß aus Inhalten von Gerüchten, die in den Gemeinschaften zu zirkulieren beginnen, wann ein Aufruhr bevorsteht.[24] Wir wollen uns einige der Gerüchte näher anschauen, die während einer der grausamsten Ausschreitungen in der jüngeren Geschichte Indiens zirkulierten: die Ausschreitungen in Gujarat im Jahre 2002.

Am 27. Februar 2002 wurde der Sabarmati-Express auf dem Bahnhof von Godhra – einer Kleinstadt in der Nähe Ahmedabads im Bundesstaat Gujarat – von einem muslimischen Mob angegriffen. Im Zug reisten Aktivisten der *Vishva Hindu Parishad* (VHP) – des religiösen Arms des wiederauflebenden Hindu-Nationalismus. Sie befanden sich auf dem Rückweg von Ayodhya – dem legendären Geburtsplatz des Gottes *Rama* –, wo die VHP plant, einen höchst umstrittenen Tempel zu errichten. Bei dem Angriff auf den Zug verbrannten etwa sechzig Hindus – überwiegend Männer, aber auch einige Frauen und Kinder – bei lebendigem Leib, als ihr Abteil von dem Mob angezündet wurde.[25] Zwei Tage nach dem blutigen Vorfall brachen Ausschreitungen zwischen Hindus und Muslimen in vielen Teilen Gujarats aus, insbesondere in Zentral-Gujarat, wo sowohl Godhra als auch Ahmedabad liegen. Die Ausschreitungen dauerten über einen Monat und kosteten über tausend Menschen das Leben, überwiegend Muslimen.

Die Großstadt Ahmedabad, die mit über fünf Millionen Einwohnern die kommerzielle, kulturelle und politische Hauptstadt Gujarats ist,[26] war am schlimmsten von dem Aufruhr betroffen. Ahmedabad hat eine lange Tradition hindu-muslimischer Ausschreitungen, die mehr als dreißig Jahre zurückgeht, und entsprechend wurden, selbst sechs Monate nachdem die Flut der Morde, Brandstiftungen und Plünderungen abgeklungen waren, noch vereinzelte Gewaltvorfälle gemeldet.

Ein Hindu-Informant erinnert sich, wie die Gerüchte aufkamen:

«Täglich – Tag und Nacht – erreichten uns viele Gerüchte, die uns alle gequält haben. Die Leute konnten nachts nicht mehr schlafen. Für drei Monate haben sie uns unseren Schlaf geraubt. Sie hatten eine starke Auswirkung auf die Frauen und Kinder; Frauen begannen zu weinen, wenn neue Gerüchte sie erreichten, und konnten ihren Haushaltspflichten nicht mehr nachkommen. Männer standen an Kreuzungen, um Leute von außerhalb ihres Wohnviertels zu treffen und zu fragen, was woanders passiert. Dann erzählten sie es den anderen.»

Auf dem paranoiden Potential aufbauend, das in uns allen begraben liegt, tragen Gerüchte dazu bei, eine kollektive Gemeinschaft entstehen zu lassen. Es gibt kaum Zweifel daran, dass Gerüchte Ausschreitungen anfeuern, aber sie schmieden auch einen erhöhten Gemeinschaftssinn.[27]

Gerüchte – ganz gleich, wie entsetzlich –, die der nahe bevorstehenden Bedrohung durch tödliche Gewalt gegen einen selbst und die Gemeinschaft Gestalt verleihen, erregen Emotionen, die komplexer Natur sind – nicht nur Gefühle der Furcht und Gefahr, sondern auch Gefühle des Hochgefühls in der Überschreitung individueller Grenzen und das Gefühl der Nähe und Zugehörigkeit zu einer Einheit, die über einen selbst hinausgeht.

Fast die Hälfte der Gerüchte, die 2002 in Ahmedabad zirkulierten, waren sowohl Hindus als auch Muslimen bekannt. Sonderbarerweise bleiben Gerüchte – wenn man sich die Ausschreitungen 1947 während der Teilung Indiens anschaut, die Ausschreitungen 1969 in Ahmedabad und die 1990 in Hyderabad – mit geringfügigen Abwandlungen unverändert. In der nordindischen Stadt Rothak hörte man während der Teilung Indiens Gerüchte, dass Muslime in Lebensmittelläden eingebrochen waren, um zersplittertes Glas in die Salzsäcke zu mischen, ein Polizeiwagen soll durch die Straßen gefahren sein, um Leute zu warnen, kein Salz zu kaufen. Auch glaubten die Leute Gerüchten, nach denen Milchverkäufer von Muslimen bestochen wurden, die Milch zu vergiften, woraufhin vier Kinder bewusstlos geworden und zwei Hunde gestorben sein sollen. Viele Leute behaupteten, dass sie die vergifteten Hunde in ihrem Todeskampf selbst gesehen hätten. Frauen rannten nach draußen, um ihre Milchvorräte wegzuschütten, die in Rinnsalen die Pflasterstraßen entlangliefen. In Ahmenabad – über fünfzig Jahre später – war es eine Katze, die, nachdem sie vergiftete Milch getrunken hatte, starb. Gerüchte wie «Kaufe nichts in der Bäckerei, es wird vergiftet sein», «Die Milch wurde vergiftet», «Gift wurde in die Milchtüten gespritzt» scheinen eine lange Halbwertszeit zu haben. Anstelle der von Haus zu Haus kommenden Milchverkäufer war das Gift nun in die Milchtüten gespritzt worden, und anstelle der Lebensmittelläden waren es die Bäckereien, die vergiftete Ware anboten.

Man könnte die wiederkehrenden Gerüchte über vergiftete Nahrungsmittel – Speisen, die töten, statt zu nähren – als grundlegende Gerüchte bezeichnen: grundlegend in dem Sinne, dass sie das angreifen, was der Psychoanalytiker Erik Erikson unser Gefühl des «Urvertrauens» genannt hat; ein Urvertrauen, das wir in unseren frühesten Erfahrungen mit einer empathischen Mutter erlebt haben und bei dem «innen» und «außen» als ein in positiver Wechselbeziehung stehender Zustand erlebt wird.[28] Vergiftete Milch und andere Gerüchte um vergiftete Nahrungsmittel bringen die sichere mütterliche Gegenwart, die wir in uns tragen, zum Verschwinden. Sie durchbrechen das individuelle Sicherheitsempfinden und lassen unser paranoides Potential mit den sie begleitenden Verfolgungsängsten hervortreten.[29] Verfolgungsängste stärken wiederum andere Gerüchte, die ebenfalls in beiden Gemeinschaften kursieren und mit Gefahren zu tun haben, die sich auf bis dahin sichere Aktivitäten an öffentlichen Orten beziehen, wie Bus- oder Bahnreisen.

Die zweite Kategorie von Gerüchten, die sich ebenfalls als wiederkehrende Favoriten beschreiben lassen, handeln von sexueller Gewalt. In Ahmedabad kursierten Gerüchte über sexuelle Gewalt in beiden Gemeinschaften, und zwar über die Vergewaltigungen von Frauen («Lasst Mädchen nicht außer Haus gehen. Sie entführen sie und machen schlechte Sachen mit ihnen»), wobei in der Hindu-Gemeinschaft zusätzlich Gerüchte über die Kastration von Männern zirkulierten («Sie sagen, alle Ungläubigen sollen kastriert werden, damit ihre Rasse aussterbe»).

Ausschreitungen werden häufig als Geburtshelfer für unvertraute, beunruhigende Phantasien und komplexe Emotionen erlebt, indem sie unsere gewohnten psychischen Kontrollen unterhöhlen. Die überladene Atmosphäre der Gewalt, die von einer Person tagtäglich eingeatmet wird, lässt den Kessel der instinktiven Triebe überkochen, während zivilisierte Empfindungen unter dem Druck der Instinkte – der sexuellen wie auch der gewalttätigen – zusammenzubrechen drohen. Gerüchte sexueller Gewalt während eines Aufruhrs, die Mischung aus Horror und Genuss, mit denen sie weitererzählt werden, fördern auch eine versteckte, eher schamvoll erlebte Erregung – jene Instinkte der Begierde in verrohter Form. Vergewaltigungsgerüchte können – abgesehen von der moralischen Entrüstung, die mit ihnen zum Ausdruck gebracht wird – bei Männern genauso auch als ungewollte (aber dennoch herbeigewünschte) Ersatzbefriedigung sadistischer Impulse herhalten.

Abgesehen von den Gerüchten, die beiden Gruppen gemeinsam sind, gibt es auch andere, gruppenspezifische Gerüchte, die während eines Aufruhrs an die Oberfläche treten und die bereits lange gärende Ängste einer Gemeinschaft verraten. Im Falle der Muslime sind es Gerüchte, die sich auf die von ihnen wahrgenommene Bedrohung ihrer religiösen Identität beziehen: «Der Islam ist in Gefahr», «Sie zerstören unsere Moscheen», «Jetzt werden sie versuchen, uns zum Hinduismus zu bekehren, seid wachsam», «Sie zwingen Muslime dazu, den Namen Rama zu sagen, und töten dich, wenn du dich weigerst». Diese Gerüchte spielen auf die lange bestehende Angst indischer Muslime an, von den zahlenmäßig überlegenen Hindus aufgesaugt zu werden. Um sich beispielsweise vor der Besessenheit böser Geister zu schützen, von denen niedere hinduistische Gottheiten – die *devis* und *devatas* – am gefährlichsten sind, rufen Muslime auf dem gesamten Subkontinent dazu auf, fromm zu sein und beständig den eigenen Glauben zu verkünden. Solche Rufe an den Kriegsschauplätzen des Glaubens verweisen auf eine der Hauptängste indischer Muslime, nämlich in ihrem Glauben nicht ernsthaft genug zu sein und als Folge von der heimtückischen Hindu-Gesellschaft, die sie umzingelt, absorbiert zu werden.

Andere Gerüchte, die nur unter Muslimen zu hören sind (obwohl sie nicht zu den am häufigsten erzählten gehören), sind Gerüchte, die die

Rolle der Polizei aufgreifen: «Muslime werden verhaftet und von der Polizei weggeschleppt», «Die Polizei prügelt auf jeden Muslim ein, den sie auf der Straße findet», «Die Polizei fährt Muslime in Lastern davon und schmeißt sie in Hindu-Gegenden raus, wo sie getötet werden» sind einige der Gerüchte über die parteiliche Rolle der überwiegend hinduistischen Polizeikräfte. Tatsächlich haben in vielen Städten Nordindiens – beispielsweise in Meerut – Konfrontationen zwischen der Polizei und Muslimen zu gewalttätigen Explosionen geführt.

Eine spezifische Angst, die sich in Gerüchten der Hindu-Gemeinschaft wiederfindet, hat mit der Rolle Pakistans zu tun: «Große Mengen an Waffen und Munition sind aus Pakistan für die Muslime geschickt worden», «Terroristen sind über die Grenzen von Kutch (an Pakistan grenzend) ins Land gekommen und haben sich in ganz Gujarat verteilt». Die Erwähnung von «Terroristen» ist die gegenwärtige Version eines Gerüchts, das während der Ausschreitungen 1969 in Ahmedabad lautete, «pakistanische Agenten sind mit Fallschirmen in der Nacht über der Stadt abgesprungen».

Hier werden Muslime zu einer psychologischen Bedrohung, indem sie als bewaffnete und gefährliche Feinde betrachtet werden, was ansonsten – aufgrund ihrer Anzahl – nicht zu rechtfertigen wäre. Die Gerüchte lassen ein tiefsitzendes Misstrauen der Hindus erneut aufleben, nämlich ihre Zweifel an der muslimischen Loyalität gegenüber dem indischen Staat und am muslimischen Patriotismus, wenn die Gemeinschaft vor die Wahl gestellt wäre, sich zu ihrem Geburtsland oder zu den Glaubensbrüdern auf der anderen Seite der Grenze zu bekennen. Die Gerüchte beschwören Bilder eines gewaltigen islamischen Heers herauf, das an der Grenze des Landes steht – Bilder von muslimischen Plünderern des Mittelalters, beispielsweise Mahmud (der Sultan des Königreichs von Ghazni), der einer der grausamsten und habgierigsten Invasoren war und jedes Jahr wie ein Feuersturm über Nordindien hinwegfegte, berühmt als Zerstörer von Tempeln und Geißel der Hindus.

Es fragt sich, ob die Gerüchte während religiöser Ausschreitungen auch geschlechtsspezifisch sind, in dem Sinne, dass einige häufiger in Gesprächen bei Frauen auftreten als bei Männern und umgekehrt. Die am meisten verbreiteten Gerüchte zirkulieren in gleicher Häufigkeit sowohl unter Männern als auch Frauen. Allerdings zeigen Frauen – sowohl Hindus als auch Muslime – eine Vorliebe für die mehr apokalyptischen

Gerüchte: «Jetzt wird es Krieg geben, und Indien wird zerstört», «Sie sagen, Hindus haben den Himmel verdunkelt (mit Brandstiftungen), und Muslime werden die Erde rot färben (mit Hindu-Blut)», «Der Herr (*bhagwan*) hat Gestalt angenommen, kein einziger Muslim wird jetzt überleben» sind drei solcher Gerüchte, die Frauen bevorzugten. «Es wird so geschehen, wie es im Koran steht: universelle Zerstörung» ist das Pendant der muslimischen Frauen. Frauen sind, was wenig überrascht, auch eingenommen von Gerüchten, die die Sicherheit ihrer Kinder betreffen, es werden häufiger Gerüchte über die Entführung von Kindern vom feindlichen Lager unter Frauen erzählt als unter Männern.

Wenn Individuen beginnen, sich hilflos und verängstigt – gleichzeitig aber auch manisch aufgedreht – zu fühlen und ihren üblichen kognitiven Ankerplatz verlassen, also bereit sind, soziale, ökonomische oder politische Erklärungen für kommunale Konflikte nicht länger zu beachten, werden Gerüchte zu einem Motor der Gewalt. Starke Ängste, die den Ausbruch von Gewalt begleiten, kann Menschen aus dem Bereich des «Wissens um etwas» zurück in den Bereich des «Nichtwissens» führen – von einem Wissen um die Ursache ihrer Misere hin zu einem Zustand, von dem sie nicht wissen, was ihr Leid verursacht, obwohl sie sehr wohl wissen, *dass* sie leiden. Ein Mittel gegen diese lähmende Angst ist Zorn, vorzugsweise in Form einer aggressiven Selbstbehauptung, die als Defensive verstanden werden kann.[30]

Die Verfolgungsangst – verstärkt durch Gerüchte und geschürt von den religiösen Demagogen – signalisiert eine unmittelbar bevorstehende Vernichtung der Gruppenidentität und muss entsprechend mit energischer Selbstbehauptung bekämpft werden. Sich hinsichtlich dieser Identität als Hindu oder Muslim demonstrativ zu verhalten, bedroht wiederum Mitglieder der rivalisierenden Gemeinschaft, die als Defensive ebenso ihre religiöse Identität mobilisiert. Die Spirale der Bedrohung und Gegendrohung treibt die Verfolgungsängste weiter an, so dass nun der kleinste Funke genügt, um einen gewaltsamen Ausbruch auszulösen.

Die Beteiligung religiöser statt anderer sozialer Identitäten dämpft nicht, sondern – ganz im Gegenteil – steigert die Gewalt eines Konflikts. Religion verleiht dem Konflikt zwischen Gruppen größere Emotionalität und tiefer motivierte Triebkraft als Sprache, Region oder andere Merkmale ethnischer Identität. Dies trifft zumindest in Ländern wie Indien zu, in denen die Religion im kollektiven Leben stark hervortritt. Die religiöse Rechtfertigung eines Konflikts, bei der eher zu historischen Anspielungen aus heiliger und profaner Geschichte gegriffen wird, zu Metaphern und Analogien, deren Ursprünge in heiligen Legenden zu finden sind, rührt an grundlegende Werte, die einige unserer heftigsten und leidenschaftlichsten Gefühle freisetzen können. Hinzu kommt, dass Rhythmen religiöser Rituale – ob im gemeinsamen Gebet, bei Prozessionen oder mit Gemeindeaktivitäten – besonders tragfähig sind, Grenzen zwischen Gruppenmitgliedern zu sprengen, was die Bildung gewalttätiger Mobs in Zeiten der Spannung und Bedrohung fördert. So ist es kein Zufall, dass in Indien Gewaltausschreitungen, wenn sie von Muslimen initiiert werden, oft nach dem gemeinsamen Freitagsgebet erfolgen, wenn die Gläubigen aus der Moschee zu einem Protestzug auf die Straße stürmen.

Im Dienste der Religion zu töten, scheint moralisch unverwerflich zu sein. Auch führt es in den seltensten Fällen zu Gewissensbissen und wird sogar als eine höhere Pflicht angesehen als das Töten auf dem Schlachtfeld, mit dem ein Soldat seiner Nation dient.

Was die tatsächliche Gewalt betrifft, nehmen die meisten Menschen natürlich nicht daran teil. Die Gewalttaten werden gewöhnlich von jungen Männern und älteren Veteranen kommunaler Gewalt verübt, obwohl alle – Männer, Frauen, Kinder – einspringen, wenn ihr Haus oder ihre Nachbarschaft von einem Mob angegriffen wird. Die Experten der Gewalt – *goondas* (Schläger) – spielen während der Ausschreitungen eine führende Rolle; nicht nur aufgrund ihrer Erfahrung, sondern auch wegen des moralischen «Hochs», das Ausschreitungen ihnen gewähren. Sie werden im Zeitraum gewalttätiger Übergriffe nicht länger verachtet, sondern betrachten sich – und werden so auch von der Gemeinschaft gesehen – als Soldaten, die die Gemeinschaft und ihren Glauben schützen.

Was die Rolle der Politiker angeht, gibt es wenig Zweifel an ihrer Beteiligung, obwohl ihr Einfluss auf den Verlauf der Ausschreitung oft überbewertet wird. Im Nachhinein nutzen Politiker den Aufruhr mit Sicherheit für eigene Wahlzwecke und mögen versuchen, Ausschreitungen bereits im Voraus zu organisieren, merken gewöhnlich aber schnell, dass die gewalttätigen Mobs nicht nach Plan handeln.

Während gewaltsamer Ausschreitungen wird die persönliche Identität in großem Maßstab gegen eine Gruppenidentität eingetauscht. Das bedeutet jedoch nicht, dass die Menschen in einen regressiven, primitiven Zustand verfallen, in dem der gewalttätigen Seite der menschlichen Natur freien Lauf gelassen wird. Der Austausch der persönlichen Identität mit einer Gruppenidentität ist nur eine Neuausrichtung, bei der der Einzelne nun nach den Normen seiner Gemeinschaft handelt. So gelten bei Ausschreitungen beispielsweise ganz andere Moralvorstellungen, die die Handlungen von Muslimen und Hindus bestimmen, als zu Friedenszeiten – wobei die Moral aber keinesfalls abwesend ist. Brandstiftungen, Plünderungen und das Töten von Männern des anderen Lagers sind in dieser Zeit keine ernsthaften Grenzüberschreitungen mehr. Dennoch verdammen Hindus und Muslime übereinstimmend die Vergewaltigung und das Töten von Frauen der Feindesgruppe. In Hyderabad, wo gewalttätige Ausschreitungen zwischen Hindus und Muslimen regelmäßig ausbrechen, teilen beide Gemeinschaften das Verbot, «du sollst keine Frau töten» und «du sollst nicht vergewaltigen», obwohl die Empörung bei der Überschreitung dieses Verbots mit und innerhalb jeder Gemeinschaft variiert. Beide Lager betrachten Ausschreitungen ausschließlich als einen Kampf unter Männern, in der Verteidigung ihrer Gruppe oder der «Nation». Man erwartet, dass trotz bedauerlicher Zwischenfälle jede Seite sich daran hält, Frauen nicht anzugreifen.

In Hyderabad hat die Tradition der Gewalt zwischen Muslimen und Hindus – ein fast jährliches Blutvergießen – zur Entwicklung gewisser Normen geführt, die Vergewaltigung als Mittel der Verachtung, des Hasses oder der Wut, die eine Gemeinschaft gegenüber der anderen hegen mag, stark missbilligt. Anders als bei religiösen und ethnischen Konflikten wie beispielsweise in Bosnien müssen Hindus und Muslime außerdem nach den Ausschreitungen weiter miteinander leben – mit zwar minimaler sozialer, aber beträchtlicher ökonomischer Interaktion. Vergewaltigung würde den Umgang beider Gemeinschaften auch in Friedenszeiten unmöglich machen und Feindseligkeiten in unerbittlichen Hass verwandeln. Mit kaum etwas anderem vergleichbar, zieht Vergewaltigung von Frauen des feindlichen Lagers unüberwindbare Gräben zwischen den Gruppen, die nicht länger zu überbrücken wären. Es ist natürlich nicht so, dass es keine vereinzelten Fälle sexueller Gewalt gegen Frauen gäbe, sie werden während der Ausschreitungen jedoch meistens übertrieben, und scheinen notwendige Vorboten von Gewaltausschreitungen zu sein.

Auf emotional neutralerer Ebene missbilligen Hindus und Muslime gleichermaßen auch Handlungen, die die religiösen Gefühle der anderen Gemeinschaft verletzen, wie beispielsweise den Kadaver eines Schweins in eine Moschee zu werfen oder den einer Kuh in einen Hindu-Tempel. Beides gilt als archetypischer Auslöser für Gewaltausschreitungen, in dem Sinne, dass eine unausgesprochene Erwartungshaltung vorherrscht, dass solche Vorfälle als Auftakt zu einem Hindu-Muslim-Aufruhr gelten, selbst wenn es so einen Vorfall gar nicht gegeben hat. Die Missbilligung derartiger Taten wird oft empathisch ausgedrückt: «Ihre religiösen Gefühle sind die gleichen wie unsere, und wir würden es nicht mögen, wenn es uns angetan wird.» Ein solches Vorhandensein von Einfühlung, selbst in Zeiten der Gewalt, verhindert die vollkommende Entmenschlichung des Feindes.

Die Zukunft hindu-muslimischer Konflikte

Das Bewusstsein der Zugehörigkeit zu einer religiösen Gemeinschaft – ein Hindu oder ein Muslim zu sein – hat in den letzten Jahren stark zugenommen. Jedes Mal, wenn Gewalt zwischen religiösen Gruppen in Indien oder in anderen Teilen des Subkontinents ausbricht, ermöglichen moderne Technologien, dass eine gewaltige Menschenmasse sehr schnell über die Vorfälle informiert ist. Jede Ausschreitung mit ihren Nachwirkungen schwemmt das Thema der individuellen Identifikation mit der religiösen Gruppe neu an die Oberfläche des Bewusstseins. Diese Frage der religiös-kulturellen Identität mag für manche nur vorübergehend, für andere jedoch für längere Zeit von Bedeutung sein. Aber mit dem Prozess geht fast immer eine vorbewusste Selbstbefragung einher, welche Rolle die religiöse Gemeinschaft für die eigene Identität spielt. Eine bewusste Erfahrung ihrer Identität durch die religiöse Gruppe erstreckt sich für Individuen über unterschiedlich lange Zeit hinweg und ist stärker als bei Gruppen, deren Gruppenidentität auf Kaste, Sprache, Beruf oder Region basiert. Wie lange diese Zeit anhält oder ob gar für manche eine dauerhafte Veränderung in der Art, Identität zu erfahren, eintritt, hängt von vielen Faktoren ab. Ein nicht unwichtiger Faktor ist, inwiefern es Demagogen fundamentalistisch-politischer Gruppen gelingt, so einen Wechsel erfolgreich zu fördern.

Was die Zukunft betrifft, so gibt es mehr als ein Szenario einer möglichen Entwicklung der Hindu-Muslim-Beziehungen. Der Hindu-Nationalist, der den Konflikt als Produkt der unterschiedlichen kulturellen Traditionen von Hindus und Muslimen betrachtet, ist der Meinung, dass der einzige Weg, um zukünftig große Gewaltausbrüche zu vermeiden, einen Perspektivenwechsel bei den Muslimen verlangt. Dieser Perspektivenwechsel der Muslime bezüglich der Rolle der Gemeinschaft, Traditionen und Institutionen soll dazu dienen, sich an die nationale, mehrheitlich hinduistische Kultur «anzupassen». Von den Muslimen zu fordern, sich in der nationalistischen Version indischer Geschichte wiederzuerkennen, zu erwarten, dass sie ihre Kultur in Hindu-Symbolen, -Ritualen und -Festlichkeiten bestätigt sehen, hieße zu fordern, dass sie ihre religiös-kulturelle Identität aufgeben, ihre kollektive Erinnerung auslöschen, um von ihren Hindu-Nachbarn ununterscheidbar zu werden. Genau das – von der sie umgebenden Hindu-Kultur aufgesaugt zu werden – ist eine der größten Ängste der indischen Muslime, die bereits von den Sufis im Mittelalter artikuliert wurde – islamischen Mystikern, die mit ihrer Philosophie und Lebenspraxis der Hindu-Tradition aufs Engste verbunden waren und gewöhnlich als Beispiel einer «gemischten», synkretistischen Hindu-Muslim-Tradition angeführt werden. Die vollkommene Assimilierung wird genau deshalb gefürchtet, *weil* das Versprechen der Freiheit von Angst vor Gewalt, das es beinhaltet, so verführerisch ist. Das Dilemma der Hindu-Nationalisten ist, dass die Muslime weiterhin ein Angebot ablehnen, von dem die Nationalisten der Auffassung sind, dass man die Annahme gar nicht verweigern kann. Sie empfinden, dass die Muslime zu groß sind, um sie entweder zu schlucken oder auszuspucken.

Vertreter der säkularen Schule, für die der Konflikt in der Sozial- und Wirtschaftsstruktur wurzelt, sind hinsichtlich der Hindu-Muslim-Beziehungen zuversichtlicher. Auf lange Sicht, glauben sie, wird die ökonomische Entwicklung Indiens die Sozialstrukturen ändern und somit den Konflikt, sobald religiöse Identitäten verblassen und eine immer geringere Rolle im privaten und besonders im öffentlichen Leben spielen, auf die «Müllhalde der Geschichte» befördern. Jedoch muss gegenüber dem Glauben an die vorrangige Rolle politischer und ökonomischer Strukturen bei der Bewusstseinsbildung einige Skepsis angemeldet werden. Kulturelle Traditionen – einschließlich der Vorstellungen über den «teuflischen» anderen – werden überwiegend in der Familie vermittelt und können mitunter eine ganz andere Entwicklung nehmen als die des politischen und wirtschaftlichen Systems. Was wir glauben möchten – also hoffen –, ist, dass wir uns in Richtung einer Ära bewegen, in der die Differenzen von Hindus und Muslimen anerkannt und respektiert werden und nicht ewig die wenig greifbaren Gemeinsamkeiten herausgestellt werden. Mit anderen Worten, dass wir uns in Richtung einer multikulturellen Gesellschaft, nicht einer «Mischkultur» bewegen. Ein multikulturelles Miteinander ist notwendig, da es verschiedenen religiösen Gruppen ermöglicht, sich aktiv mit Modernisierungsprozessen auseinander zu setzen, statt sich in ihren Klagen über die Ungerechtigkeiten der Moderne in sich zurückzuziehen oder sie als passive Opfer zu erdulden. Man muss Gandhis Traum von einer «bleibenden Herzenseinheit» zwischen Hindus und Muslimen vielleicht aufgeben. Es wäre bereits viel erreicht, einen friedlichen öffentlichen Raum zu schaffen, auch wenn die andere Gruppe im Privaten weiterhin mit milder Indifferenz betrachtet wird. Gewalt wird unvermeidlich immer wieder entstehen. Auf lange Sicht kann man hoffen, dass eine allgemeine Missbilligung der Gewalt im Dienste der Religion wächst und religiöser Hass seine Akzeptanz gesellschaftlich verliert. In der näheren Zukunft gibt es allerdings keine Alternative zu dem, was der Politikwissenschaftler Donald Horowitz für die Verhütung von ethnischen Ausschreitungen als unerlässlich betrachtet, nämlich den effektiven Einsatz von Staatsgewalt beim Aufflammen von Ausschreitungen – insbesondere in der Zeit der «Pause», jenen 12–24 Stunden zwischen einem ersten Gewaltausbruch und dem Hauptausbruch der dann kaum noch zu stoppenden Gewalt.[31] Wo dieser Wille der sofortigen Handlung durch staatliche Intervenierung schwach oder nicht vorhanden ist, wie bei den Ausschreitungen in Gujarat in 2002, werden schnell alle gutgemeinten Bemühungen der Konflikt-Eindämmung von den Grausamkeiten der Massengewalt überrannt.

Die indische Psyche

Wir haben mit diesem Buch versucht, Manifestationen des indischen Geistes in verschiedenen Facetten des indischen Lebens und Denkens zu beschreiben. Sprechen wir vom «indischen Geist», so meinen wir nicht etwas Schwebendes und schwer Greifbares, sondern den kulturell geteilten Teil der Psyche – ein gewisses «Indisch-Sein», das in der Art und Weise gespiegelt wird, wie die Einwohner des Subkontinents den Alltagsaufgaben wie auch den wiederkehrenden Fragen der menschlichen Existenz begegnen. Was aber sind die Bausteine des «Indisch-Seins», die in den vorangegangenen Kapiteln angesprochen wurden? Beginnen wir mit der indischen – in erster Linie hinduistischen – Weltanschauung.[1]

Die hinduistische Weltanschauung

Jede Zivilisation hat einen ganz eigenen Blick auf die Welt. Diese Weltanschauung – der Angelpunkt einer Zivilisation – ist ein Ideengebilde, mit dem das Ziel der menschlichen Existenz und die Wege, wie das Ziel zu erreichen ist, die Fehler, die zu vermeiden sind, und die Hindernisse, mit denen auf diesem Weg zu rechnen ist, erläutert werden. Mit der Weltanschauung werden zentrale menschliche Erfahrungen interpretiert und wiederkehrende Fragen beantwortet: Was ist gut und was ist böse? Was ist wirklich und was unwirklich? Wie ist das Wesen der Männer und Frauen beschaffen und wie das der Welt, in der sie leben? Was ist die Verbindung des Menschen zur Natur, anderen Menschen und dem Kosmos? Schaut man beispielsweise nach China, kann man folgende Elemente einer dominanten konfuzianischen Weltanschauung festmachen: Es gibt keine andere Welt als die, in der wir leben. Der endgültige Sinn des Lebens ist eingebettet, nicht getrennt vom praktischen Alltagsleben. Der Lebenssinn wird also durch persönliche Selbstkultivierung in der Gemeinschaft und durch gegenseitige Hilfe in der Familie, im Klan, in der Schule und am Arbeitsplatz verwirklicht. Der Leim, der die Gesellschaft zusammenhält, sind nicht Gesetze, sondern das, was die Chinesen *li* nennen, zivilisierte Verhaltensregeln. Ein wichtiges Element der chinesischen Weltanschauung ist der Gedanke der Pflichten gegenüber anderen statt des Einforderns von persönlichen Rechten.

Mit «Weltanschauung» meinen wir hier nicht philosophische Vorstellungen, die nur für religiöse und intellektuelle Eliten von Bedeutung sind. Worüber wir sprechen, sind die Glaubensvorstellungen und Haltungen – viele von ihnen unbewusst – einer großen Mehrheit von Indern, die sich in ihrem Leben, ihren Liedern und Geschichten spiegeln. Verbreitet durch Mythen und Legenden, Sprichwörter und Metaphern, gelebt in religiösen Ritualen, gegenwärtig in den Ermahnungen der Eltern wie auch in ihren Zukunftsvisionen für ihre Kinder, vermittelt durch Kindergeschichten und in moderner Politur in Bollywood-Filmen, wird eine Weltanschauung sehr früh im Leben absorbiert – nicht vom Kopf, sondern mit dem Herzen.

Wir wollen mit drei ineinander verzahnten Elementen beginnen, die einen wichtigen Teil der hinduistischen Weltanschauung ausmachen: *moksha*, *dharma* und *karma*. Unser Interesse an diesen Konzepten ist hier nicht philosophischer, textlicher oder historischer, sondern psychologischer Natur. Was wir uns genauer anschauen wollen, sind der Beitrag dieser drei Elemente für die Bildung der indischen Psyche und ihr Widerhall in den Gedanken und Handlungen zeitgenössischer Inder.

Das Lebensziel

Moksha zu erreichen – was sowohl als Selbstrealisierung, Transzendenz, Erlösung oder Befreiung aus dem Weltenkreislauf übersetzt werden kann –, wurde traditionell von Hindus als höchstes Lebensziel betrachtet. Die Idee von *moksha* ist aufs Engste mit der Überzeugung der Existenz einer anderen, «höheren» Ebene der Wirklichkeit verbunden, die jenseits der geteilten, verifizierbaren, empirischen Realität unserer Welt, unserer Körper und unserer Gefühle besteht. Für den Hinduismus ist der Glaube an die Existenz einer höheren Realität – die zur gewöhnlichen Alltagsrealität im gleichen Verhältnis steht wie das Wachbewusstsein zum Traum – eine Selbstverständlichkeit. Sie ist ein wesentlicher Aspekt der meisten Schulen des Hinduismus (auch der indischen Sufis des Islam), ein nicht hinterfragter Wahrheitsanspruch der indischen Kultur und häufig der «rote Faden» in den Lehrreden unzähliger *gurus* dieses Landes. Diese «höchste» Realität, deren Erfassung das wichtigste

Ziel im menschlichen Leben ist, wird jenseits des begrifflichen Denkens, ja jenseits des Verstandes überhaupt angesiedelt. Intellektuelles Denken, Naturwissenschaften und andere Leidenschaften des Verstandes, die das Wesen der empirischen Welt zu erfassen suchen, werden in der indischen Kultur daher geringer geschätzt als die Praxis der Meditation oder selbst der Kunst, da ästhetische und spirituelle Erfahrungen als eng verwandt gelten. Die ästhetische Kraft der Musik und der Poesie – eine gut erzählte Geschichte oder ein gut gespieltes Schauspiel – sind im Glaubenssystem der indischen Kultur der Realität oft näher als das eigentliche Leben.

Diese Betonung des Spirituellen liegt auch den verschiedenen Schulen der Selbstverwirklichung – beispielsweise den Schulen des Yoga – zugrunde. Sie entspricht der emotionalen Färbung, wie Inder das Leben betrachten: nämlich als Kombination von Tragik und Romantik. Tragik insofern, als menschliche Erfahrungen von Zweideutigkeiten und Unsicherheiten geprägt sind, die dem Menschen kaum eine andere Wahl lassen, als die Last unbeantworteter Fragen, unausweichlicher Konflikte und unverständlicher Schicksalsschläge zu ertragen. Aber das Tragische wird von der indischen Vision der Erlösung – *moksha* – überlagert, die zu einer romantischen Suche wird. Sie belohnt den Suchenden – wenn er erst alle Gefahren und Hindernisse des Weges bewältigt hat – mit überirdischer Beglückung, die jenseits der gewöhnlichen menschlichen Erfahrung liegt.

Der Glaube an eine «höchste» Realität und die Sehnsucht nach dieser Erfahrung – diese Nostalgie der indischen Seele – sind im Leben der meisten Inder wie ein Leuchtfeuer «höheren Empfindens». Sie durchschneiden Klassenschranken und Kastengrenzen und überbrücken die Distanz zwischen ländlicher und städtischer Bevölkerung, zwischen Analphabeten und Gebildeten, zwischen Arm und Reich. Eine ironische Weltsicht hingegen, die eine distanzierte und heruntergespielte Haltung gegenüber dem Tragischen einnimmt und in der die Götter Tonfüße haben, findet man in Indien selten. Selbst bei denjenigen mit ausgeprägtem westlichen Lebensstil ist eine ironische Haltung gegenüber dem Spirituellen meistens eine Affektiertheit der Jugend, die normalerweise mit dem Älterwerden verschwindet.

Wenn also die Spiritualität so einen bedeutenden Platz im indischen Weltbild einnimmt, wäre davon auszugehen, dass sie die indische Psyche auch weiterhin konditioniert und auf ihre intellektuellen, künstlerischen und emotionalen Aspekte abfärbt. Mit anderen Worten, die indische Spiritualität hat verschiedene kulturelle Konsequenzen. Eine dieser Konsequenzen ist die überall anzutreffende Gegenwart von Hoffnung, selbst unter den tristesten Lebensumständen. Für Jahrhunderte hat die Zivilisation den Heranwachsenden die fast schon somatische Überzeugung vermittelt, dass es in unserer sichtbaren Welt eine verstecke Ordnung gibt, selbst wenn sie unerkannt bleibt. Dass es einen Lebensentwurf gibt, dem man trotz der Trauer, Grausamkeiten und Ungerechtigkeiten trauen kann. Die indische Psyche tendiert somit dazu, den auch nur kleinsten Hoffnungsstrahl in ein helles Licht zu verwandeln. Betrachtet man das Beispiel eines Mannes aus einem indischen Dorf, der heute in einem Slum in Delhi lebt, so arbeitet er kreuzbrechende vierzehn Stunden am Tag auf einer Baustelle, lebt mit sechs weiteren Mitgliedern seiner Familie in einer beengten Hütte mit nur einem Zimmer und isst, wenn überhaupt, abgestandenes Essen von einem angeschlagenen Teller. Er weist aber die Idee, dass das Leben in seinem Dorf besser sei, erstaunlicherweise zurück. Die Stadt mit ihren Möglichkeiten, zum Beispiel der Schulausbildung seiner Kinder, hat ihm einen Hoffnungsschimmer gegeben. Der Zyniker mag diese Anstrengungen, die ein Mensch auf sich nimmt in der Hoffnung auf ein besseres Leben, als vollkommen unrealistisch verwerfen, er mag in diesem Mann jemanden sehen, der selbst am dünnsten Strohhalm festhält, der nie gelernt hat, dass es so etwas wie übersteigerte oder leere Hoffnung gibt. Was aber diesen Mann und Millionen anderer so fröhlich und erwartungsvoll selbst unter den ungünstigsten ökonomischen und sozialen Umständen sein lässt, ist genau diese Hoffnung, die in gewisser Hinsicht das Gefühl vermittelt, die Zukunft zu besitzen, egal, wie weit diese Zukunft entfernt ist.

Eine weitere Konsequenz der spirituellen Orientierung ist die Faszination des gewöhnlichen Inders gegenüber dem Okkulten und ihren Vertretern. Astrologen, Wahrsager, Hellseher, Fakire, *sadhus* und andere Individuen, die besondere Kräfte für sich beanspruchen, sind in der indischen Gesellschaft überaus zahlreich vertreten. Sie werden hoch geschätzt, denn sie gelten in gewisser Weise als Menschen, die mit der letzten Realität in Kontakt stehen. Es sind nicht politische, soziale oder intellektuelle Führungspersonen, sondern die «Gottmenschen» und *gurus*, die zur Verkörperung der kindlichen Sehnsucht nach allmächtigen und perfekten elterlichen Vorbildern werden. Ihr Anspruch, in Kontakt zu einer anderen, höheren Realität zu stehen, verleiht ihnen den Glanz, übermenschlichen Status und moralische Stärken jenseits der durchschnittlichen Masse zu besitzen.

Der weitverbreitete Glaube an das Göttliche, das in jedem einzelnen Wesen verweilt, hat möglicherweise auch eine psychologisch wichtige Konsequenz: nämlich zu einem erhöhten Selbstwertgefühl zu führen, das der vorbewussten Überzeugung entspringt, man habe metaphysische Bedeutung. Gleichgültig, wie sozial erniedrigt oder ökonomisch bedeutungslos ein Mensch in seinem Alltagsleben auch ist, das Gefühl, gleichwertig wie jeder andere mit dem «Urgrund» verbunden zu sein – also im Zentrum des Universums zu stehen und nicht an seine äußersten Enden verbannt zu sein –, nährt das individuelle Selbstwertgefühl stillschweigend und wird zu einem Bollwerk gegen Verzweiflung und Wut in Bezug auf die Ungerechtigkeiten des Lebens.

Falsch und richtig

Wenn *moksha* das eigentliche Lebensziel ist, dann ist *dharma* – verschiedentlich als «Gesetz», «moralische Pflicht», «richtiges Handeln» oder «eins sein mit der Wahrheit der Dinge» übersetzt – der Weg, das angestrebte Ziel zu erreichen. Es gibt gegenwärtig weit verbreitet Klagen über den Mangel an *dharma* in sozialen Institutionen und bei Individuen. Traditionelle und moderne Inder stimmen darin überein, dass es kaum noch eine Institution gibt, in der diejenigen, die die Macht besitzen, nicht vom *dharma* abgefallen sind. Während moderne Inder bezüglich des moralischen Verfalls der Gesellschaft auf die großen sozialen Umschichtungen verweisen, die mit dem Aufkommen der modernen, egalitären Ideologien entstanden sind, machen Traditionalisten das Verschwinden des *dharma* einzig für die sozialen Konflikte, die Unterdrückung und Unruhe der indischen Gesellschaft verantwortlich. Was den *dharma* im individuellen Leben betrifft, so sind viele Inder der Überzeugung, dass der Mensch in einer weit entfernten Vergangenheit «wusste», dass es für sein spirituelles Fortkommen nicht wichtig ist, was jemand tut, sondern ob er im Sinne seines *dharma* handelt. Handlungen selbst – ob die eines Schusters oder Priesters, einer Hausfrau oder eines Bauern, eines Sozialarbeiters, der anderen dient, ihr Elend zu verringern, oder eines Asketen, der dem Elend um sich herum scheinbar indifferent gegenübersteht – werden als gleichwertig gut und gleichwertig richtig verstanden, wenn sie mit dem *dharma* der Person – mit seiner persönlichen Lebensaufgabe – übereinstimmen. Und da der Zauber von Geschichten von einem traditionellen Inder, der seinen Standpunkt bestärken will oder vermitteln möchte, wie die Welt beschaffen ist, oft als ein Weg des Nachdenkens über komplexe Situationen genutzt wird, würde er mehr als wahrscheinlich eine Geschichte wie diese erzählen:

«Es war einmal ein König, der mit seinem Gefolge am Ufer des Ganges spazieren ging. Es war die Zeit des Monsuns, der Fluss führte Hochwasser, und ungestüm strömten die Wassermassen dem Meer zu. Die ungeheure Breite und die starke Strömung des angeschwollenen Flusses erfüllten den König mit Ehrfurcht. Plötzlich – sich seiner eigenen Bedeutungslosigkeit bewusst werdend – sagte er zu seinen Ministern: Gibt es denn niemanden auf der Welt, der den Lauf dieses Stromes umkehren kann, so dass er vom Meer zu den Bergen fließt? Die Minister lächelten über die Naivität des Königs, doch eine Prostituierte, die die Frage zufällig mit angehört hatte, trat vor und sprach zu dem Fluss: Oh, Mutter Ganges, wenn ich stets danach gestrebt habe, meine Pflicht als Prostituierte zu erfüllen, indem ich mich jedem, der zu mir kam, hingegeben habe, ohne zwischen reich oder arm, hübsch oder hässlich, jung oder alt zu unterscheiden, dann kehre deinen Wasserlauf um! Die Wasser standen für einen Moment still, als ob sie überlegten, und dann begann der Fluss in umgekehrter Richtung zu fließen.»

In konservativen Kreisen werden die Ideologien der westlichen Moderne mit ihrem Anspruch auf Gleichheit und individuelle Freiheit, ihrer Hervorhebung materieller Belohnung statt der richtigen Geisteshaltung verantwortlich gemacht für den weit verbreiteten sozialen Neid, eine ungezügelte Gier und Egoismus, an der die indische Gesellschaft krankt. Viele würden schmerzlich zustimmen, dass von den Hauptelementen der traditionellen hinduistischen Weltanschauung der Verfall des *dharma* unter dem Druck der Moderne bereits weit fortgeschritten ist. Dennoch gibt es einen Aspekt des *dharma*, der für das Verständnis der indischen Psyche weiterhin unerlässlich ist – nicht nur für den orthodoxen Hindu. Denn selbst wenn man viele traditionelle Werte, die mit *dharma* assoziiert werden, ablehnt, ist dieses Konzept noch immer zentral in der Herausbildung der ethischen Sensibilität der Inder. Der Hauptzug dieser Sensibilität, in der sie von der jüdisch-christlichen und islamischen Kultur abweicht, ist ein ausgeprägter, ethischer Relativismus, der sich tief in die indische Denkweise eingegraben hat. In der indischen Psyche gibt es nicht so etwas wie «*eine* Wahrheit» oder «*die* richtige Handlung». Entsprechend ist auch der Druck sehr viel geringer, stets konsequent statt situationsbedingt zu handeln. Denn wie weiß man, was richtiges Handeln ist – man sich also in Übereinstimmung mit seinem *dharma* verhält?

Die traditionelle Antwort ist, dass man es nicht wissen kann, da «richtiges Handeln» für ein Individuum von vier Faktoren abhängt: von *desa*, der Kultur, in die es hineingeboren ist, von *kala*, der historischen Epoche, in der es lebt, von *shrama*, den Anstrengungen, die ihm in verschiedenen Lebensphasen abverlangt werden, und von *guna*, den angeborenen psychobiologischen Charaktereigenschaften, die das Erbe der früheren Leben eines Menschen sind. Ob etwas «richtig» oder «falsch» ist, ist relativ, es ist nur ableitbar aus der Gesamtkonfiguration der vier Koordinaten des Handelns. Der Einzelne kann diese Konfigurationen niemals in einem absoluten Sinn erkennen noch sie auch nur nennenswert beeinflussen. Auch gibt es kein verbindliches Buch wie die Bibel oder eine für alle Hindus verbindliche Autorität wie die Kirche, die helfen kann, Zweifel zu beheben und das Individuum anzuleiten, wie es in jeder nur denkbaren Situation handeln sollte. «Richtig» oder «falsch» sind immer relativ – *jede* Handlung kann also richtig … oder falsch sein.

Die hinduistische Ethik des *dharma*, die den Einzelnen insofern auch von der Verantwortung seines Handelns entlastet, verringert Schuldgefühle, die in anderen Kulturen erlebt werden, wenn jemand die strengen Handlungsvorschriften «du-sollst» oder «du-darfst-nicht» verletzt. Stattdessen wird ein Inder bei seinen Handlungen von dem nachsichtigeren und milderen – aber auch wesentlich zweischneidigeren – Prinzip «du kannst es versuchen, aber ob es richtig oder falsch ist, kann man nicht wissen» geleitet. Diese grundlegende Unsicherheit ermöglicht einerseits, unkonventionelle und riskante Handlungen zu erproben, andererseits wird die Wirksamkeit von Handlungen, die auf persönlicher Initiative beruhen, von einem bleibenden Zweifel begleitet. Mit anderen Worten, auf der Grundlage des eigenen, spontanen Urteils zu handeln, hieße, ein gewaltiges persönliches Risiko einzugehen, und für die Mehrheit wird ein solches unabhängiges, freiwilliges Handeln angesichts des Risikos vermieden. Vielmehr sucht man nach psychologischer Sicherheit, indem man tut, was die Ahnen taten oder was die eigene soziale Gruppe – in erster Linie die Kaste – vorgibt. Der Relativismus des *dharma*-Prinzips kann zur Stütze beider werden: von Tradition *und* Moderne, Innovation *und* Anpassung.

Der ethische Relativismus des *dharma* wurde von dem verstorbenen Dichter und Gelehrten A. K. Ramanujan auf die spezifisch indische Art des Denkens erweitert. In seinem stimulierenden Aufsatz «Is there an Indian way of thinking?»[2] beginnt Ramanujan mit Ausführungen zu einer Umfrage indischer Intellektueller, die vor dreißig Jahren durchgeführt wurde und in der sie gebeten wurden, den «indischen Charakter» zu umschreiben. Sie schrieben sehr kritische Kommentare und schienen alle in einer Sache übereinzustimmen, nämlich der indischen Eigenschaft der Heuchelei: Inder meinen nicht, was sie sagen, und sagen unterschiedliche Dinge zu unterschiedlichen Zeiten. Von vielen Reisenden des Okzidents und in anderen Berichten der letzten Jahrhunderte wurde über dieselbe Sache geklagt, und in der Tat bewog dies Max Müller, in seinen berühmten Vorträgen über Indien im Jahr 1883 diesen Anschuldigungen mit einem Kapitel «Der ehrliche Charakter der Hindus»[3] zu begegnen.

Die indische Widersprüchlichkeit wird auch heute noch als etwas ziemlich Rätselhaftes betrachtet: Wie kann ein Astronom mit gutem Ruf auch Astrologie praktizieren? Wie kann der im Westen ausgebildete Geschäftsführer eines multinationalen Konzerns Horoskope und heilige Männer für Familienentscheidungen konsultieren? Warum vertagt ein hochgebildeter Staatsminister ein wichtiges Treffen, nur weil die angesetzte Stunde astrologisch unheilversprechend ist?

Solche Widersprüchlichkeiten, versicherte Ramanujan, die nichts mit dem Grad der Bildung oder logischer Strenge zu tun haben, würden besser verstanden werden, wenn man erkennen würde, dass Kulturen entweder *kontextfreie* oder *kontextsensitive* Regeln in ihren Denkprozessen bevorzugen und dass Inder auf der Basis Kontextsensitivität statt Kontextfreiheit handelten. Was ist damit gemeint?

In der indischen Kultur gibt es, wie wir gesehen haben, keine Vorstellung einer *universalen* menschlichen Natur, so dass man sich letztendlich auch nicht auf allgemein gültige und für alle verbindliche ethische Regeln wie «du sollst nicht töten» oder «du sollst nicht die Unwahrheit sprechen» beziehen kann. Was eine Person tun oder lassen soll, hängt vom Kontext ab: Ein Priester darf nicht töten, ein Krieger aber hat die Pflicht zu töten. Manu, der Gesetzgeber im alten Indien, sagt zum Beispiel, dass einer aus der Kriegerkaste, der einen Brahmanen beleidigt, mit hundert *panas* bestraft wird, einer aus der Händlerkaste mit einhundertfünfzig oder zweihundert *panas*, und einer aus den niedrigen Kasten soll körperliche Strafe erleiden.[4] Selbst die *Wahrheit* zu sprechen ist nicht allgemein verbindlich. Dazu hier ein Zitat eines anderen altindischen Gesetzbuches: «Eine Unwahrheit, gesprochen von Menschen unter dem Einfluss von Wut, übermäßiger Freude, Angst, Schmerz oder Trauer, von Kleinkindern, von sehr alten Menschen, von Menschen mit Wahnvorstellungen oder unter dem Einfluss von Alkohol, bewirkt nicht den Sturz des Sprechers» (d.h., es ist keine Sünde).[5] Das christliche Gebot «Du sollst die Frau deines Nachbarn nicht begehren» wird von altindischen Gesetzbüchern ebenfalls geteilt, die verkünden: «(Denn) in dieser Welt gibt es nichts, was einem langen Leben so abträglich ist wie die sträfliche Unterhaltung mit der Ehefrau eines anderen Mannes.» Hindus sind sogar noch strenger in der Definierung des Ehebruchs: Mit einer Frau allein im Wald zu reden, ihr Geschenke zu überreichen, ihren Körperschmuck und ihre Kleidung zu berühren, mit ihr auf einem Bett sitzen – all dies sind ehebrecherische Handlungen.[6] Die Form der Strafe hängt von der entsprechenden Kaste der Ehebrecher ab, und es gibt ebenso Ausnahmen, wie beispielsweise die, über den Ehebruch mit Frauen von Schauspielern und Sängern hinwegzusehen. Im berühmtesten indischen Liebestext, dem Kamasutra, gibt es zwar ein Kapitel mit der Überschrift «Die Frauen anderer Männer», doch im Text wird Ehebruch ebenfalls missbilligt. Dennoch listet es eine Reihe von Ausnahmen auf, zum Beispiel, wenn unerwiderte Leidenschaft einen krank macht. Der Text fährt fort, verschiedene Arten der Verführung aufzuzählen, um die Frauen anderer Männer zu verleiten.[7] Die Position scheint zu sein: Du solltest es nicht tun, aber wenn du es tun musst, dann könntest du folgendermaßen vorgehen – aber natürlich hättest du es von vorneherein nicht tun sollen …

Tugenden sind ebenso kontextgebunden wie Überschreitungen. Tapferkeit mag für die Kriegerkaste eine Tugend sein, aber sicherlich nicht für jemanden aus der Händlerkaste. Ramanujan bemerkt, dass für die westlich-christliche Tradition, die auf der Prämisse der Universalität aufbaut (der goldenen Regel des Neuen Testaments), eine Sichtweise wie die indische, bei der jede soziale Schicht ihre eigenen Gesetze und ihre spezifische Ethik hat, verwirrend sein muss und letztlich zu einer Verunglimpfung führt.

Kontextsensitivität ist nicht nur ein Aspekt traditioneller Moral, sondern erstreckt sich auf alle Formen des Denkens und des kulturellen Lebens im gegenwärtigen Indien. Der Kulturpsychologe Richard Shweder, der deskriptive Ausdrücke des Oriya-Volkes in Ostindien und der Menschen im mittleren Westen Amerikas verglich, hat gezeigt, dass die Inder und Amerikaner Personen sehr unterschiedlich beschreiben.[8] Amerikaner charakterisieren andere mit abstrakten, generischen Ausdrücken wie «gut», «nett» usw., während die Inder konkrete kontextuelle Beschreibungen benutzten wie «er hilft mir», «bringt mir Süßigkeiten» usw. Die von den Indern getroffenen Beschreibungen waren situationsspezifischer und relationaler als die der Amerikaner. Indische Beschreibungen zielten auf Verhalten ab, sie beschrieben, was getan wurde, wo etwas getan wurde und für beziehungsweise mit wem es getan wurde. Die indischen Informanten sagten Dinge wie «Er hat kein Land zum Bebauen, aber er bebaut gern das Land anderer» oder «wenn es Streit gibt, kann er nicht an sich halten und muss etwas sagen» oder «er verhält sich gegenüber Gästen korrekt, aber es tut ihm Leid, wenn er Geld für sie ausgeben muss». Wie aus diesen Beispielen deutlich wird, ist es das *Verhalten* selbst, das bedeutsam ist und im Mittelpunkt steht, statt des *inneren Attributs*, das dem Verhalten zugrunde liegt. Diese Tendenz – situationsspezifische oder zwischenmenschliche Kontexte in einer Personenbeschreibung zu betonen – findet sich bei Indern aller sozialen Klassen, unabhängig vom Bildungsgrad. Es scheint somit, dass die Art und Weise, wie Inder Menschen beschreiben, nicht aus Mängeln sprachlicher Fähigkeiten entstehen, der Fähigkeit, konkrete Inhalte nicht zu einer generelleren Aussage abstrahieren zu können, sondern dass die generelleren Aussagen über Leute wie «nett» oder «gut» als bedeutungslos oder nicht informativ betrachtet werden.

Wenn Wahrheit relativ ist, wenn man sie niemals ganz wissen kann, dann hat man keine Wahl, als die Wahrheit anderer zu tolerieren. Die Wurzeln der oft gerühmten hinduistischen Toleranz mögen entsprechend in dieser kontextgebundenen Denkart liegen. Dennoch, wegen der engen Beziehung zum religiösen Glauben – den tiefsten Werten eines

Menschen – zeigt dieses spezifische zivilisatorische Erbe ethischen Handelns, das von seinem Kontext nicht zu lösen ist, Unterschiede in den religiösen Gemeinschaften.

In einer Studie zur kommunalen Gewalt zwischen Hindus und Muslimen in Hyderabad wurden die moralischen Urteile über die Interaktionen der beiden religiösen Gemeinschaften untersucht.[9] Diese Interaktionen erstreckten sich in Friedenszeiten über gemeinsames Essen mit einem Mitglied der jeweils anderen Gemeinschaft, gemeinsames Arbeiten, der Bestrafung, wenn sich über religiöse Inhalte der anderen Gemeinschaft belustigt wurde oder jemand eine Frau belästigt hatte. Wie aber verhielten sich die Gemeinschaften in Zeiten gewalttätiger Ausschreitungen, wenn beispielsweise Töten, Brandstiftung und Vergewaltigung die Regel sind?

Als es in den Gesprächen darum ging, Verhaltensweisen als Überschreitung zu beurteilen, verhielten sich Hindus im Vergleich sehr viel relativistischer und kontextueller als Muslime. Auch waren die Strafen für Taten, die als ungerecht beurteilt wurden, milder. Unabhängig von Alter und Geschlecht war die Aussage «das hängt davon ab» eine fast schon reflexive Antwort. Es wurden im Verhalten gegenüber Muslimen fast immer Antworten gegeben, die kontextuell, temporal oder räumlich formuliert waren. So konnte man oft Antworten hören wie: «Es wäre falsch gewesen, als die Zeiten anders (friedlich) waren, aber jetzt ist es nicht falsch.» Ein Individuum kann auf diese Art und Weise überzeugend sagen, dass ein und dieselbe Handlung falsch in richtigen Zeiten und richtig in falschen Zeiten ist. Raum ist auf ähnliche Weise in moralische Urteile einbezogen. Es wurde oft gesagt, dass Handlungen wie das Schlagen eines Muslims oder Brandstiftung und Plünderungen muslimischer Läden während der Ausschreitungen falsch sind, wenn sie in einer muslimischen Nachbarschaft stattfinden, aber richtig, wenn sie in einer mehrheitlich hinduistischen Nachbarschaft stattfinden. Als Konsequenz eines solchen kontextuellen Standpunktes rief falsches Verhalten bei Mitgliedern der Hindu-Gemeinschaft weit geringere Emotionen und Gefühle der Rechtschaffenheit hervor als die gleichen Handlungen unter Muslimen. Muslime waren sich klarer über die Richtigkeit oder Unrichtigkeit von Handlungen, selbst während der Ausschreitungen.

Die dritte grundlegende Vorstellung der hinduistischen Weltanschauung ist *karma*. Das populäre Verständnis von *karma* kommt mit den Worten eines nordindischen Dorfbewohners folgendermaßen zum Ausdruck: «Sogar zur Zeit seines Todes sollte ein Mensch wünschen, Gutes zu tun, und wünschen, an einem Ort wiedergeboren zu werden, wo er wieder Gutes tun kann. … Nach vielen Leben erlangt der Mensch *mukti* (ein anderes Wort für *moksha*)… Wenn jemand Böses tut, ändert sich seine Gestalt, und er fällt tiefer, bis er ein *jar* (etwas Unbelebtes) wird.»[10] Andere Hindus äußern wahrscheinlich dieselben Zwillingsvorstellungen, wenn man sie drängt zu sagen, welche Bedeutung *karma* für sie habe, nämlich erstens der endlose Kreislauf von Geburt und Tod, in dem eine Seele sich auf unterschiedlichen Existenzebenen entwickeln (oder zurückentwickeln) kann, und zweitens die Kontrolle dieses Verlaufs durch das *karma* der individuellen Seele – das Gleichgewicht «richtiger» und «falscher» Taten, die das Individuum von einer zur nächsten Geburt begleiten.

Psychologisch interessiert uns an der *karma*-Theorie am meisten die Idee der angeborenen Veranlagungen (*samskaras*), ein Erbe früherer Leben, von dem angenommen wird, dass ein Neugeborenes mit ihnen auf die Welt kommt und dass sie der Sozialisation des Kindes gewisse Begrenzungen auferlegen. Mit anderen Worten, Inder betrachten das Wesen eines Neugeborenen nicht als beliebig oder unbegrenzt formbar. Mit der Akzeptanz der kulturellen Vorstellung der *samskaras* gibt es wenig sozialen Druck, die Auffassung zu vertreten, dass die Entfaltungsmöglichkeiten eines Kindes voll ausgeschöpft werden könnten, wenn nur die Erwachsenen, die es pflegen, gut genug wären und beständig auf den Beinen, um ihr Bestes zu geben. Die Akzeptanz der inneren Grenzen eines Menschen, also einer gewissen «Schicksalsbeschränkung», gibt einem Inder nicht dieses Gefühl der Dringlichkeit und der Kampfbereitschaft gegen die Außenwelt. Ein großer Aktivismus in der Hoffnung auf plötzliche Metamorphosen und unbegrenzte Erfolge, die allein dem Individuum zuzuschreiben sind – eine Haltung, die viele Menschen westlicher Kulturen anzutreiben scheint –, ist ein Kampf, der nach hinduistischer Vorstellung auf dem falschen Schlachtfeld stattfindet und mit den falschen Waffen ausgetragen wird. Vielmehr ist es die Macht der *samska-*

ras (und damit die Komplexität des *karma*), die entscheidend in den Lebensverlauf des Einzelnen eingreift, wie die beliebte Fabel vom Mäusemädchen und dem heiligen Mann illustriert:

«Am Gangesufer lebte einst zusammen mit seiner Frau ein heiliger Mann mit dem Namen Yajnavalkya. Als er eines Tages in Meditation saß, spürte er, wie etwas Kleines, Weiches in seine Hand fiel. Als er seine Augen öffnete, sah er, dass es ein kleines Mäusemädchen war, das aus den Klauen eines über ihm kreisenden Adlers gefallen sein musste. Der heilige Mann hatte Mitleid mit der Maus und nutzte seine übersinnlichen Fähigkeiten, sie in ein kleines Mädchen zu verwandeln, und nahm sie mit nach Hause. Das Mädchen wuchs als Tochter des Ehepaares auf, und als es ins heiratsfähige Alter kam, wandte sich Yajnavalkyas Frau vorwurfsvoll an ihn und sagte: ‹Siehst du nicht, dass deine Tochter nun reif ist und einen Mann braucht?› ‹Du hast Recht›, antwortete Yajnavalkya, ‹ich habe entschieden, dass sie den besten Mann der Welt bekommen soll.› Dann rief er den Sonnengott an, und als dieser erschien, sagte er: ‹Ich habe dich zu meinem Schwiegersohn erwählt.› Dann wandte er sich an seine Tochter und fragte: ‹Möchtest du das Licht dreier Welten zum Mann?› Sie aber antwortete: ‹Ach Vater, er ist viel zu dick und rotgesichtig. Suche mir einen anderen Mann.› Der heilige Mann lächelte und fragte die Sonne, ob sie jemanden kenne, der noch besser als sie sei. Die Sonne antwortete: ‹Ach heiliger Mann, die Wolke ist noch stärker als ich, da sie mich bedecken kann.› Yajnavalkya rief den Wolkengott, doch als er seine Tochter um Zustimmung bat, sagte sie: ‹Ach Vater, er sieht viel zu mürrisch aus, suche mir einen anderen Mann.› Yajnavalkya fragte die Wolke, ob es auf der Welt etwas Besseres gäbe als sie, und die Wolke erwiderte: ‹Der Berg ist besser, denn er kann mich aufhalten.› Der heilige Mann rief den Berggott, aber als dieser erschien, rief das Mädchen: ‹Ach Vater, er ist gewaltig und plump, suche mir einen besseren Mann.› Yajnavalkyas Geduld war fast erschöpft, aber weil er seine Tochter liebte, fragte er den Berg, ob er jemanden Besseres kenne. Der Berg antwortete: ‹Die Maus, denn sie kann so viele Löcher in mich bohren, wie es ihr gefällt. Sie muss also stärker als ich sein.› Yajnavalkya rief die Maus, und als das Mädchen sie sah, rief es aus: ‹Vater, das ist der einzige Mann, mit dem ich glücklich sein kann. Ach, kannst du mich nicht in eine Maus verwandeln?› Der heilige Mann erfüllte ihren Wunsch, und als die beiden Mäuse in den Büschen verschwunden waren, ging er lächelnd nach Hause und sprach zu sich, obwohl die Sonne, die Wolke und der Berg als Bewerber vor ihr standen, musste das Mädchen wieder zu einer Maus werden – es konnte seine angeborene Natur nicht verleugnen.»

Die Vorstellung von einer karmischen Bilanz vorausgegangener Leben und den somit angeborenen Veranlagungen, mit denen man in sein jetziges Leben geboren wird, ermöglichen einem Hindu, die unvermeidbaren Enttäuschungen im Leben besser annehmen zu können, die selbst die am meisten Begünstigten treffen können. Während die Vorstellung nicht beeinflussbarer, angeborener Veranlagungen trösten und heilen kann, können sie ebenso dazu führen, dass individuelle Verantwortung verleugnet wird. So rief eine gut dreißigjährige Patientin, die sich durch einen Traum ihrer aggressiven Impulse gegen ihren Mann bewusst wurde, spontan aus: «Das kommt von meinen schlechten *samskaras.* Wie sehr ich mich auch bemühe, eine gute Ehefrau zu sein, meine *samskaras* hindern mich daran!»[11]

Ich und andere: Trennung und Verbindung

Wenn wir unser Leben alle als Mystiker beginnen, schwebend in einem Gefühl andauernder Einheit, in der es keinen Unterschied zwischen der äußeren Welt und einem selbst gibt, dann ist der Prozess, das «Ich» vom Umfeld des «Nicht-Ich» unterscheiden zu lernen, eine der wichtigsten Aufgaben in unseren frühesten Lebensjahren. Diese Aufgabe schließt das Erkennen mit ein – etwas, das später selbstverständlich ist, zumindest in unseren wachen Stunden und im Zustand relativer psychischer Gesundheit –, dass das «Selbst» von den «anderen» getrennt ist und nicht mit ihnen verschmilzt. Das Erlebnis der Trennung wird mit dem Lebensanfang assoziiert, auch wenn ihr Echo uns bis an unser Lebensende verfolgt und ihr Nachhall die Psyche in Zeiten psychischer oder spiritueller Krisen oft gewaltsam erregt.

Die indische Antwort auf das Dilemma und den Schmerz der unvermeidlichen Trennung ist, die anhaltende Verbindung des Einzelnen zur natürlichen Welt, dem Kosmos, den Göttern und anderen Menschen zu betonen. Diese einheitliche Vision von Soma und Psyche, Individuum und Gemeinschaft, Selbst und Welt zeigt sich bis heute in der Volkskultur. Von religiösen Riten bis zu Volksfeiern, von frommer Hingabe beim gemeinsamen Gesang im Tempel bis zum orgiastischen Exzess des *Holi-*

Festes (des indischen Farbenfestes) wird Trennung negiert und die Verbundenheit und Gemeinschaft zelebriert.

Der hohe kulturelle Wert, den die Verbundenheit einnimmt, äußert sich natürlich am deutlichsten in den Beziehungen zu anderen. Die Sehnsucht nach Gemeinschaft, die bestätigende Gegenwart anderer, die den «psychologischen Sauerstoff» liefern, ist das dominante Leitbild sozialer Beziehungen in Indien, insbesondere in der Großfamilie. Individualität und Unabhängigkeit sind keine Werte, die in indischen Familien gepflegt werden. Es ist beispielsweise nicht ungewöhnlich, dass Familienmitglieder, die häufig (und bezeichnenderweise) den Patienten zu einem ersten Gespräch bei einem Psychotherapeuten begleiten, sich über die *Autonomie* des Patienten als eines der Symptome seiner Störung beklagen. So beschrieben der Vater und die ältere Schwester eines 28-jährigen Ingenieurs mit einer psychotischen Störung ihre Sicht seines Hauptproblems als das einer unnatürlichen Autonomie: «Er ist sehr hartnäckig, wenn er seine Ziele verfolgt, ohne auf unsere Wünsche Rücksicht zu nehmen. Er glaubt zu wissen, was gut für ihn ist, und hört nicht auf uns. Er denkt, sein eigenes Leben und seine Karriere seien wichtiger als die Bedürfnisse des Rests der Familie.»[12]

Auch wenn der hohe kulturelle Wert, den die Verbundenheit in Indien einnimmt, sich am deutlichsten in den Beziehungen zu anderen äußert, ist es nicht so, dass Inder keine Selbstwahrnehmung als handelnde Subjekte haben oder sie nicht in der Lage sind zu funktionieren, wenn sie allein sind. Allerdings haben sie eine größere Bedürftigkeit, in Gemeinschaft mit anderen zu sein, betreut und angeleitet zu werden, und tendieren dazu, sich mit den Erfordernissen, die die äußere Welt ihnen abverlangt, gänzlich auf die Unterstützung anderer zu verlassen. Damit einhergehend, sind sie in stärkerem Maße Gefühlen der Hilflosigkeit ausgeliefert, wenn ihre Bindungen unter Spannung geraten.

Die Sehnsucht nach der bestätigenden Gegenwart der geliebten Person, das Leid, das sie verursacht, oder ihre Nichtverfügbarkeit und Unzugänglichkeit in Zeiten, wenn sie gebraucht wird, sind versteckter in westlichen Gesellschaften, wo das vorherrschende Wertesystem voraussetzt, dass individuelle Unabhängigkeit und Initiative «besser» seien als gegenseitige Abhängigkeit und Gemeinschaft. Aber natürlich hängt es vom Bild einer Kultur ab, das sie von einer «guten Gesellschaft» und von «persönlichen Tugenden» hat, ob das Verhalten eines Menschen in Beziehungen sich auf der Skala zwischen Isolation und Verschmelzung eher dem Isolationspol oder dem Verschmelzungspol nähert. Um mit einer Metapher Schopenhauers zu sprechen: Das Grundproblem menschlicher Beziehungen ähnelt dem von Igeln in einer kalten Nacht. Um der Wärme willen drängen sie sich aneinander, stechen sich und rücken wieder voneinander ab. Dann empfinden sie erneut Kälte und nähern sich wieder einander. Diese Bewegungen werden wiederholt, bis eine optimale Position erreicht wird, in der die Körpertemperatur über dem Gefrierpunkt liegt und dennoch die von den Stacheln verursachten Schmerzen – die Nähe des anderen – erträglich bleiben. Dieser Balanceakt zwischen Nähe und Distanz variiert von Kultur zu Kultur. In der indischen Gesellschaft – anders als in der modernen europäischen und nordamerikanischen Gesellschaft – ist die optimale Position mit der Hinnahme größerer Schmerzen verbunden, um entsprechend mehr Wärme zu erlangen.

Die Betonung der Verbundenheit spiegelt sich auch im indischen Körperbild, einem Kernelement in der Entwicklung der Psyche. Wie wir im Kapitel über Gesundheit und Krankheit bereits gesehen haben, besteht im traditionellen System der indischen Medizin – dem Ayurveda – alles im Universum, ob belebt oder unbelebt, aus fünf Formen der Materie (Erde, Feuer, Wind, Wasser und Äther), wobei jedes Element grobe und feine Formen aufweist. Unter bestimmten günstigen Bedingungen organisiert sich Materie in Form von Lebewesen. Die Körper der Lebewesen absorbieren beständig die fünf Elemente, die in der Umwelt enthalten sind. Für Ayurveda gibt es nichts in der Natur, das für die Medizin nicht relevant wäre. Das indische Körperbild betont insofern den intimen Zusammenhang des Körpers mit der Natur und dem Kosmos, dem unaufhörlichen Austausch beider, begleitet von beständigen Veränderungen im Körper. Mit anderen Worten, im indischen Körperbild gibt es keine Landkarte, keine Topographie des Körpers, sondern nur eine Ökonomie, d. h. Ströme, die in den Körper ein- und wieder austreten. Weiterhin ist es von Bedeutung, sich stets vor Augen zu halten, dass es aus indischer Perspektive keinen wesentlichen Unterschied zwischen Körper und Geist gibt. Der Körper wird lediglich als grobe Form der Materie betrachtet (*sthulasharira*), während der Geist oder die Psyche als eine feinere Form derselben Materie (*sukshmasharira*) verstanden wird.

Im Unterschied dazu wird der Körper in der westlichen Vorstellung klar umrissen. Er hebt sich deutlich gegen die übrigen Objekte in der Welt ab. Diese Betrachtungsweise, bei der der Körper als eine uneinnehmbare Festung gesehen wird, mit nur einer begrenzten Anzahl von Zugbrücken, die nur einen lockeren Kontakt zur Außenwelt aufrechterhalten, hat ihre eigenen kulturellen Konsequenzen. Uns scheint, dass man sich im wissenschaftlichen und künstlerischen Diskurs des Westens mit deutlicher Vorliebe mit dem beschäftigt, was *innerhalb* der Festung des individuellen Körpers vor sich geht. Vorzugsweise sucht man Verhaltensprozesse durch Psychologien zu erklären, die aus der Biologie stammen, wobei die natürliche und übernatürliche Umwelt mehr oder weniger ausgeschlossen bleiben. Unabhängig von ihrem wissenschaftlichen Versprechen kann die gegenwärtige Betonung der genetischen Erklärung aller emotionalen Störungen auch als eine Konsequenz des westlichen Körperbildes gedeutet werden. Die natürlichen Aspekte der Umwelt – die Qualität der Luft, die Fülle an Sonnenschein, das Vorhandensein von Vögeln und Tieren, die Pflanzen und Bäume – werden, sofern man sie überhaupt in Betracht zieht, als relativ bedeutungslos für die geistige und emotionale Entwicklung des Menschen angesehen. Angesichts des westlichen Körperbildes ist es begreiflich, dass die «kuriosen» indischen Vorstellungen über die Auswirkungen der natürlichen Welt auf Körper und Seele des Menschen – z. B. der Einfluss von Planetenkonstellationen, irdischen Magnetfeldern, Jahreszeiten- und Tagesrhythmen, Edelsteinen und Edelmetallen – summarisch ins Reich der Phantasie verwiesen werden, wo sie nur für die kleine Gruppe der «Spinner» und Esoteriker der westlichen Gesellschaft von Interesse sind.

Nicht nur der Körper, sondern auch die Gefühle werden mit der im indischen Weltbild hervorgehobenen Verbundenheit allen Seins anders verstanden. Gefühle wie Sympathie, Zwischenmenschlichkeit und Scham – alles Gefühle, die mit anderen Menschen zu tun haben – haben Vorrang, während die mehr individualistischen Gefühle wie Wut oder Schuld sekundär sind. Die indische Psyche hat es schwerer, Wut und Schuld zu erfahren und auszudrücken, hat es im Vergleich mit der westlichen Psyche aber leichter, mit Gefühlen von Scham und Sympathie umzugehen. Falls Stolz offen ausgedrückt wird, so ist er weniger auf den Einzelnen selbst als auf das Kollektiv gerichtet, von dem man ein Teil ist. Im Umfeld der Motivation – betrachtet man die Ursachen, die Menschen zu Taten bewegen – tendieren Westler mit ihrer mehr individualistischen

Ansicht des Selbst dazu, sich für solche Taten motivieren zu lassen, mit denen inneren Werten – wie beispielsweise Unabhängigkeit – Ausdruck verliehen wird. Inder hingegen mit ihrem stärker gemeinschaftlich orientierten Blick tendieren dazu, sich für Taten motivieren zu lassen, die ihre Verbundenheit mit anderen stärken. Oberflächlich betrachtet, mögen die Taten von bemerkenswerter Ähnlichkeit sein, zum Beispiel unglaublich hart zu arbeiten, um eine Beförderung zu bekommen, die Quelle aber, aus der sich die stärkende Motivation speist, kann in beiden Fällen sehr unterschiedlich sein: Im Fall des Westlers mag der Leistungswille im Vordergrund stehen, im Fall des Inders die Vorstellung, wie stolz die Familie sein wird. Deshalb tendieren Inder dahin, ihre Familien zu idealisieren. Familienmythen und Familienstolz sind vorherrschend, und Inder orientieren sich mit ihren Vorbildern und Leitfiguren fast ausschließlich an Familienmitgliedern – sehr häufig an einem Elternteil – und nicht an Popstars und anderen Ikonen westlicher Jugendlicher.

Diese stärkere Einbeziehung des Menschen in die Gemeinschaft – die Betonung der «dividuellen»[13] (statt individuellen) Natur des Menschen – ist auch in die wichtigsten Inhalte der indischen Kunst eingeflossen. In der traditionellen indischen Malerei und besonders in der Tempelkunst wird der Mensch nicht als isolierte Erscheinung, sondern in seiner Umgebung aufgehend dargestellt. Die Skulpturen sind, wie Thomas Mann in seiner Novelle «Die vertauschten Köpfe» bemerkt, «ein allumfassendes labyrinthisches Fließen des Tierischen, Menschlichen und Göttlichen ... in dem sich Sichtweisen der realen Welt miteinander vermischen, leidend und genießend in tausend Formen durcheinander wimmelnd, sich verzehrend, ineinander aufgehend.»[14]

Die auf Beziehungen ausgerichtete Orientierung oder der vorrangige Eros in der indischen Psyche – Eros nicht in seiner engeren sexuellen Bedeutung, sondern im weiteren Sinn als «Verbundenheit», bei der sexuelle Kontakte nur die intimste der Verbindungen sind – führen leicht dahin, sich konform und konventionell zu verhalten, und lassen den Inder alt erscheinen, selbst wenn er jung ist. Andererseits fördert die westliche, individualistische Orientierung die Neigung zur Selbstüberhöhung und den Glauben, dass die Erfüllung der Bedürfnisse, überwiegend auf den Konsum bezogen, die königliche Straße zum Glück ist. Mit der postmodernen Betonung von «fließenden Identitäten» und der Unbeständigkeit von Beziehungen verkörpert der moderne, westliche Mensch (wie auch der Inder der Oberschicht), was die Jungianer als *puer aeternus* bezeichnen: den ewigen Jugendlichen, immer *seine* Träume verfolgend, voller Vitalität, aber ermüdend für diejenigen um ihn herum.[15]

Damit soll natürlich keine vereinfachte Dichotomie zwischen dem westlichen Bild eines individuellen, autonomen Selbst und dem an Beziehungen orientierten, überpersönlichen Selbst der indischen Gesellschaft nahe gelegt werden. Dies sind prototypische Muster, die in keiner Gesellschaft in reiner Form existieren. Die Autonomie des Selbst, wie es die Psychotherapie mit Patienten der westlichen Mittelschicht nahe legt, ist in der Realität ebenso prekär wie auch die Vorstellung eines indischen Selbst, dass mit seiner ihn umgebenden Familie und Gemeinschaft verschmilzt. Beide Visionen menschlicher Erfahrung sind allen größeren Kulturen eingeschrieben, obgleich Kulturen die eine Erfahrung auf Kosten der anderen betonen und hervorheben mögen. Historisch gesehen, war der Wert der Gemeinschaft und ihrer bestehenden Ordnung auch in der westlichen Tradition von großer Bedeutung, obgleich er mit der Aufklärung in den letzten Jahrhunderten in den Hintergrund gedrängt wurde. Dieser sogenannte Wert der Gegenaufklärung ist Teil relativistischer und skeptischer Traditionen und reicht weit in die Geschichte westlicher Kulturen zurück. Er betont, dass die Zugehörigkeit zu einer Gemeinschaft grundlegendes Bedürfnis des Menschen ist, dass ein Mensch nur dann am Fluss des Lebens teilhaben und ein vollständiges, kreatives und spontanes Leben führen kann, wenn er wirklich einer solchen Gemeinschaft angehört, auf natürliche Weise und ohne darüber nachdenken zu müssen. Ebenso sind die Freuden der Individualität und ein von Lust getriebenes Leben in Indien nicht vollkommen unbekannt, sondern nehmen gegenwärtig bei vielen modernen Indern wieder einen größeren Raum ein.

Männlich und weiblich

Ein weiteres Grundthema der indischen Psyche, das sich anders gestaltet als in der westlichen Kultur, bezieht sich auf die Differenzierung der Geschlechter, die wir zuerst als Säuglinge machen; nämlich die tiefe Einsicht, dass alle Menschen entweder männlich oder weiblich sind. Diese Differenzierung ist zwar universal, aber unser kulturelles Erbe formt in uns weiter aus, was männliches oder weibliches Sein, Denken, Aussehen und Verhalten ist. Dies zeigt sich sehr deutlich in griechischen und römischen Skulpturen, die – wie wir finden – die *westlichen* Geschlechtsvorstellungen stark beeinflusst haben. Hier werden männliche Götter mit sehnigen, stark muskulösen Körpern und Brustkörben ohne eine Spur von Fett dargestellt. Man braucht diese Darstellungen nur einmal mit den Skulpturen hinduistischer und buddhistischer Götter zu vergleichen, bei denen die Körper weicher und runder gearbeitet sind. Diese Nähe indischer Götter zur weiblichen Form zeigt sich besonders deutlich in dem Bildnis des buddhistischen *bodhisattva* Avalokiteshvara, der mit seiner jungenhaften Figur oft in traditionell weiblicher Pose gezeigt wird. Aus dieser sexuell mehrdeutigen Figur des Avalokiteshvara leitet sich später die chinesisch-buddhistische Göttin Kuan-Yin ab.[16] Die Minimalisierung der Unterschiede zwischen Weiblichkeit und Männlichkeit in indischen Skulpturen findet seinen Höhepunkt in der Gestalt des Ardhanarishvara, «halb Mann, halb Frau», eine Form des großen Gottes Shiva, vertikal geteilt in eine männliche und eine weibliche Körperhälfte.

Die geringeren visuellen Unterschiede zwischen männlich und weiblich werden außerdem verstärkt durch eine wichtige, vielleicht dominante Form der indischen Religiosität, der *bhakti*. Unter *bhakti* versteht man eine fromme, liebende Hingabe an das Göttliche. In ihr werden feminine Bestrebungen zu einer religiös-spirituellen Suche erhoben. Im frommen Vaishnavismus beispielsweise ist allein der Gott *Krishna* männlich, und alle Anhänger – gleichgültig, welchen Geschlechts – werden als weiblich betrachtet. Es ist eine Kultur, in der einer der größten Sanskritdichter der Liebe – Amaru – den Ruf hatte, die einhunderterste Reinkarnation einer Seele zu sein, die in ihren ersten hundert Leben weibliche Körper bewohnt hatte. Eine Kultur, in der die Stimme des Tamil-Heiligen und Dichters Nammalavar, der 370 Gedichte über die Liebe schrieb, stets eine weibliche Stimme war.[17] Es ist eine Kultur, in der weibliche Eigenschaften sich mit männlichen zu einem höheren menschlichen Wesen vereinen. Es ist eine Kultur, in der der große Nationalheld Mahatma Gandhi verkünden kann – und dabei auf Aufgeschlossenheit bei seinen Zuhörern trifft –, dass er geistig zu einer Frau geworden sei und dass es guten Grund für einen Mann gebe zu wünschen, als Frau wiedergeboren zu werden.

Das Vorhandensein unterschiedlicher kultureller Deutungen männlicher und weiblicher Körperideale hat dazu geführt, dass beispielsweise Europäer in der Kolonialzeit indische Männer als unmännlich bezeichnet haben – einmal abgesehen von den sogenannten Kriegerrassen, nämlich den Sikhs, Rajputs und Jats. Derartige Körperbilder sind reflexive Urteile unserer tief sitzenden und kaum reflektierten Überzeugungen davon, was maskulin und feminin ist, was männlich und was unmännlich ist. Würde man versuchen, die sexuelle Differenzierung von Menschen auf einer Skala graphisch darzustellen, dann wäre ein Minimum an Differenzierung nötig, um mit einer gewissen Lust heterosexuell zu funktionieren. Und am anderen Ende der Skala ein Maximum, das jegliche Empathie und den emotionalen Kontakt mit dem anderen Geschlecht abschneidet. Zwischen diesen beiden Polen gibt es ein Spektrum geschlechtlicher Positionierungen, die von der einen oder anderen Kultur besetzt sind, wobei jede Kultur beansprucht, dass ihre Einstellung die einzige reife und gesunde ist.

Schlussfolgernd wollen wir noch einmal betonen, dass die hinduistische Weltanschauung, die indische Orientierung an Beziehungen, die Kontextsensitivität und die geringere sexuelle Differenzierung, die zur Bildung der indischen Psyche beitragen, keine Abstraktionen sind, die von Erwachsenen mehr oder weniger vage erfasst werden. Sie sind Bestandteile der Psyche eines Inders, die vom Kind in seiner Beziehung zu seinen Bezugspersonen als der Welt zugrunde liegende Wahrheiten absorbiert werden. Selten einer bewussten Kritik unterzogen, ist dieser kulturelle Teil der Psyche weder vollkommen universell noch zutiefst idiosynkratisch. Die geistige Darstellung unseres kulturellen Erbes bleibt unser Leben hindurch in konstantem Austausch mit den universellen und individuellen Aspekten unserer Psyche, wobei jede die andere zu jedem Zeitpunkt unseres Seins beeinflusst und formt.

Anmerkungen

Einleitung

1 J. McCrindle, «Ancient India as Described by Megasthenes and Arrian», Calcutta, Chukkervertty, Chatterjee & Co., 1960: 100.
2 Jawaharlal Nehru, «The Discovery of India», Calcutta, Signet Press, 1946: 30.
3 N. C. Chaudhuri, «The Continet of Circe», London, Chatto and Windus, 1965: 86.

Der hierarchische Mensch

1 Sunanda K. Datta-Ray, «Where rank alone matters», in: The Times of India, 24. Juni 2005.
2 Unterschiedliche Studien zum Thema wurden zusammengefasst von Patricia Uberoi, in: P. Uberoi (Hg.), «Family, Kinship and Marriage in India», Delhi, Oxford University Press, 1993: 387.
3 In einer kürzlich veröffentlichten Studie über junge Menschen im Alter von 18–35 Jahren aus 14 Großstädten Indiens bevorzugten 68 % der Befragten, in Großfamilien zu leben, wobei etwas mehr Männer als Frauen diesen Wunsch äußerten. Vgl. India Today, 26. Februar 2006: 44.
4 Ein Großteil des Folgenden basiert auf S. Kakar, «Kindheit und Gesellschaft», Frankfurt/M., Nexus Verlag, 1988, Kapitel 3.
5 Siehe auch André Béteille, «The Family and the Reproduction of Inequality», in: P. Uberoi (Hg.), Family, Kinship and Marriage, op. cit.: 435–451.
6 Louis Dumont, «Homo Hierarchicus: The Caste System and ist Implications», Chicago, University of Chicago Press, 1980.
7 Morris Lewis, «Language, Thought and Personality in Infancy and Childhood», New York, Basic Books, 1964: 33.
8 Sudhir Kakar, «The Theme of Authority in Social Relations in India», in: Journal of Social Psychology, Vol. 84, 1971: 93–101. Im Folgenden bezieht sich der Text zu Autoritätsbeziehungen in indischen Familien überwiegend auf Sudhir Kakar, «Kindheit und Gesellschaft», op. cit., Kapitel 4.
9 Vgl. auch Jagdeep Chhokar, «Leadership and Culture in India», in: J. S. Chhokar et al. (Hgs.), Culture, Leadership and Organizations. The Globe Book of Countries, im Druck. Siehe auch P. Singh und A. Bhandarker, «Corporate Success and Transformational Leadership», New Delhi, Wiley Eastern, 1990.
10 J. B. P. Sinha, «The Nurturant Task Leader», New Delhi, Concept, 1979.
11 Sudhir Kakar et al., «Leadership in Indian Organizations from a Comparative Perspective», in: Int. Journal of Cross Cultural Management, Vol. 2(2), 2002: 239–250.
12 *G*lobal *L*eadership and *O*rganizational *B*ehavior *E*ffectiveness.
13 Robert J. House et al., «Leadership Culture and Organizations: The GLOBE study of 62 societies», Thousand Oaks, California, Sage-Verlag, 2004.

14 M. Javidan et al., «Cross-border transfer of knowledge: Cultural lessons from Project Globe», in: Academy of Management Executive, Vol. 19(2), 2005: 59–76. Die anderen Vergleiche sind ebenfalls diesem Artikel entnommen. In Bezug auf frühere internationale Studien, die den «Abstand durch Macht» untersuchten, vgl. G. Hofstede, «Cultures Consequences», London, Sage-Verlag, 1980.

15 Ältere anthropologische Studien bestätigen, dass dieses Muster zentral in der Vater-Sohn-Beziehung ist; vgl. David G. Mandelbaum, «Society in India», Berkeley, University of California Press, 1970, Vol. 1: 60; Adrian C. Mayer, «Caste and Kingship in Central India», London, Routledge, Kegan and Paul, 1970: 218; Aileen D. Ross, «The Hindu Family in its Urban Setting», Toronto, University of Toronto Press, 1962: 10.

16 S. Kakar, «Kindheit und Gesellschaft in Indien», op. cit.: 243–244.

17 Parmahansa Yogananda, «Autobiography of a Yogi», Los Angeles, Self-Realization Fellowship, 1972: 268.

18 Jaipaul L. Roopnarine und Preeti Suppal, «Kakar's Psychoanalytic Interpretation of Indian Childhood: The Need to Emphasize the Father and Multiple Caregivers in the Socialization Equation», in: Dinesh Sharma (Hg.), Childhood, Family and Sociocultural Change in India, Delhi, Oxford University Press, 2003: 115–137; siehe auch Steve Derne, «Culture Family Structure, and Psyche in Hindu India», in: D. Sharma (Hg.) op. cit.: 88–114.

Die innere Erfahrung des Kastenwesens

1 Oder, wie Dumont es ausdrückt, der Gegensatz von rein und unrein; vgl. L. Dumont, «Homo Hierarchicus», op. cit., S. 43. Die meisten führenden Autoritäten über das Kastenwesen teilen Dumonts Ansicht, vgl. z. B. F. G. Bailey, «Caste and the Economic Frontier», Manchester, Manchester University Press, 1957; McKim Mariott, «Interactional and Attributional Theories of Caste Ranking», in: Man, Vol. 39, 1959: 92–107; M. S. Srinivas, «Caste in Modern India and other essays», Mumbai, Asia Publishing House, 1962: 150–151. Obgleich einige Autoren, die über das Kastenwesen gearbeitet haben, andere Ordnungsprinzipien der Kastenhierarchie vorgeschlagen haben (z. B. der Gegensatz von glückverheißend und nicht glückverheißend bei Raheja, Das und Uberoi oder von Statusunterschieden bei Milner und Sheth), stützen die meisten Gelehrten die These der Kriterien von Reinheit und Verschmutzung.

2 Zitiert in Irawati Karwe, «What is Caste?», in: Economic Weekly, Vol. 11, 1959: 157.

3 Stephen Fuchs, «At the Bottom of Indian Society: The Harijans and other low castes», New Delhi, Munshiram Manoharlal Publishers, 1981: 238. Eine Zeitungsgeschichte aus Südindien berichtete von der Herabsetzung, die von den Dalits gegenüber einer Gemeinschaft ausging, die noch niedriger in der Hierarchie als die Dalits selbst betrachtet wurden. Dieses sind die Vannars, die gezwungen werden, für Nahrung als Zeichen ihrer Minderwertigkeit und Degradierung zu betteln: «Diejenigen, die sich der alten Hierarchie widersetzen, werden gnadenlos unterdrückt. Es gab Vorkommnisse, wo sich Vannars in einigen Dörfern weigerten, ihr Essen zu erbetteln. Aber sie wurden entweder gezwungen, sich einzupas-

sen, oder aus dem Dorf gejagt.» In: P.C. Vinoj Kumar, «Wretched of the Earth», Tehelka, 13. 8. 2005.

4 Louis Dumont, «Religion, Politics and History in India», The Hague/Paris, 1970.

5 Wörtlich: «Fünfte», also die soziale Gruppe der «Kastenlosen», die unterhalb der vier *varna*-Kasten angesiedelt ist.

6 Mohandas K. Gandhi, «Collected Works of Mahatma Gandhi», New Delhi, Publications Division, Vol. 28, Government of India: 137.

7 Alan Dundes, «Two Tales of Crow and Sparrow», Lanham, Rowman und Littlefield, 1997.

8 Vamik Volkan, «An Overview of Psychological Concepts», in: V. Volkan et al. (Hgs.), The Psychodynamics of International Relationships, Lexington, Lexington Books, 1990: 31–46.

9 M. K. Gandhi, «Speech and Supressed Classes Conference, April, 13, 1921», in: Collected Works, op. cit. Vol. 23: 42.

10 Lawrence Kubie, «The Fantasy of Dirt», Psychoanalytic Quaterly, Vol. 6, 1937: 391.

11 Sheila Dhar, «Siddheswari Devi: A bird of paradise», in: dies., «Here's Someone I'd like you to meet: Tales of Innocents, Musicants and Bureocrats», Delhi, Oxford University Press, 1996: 129–154.

12 L. Dumont, «Homo Hierarchicus», op. cit., 54. In der Verbindung von Schmutz und Kastenhierarchie betrachtet der Soziologe Milner Schmutz mehr als etwas Soziales als Physisches; siehe Murray Milner, «Status and Sacredness: A General Theory of Status Relations and Analysis of Indian Culture», New York, Oxford University Press, 1994.

13 Durga Bhagvat, «The Sparrow and the Crow», Indian Folklore 2, 1959: 213–215, zitiert aus: A. Dundes, «Two Tales of Crow and Sparrow», op. cit.: 32–33.

14 André Béteille, «The Family and the Reproduction of Inequlity», op. cit.: 448–449.

Die indische Frau: Tradition und Moderne

1 Um ein anderes Beispiel zu geben, der Indologe William Sax hat gezeigt, dass Darstellungen von Gestalten in hinduistischen Mythen stärker von der Kaste als dem Geschlecht bestimmt sind. Vgl. W. Sax, «Gender and the representation of Violence in Pandava Lila», in J. Leslie / M. McGee (Hgs.), Invented Identities: The Interplay of Gender, religion and Politics in India, New Delhi, Oxford University Press, 2000: 252–264.

2 Mrinal Pande, «Daughter's Daughter», New Delhi, Penguin, 1993: 85/86. Die Beschreibungen vom Heranwachsen eines Mädchens im traditionellen Indien basieren auf S. Kakar, «Kindheit und Gesellschaft», op. cit.: 91; einige der Beschreibungen zur modernen Frau stammen aus S. Kakar, «Modernity and female childhood», in: ders., Culture and Psyche: Selected Essays, Delhi, Oxford University Press, 1997: 60–73.

3 A. A. MacDonell, Vedic Religion: 165, zitiert aus R. M. Das, «Women in Manu and His Seven Commentators», Varanasi, Kanchana Publications, 1962.

4 J. L. Roopnarine et al., «Characteristic of Holding, Pattern of Play and Social Behaviors between Parents and Infants in New Delhi, India», in: Developmental Psychology, Vol. 26(4), 1990: 667–673.

5 M. Pande, «Daughter's Daughter», op. cit.: 45.

6 Vgl. z. B. L. Bennett et al., «Gender and Poverty in India: A World Bank Country Study», Washington D.C., World Bank, 1991. Die Diskriminierung von Mädchen bewahrheitet sich sogar bei progressiven Bundesstaaten wie Tamil Nadu, wo Bildung und Berufstätigkeit von Mädchen überdurchschnittlich hoch sind; siehe T. K. Sundari Ravindran, «Female Autonomy in Tamil Nadu», in: Economic and Political Weekly, 17.–24. April 1999: WS 34–44.

7 S. Anadalakshmy (Hg.), «The Girl Child and the Family», Delhi, Dep. Of Women and Child Development, Ministry of HRD, Govt. of India, 1994.

8 Vgl. S. Kakar, «Kindheit und Gesellschaft in Indien», op. cit.: 79/80.

9 M. Pande, «Daughter's Daughter», op. cit.: 45.

10 S. Kakar, «Kindheit und Gesellschaft in Indien», op. cit.: 80.

11 The Laws of Manu, Übersetzer: G. Bühler, in: Max Müller (Hg.), «Sacred Books of the East», Vol. 25, Oxford, Clarendon Press, 1886: 56; im Folgenden angeführt als *Manu.*

12 R. K. Verma und R. Ghadially, «Mother's Sex-role Attitudes and Demands», in: Indian Journal of Social Work, Vol. XLVI(1), 1985: 105–111.

13 S. S. Luthar und D. Quinlan, «Parental Images in two Cultures: A Study of Women in India and America», in: Journal of Cross-Cultural Psychology, Vol. 24(2), 1993: 186–202.

14 In einer Untersuchung über städtische Jugend in der Ausgabe «India Today» vom 20.2.2006, befürworten inzwischen 71% der jungen Menschen die Aussage: «Scheidung ist besser als eine schlechte Ehe.»

15 Vgl. auch Leela Dube, «Anthropological Exploration in Gender: Intersecting Fields», New Delhi, Sage, 2001.

16 S. Anandalakshmy, «The Girl Child and the Family», op. cit.: 66.

17 Vgl. M. Eapen und P. Kodoth, «Family Structure, Women's Education and Work: Re-examining the High Status of Women in Kerala», in: S. Mukhopaqdhyay und R. M. Sudarshan (Hgs.), «Tracking Gender Equity and Economic Reform: Continuity and Change in South Asia», New Delhi, Kali for Women, 2003: 227–267.

18 Vgl. Sundari Ravindran, «Female Autonomy in Tamil Nadu», in: Economic and Political Weekly, 17.–24. April 1999.

19 Siehe auch Lindsey Harlan/Paul B. Courtright, «From the Margins of Hindu Marriage», New York/Oxford, 1995: 5.

20 Sundari Ravindran, «Female Autonomy in Tamil Nadu», op. cit: WS 38.

21 In dem schönen Gefühl, das das «Happy End» der Bollywood-Filme auslöst, übersieht man häufig, dass die Liebesheirat des Helden und der Heldin quasi zur arrangierten Heirat wird, wenn eines oder beide Elternpaare am Ende des Filmes ihre Opposition zu der Heirat aufgeben, alle zusammenkommen und das junge Paar segnen.

22 Vgl. S. Kakar/J. M. Ross, «Über die Liebe und die Abgründe des Gefühls», München, Beck Verlag, 1986, Kapitel 1.

23 Sundari Ravindran, «Female Autonomy in Tamil Nadu», op. cit.: WS 38.

24 Vgl. S. Kakar, «Intime Beziehungen «, Frauenfeld, Waldgut Verlag, 1994, Kapitel 5.

25 G. N. Ramu, «Women, Work and Marriage in Urban India», Delhi, Sage Publications, 1990.

26 Otto Kernberg, «Love, the Couple and the Group: A Psychoanalytic Frame», in: Psychoanalytic Quaterly, Vol. 49, 1980: 78–108.

Sexualität

1 Michael Castleman, «Review of Wendy Doniger and Sudhir Kakar's Kamasutra: A New Translation», London/New York, Oxford University Press, 2002, in: Salon.com, 29.5.2002. Sudhir Kakar/Wendy Doniger, «Kamasutra», Verlag Klaus Wagenbach, Berlin, 2004: 36ff. Die Zitate des Kamasutra sind Donigers Übersetzung aus dem gleichen Buch entnommen, auf das sich im Folgenden als Kamasutra bezogen wird.
2 Richard Schmidt, «Beiträge zur Indischen Erotik. Das Liebesleben der Sanskritvölker», Berlin, Verlag Barsdorf, 1911: 1.
3 Kalidasa, «Kumara Sambhava», Vers 8.1, in: V. P. Joshi (Hg.), The Complete Works of Kalidasa, Leiden, E. J. Brill, 1976.
4 Manu: 5:154.
5 Kamasutra, 6.3.41–43.
6 Manu, 9.15.
7 Kamasutra, 5.1.8.
8 Kamasutra, 2.10.6–13.
9 Kamasutra, 2.2.31.
10 Varahamira, «Brihatsamhita», Vol. 2: 74.20, übersetzt von M. R. Bhat, Delhi, Motilal Banarsidas.
11 Jayadeva, Gitagovinda, engl. Übersetzung von Barbara Stoler Miller, New York, Columbia University Press, 1977: 89.
12 A. Bouhdiba, «La Sexualite en Islam», Paris, Presses Universitaires de France, 1975.
13 Wendy D. O'Flaherty (W. Doniger), «Asceticism and Eroticism in the Mythology of Siva», London, Oxford University Press, 1973: 51.
14 Siehe Sarah Bott und Shireen Jejeebhoy, «Adolescent Sexual and Reproductive Behavior: A Review of Evidence from India», in: R. Ramasubban und S. Jejeebhoy (Hgs.), «Women's Reproductive Health in India», Jaipur, Rawar Publications, 2000: 40–101.
15 Gruppeninterview mit Studentinnen der Mittelschicht, Delhi, 21.11. und 23.11.1998, vgl. K. Poggendorf-Kakar, «Hindu-Frauen zwischen Tradition und Moderne», Stuttgart/Weimar, J. B. Metzler Verlag, 2002: 81 und 54.
16 R. B., Studentin, 19 Jahre, Delhi, 27.1.1998, vgl. K. Poggendorf-Kakar, «Hindu-Frauen zwischen Tradition und Moderne», op. cit.: 82.
17 S. Kakar, «Intime Beziehungen, op. cit.: 20.
18 V. Geetha, «On Bodily Love and Hurt», in: M. John und J. Nair (Hgs.), «A Question of Silence? The Sexual Economies of Modern India», Delhi, Kali for Women, 1998: 304–331.
19 S. Kakar, «Intime Beziehungen», op. cit.: 30.
20 S. Ravindran, «Female Autonomy in Tamil Nadu», op. cit: WS 42.
21 Mrinal Pande, «Stepping Out: Life and Sexuality in Rural India», Delhi, Ink India, 2003.

22 S. Kakar, «Intime Beziehungen», op. cit: Kapitel 5.

23 M. E. Khan et al., «Sexual Violence within Marriage», in: Seminar, Vol. 447, 1996: 32–35; zitiert in: S. Jejeebhoy und S. Bott, «Non-consensual sexual experiences of young people: A review of evidence from developing countries», Delhi, Population Council, 2003: 9. Siehe auch Annie George, «Newly married adolescent women: experiences from case studies in urban India», in: S. Bott, et. al. (Hgs.), «Toward Adulthood: Exploring the sexual reproductive health of adolescents in South Asia», Geneva, WHO, 2003: 67–70.

24 Kamasutra, 3.2.5–6.

25 Dieses Thema ist im größeren Detail ausgeführt in: S. Kakar, «Kindheit und Gesellschaft in Indien», op. cit.: Kapitel 3.

26 A. K. Ramanujan, «The Indian Oedipus», in: E. Lowell und A. Dundes (Hg.), Oedipus. A Folklore Casebook, New York/London, Garland, 1984: 254.

27 Madhav S. Gore, «The Husband-Wife and Mother-Son Relationship», in: Sociological Bulletin, Vol. 11, 1961: 91–102.

28 S. C. Dube, «Indian Village», New York, Harper&Row, 1967: 190–197.

29 S. Asthana und R. Oostvogels, «The Social Construction of Male Homosexuality in India: Implications for HIV transmision and prevention», in: Social Science and Medicine, Vol. 52, 2001; siehe auch J. Seabrook, «Love in a Different Climate: Men Who Have Sex with Men in India», London, Verso, 1999.

30 Interview with Ashok Row Kavi, http://gaytoday,badpuppy.com/garchive/interview/050399in.htm.

31 Ruth Vanita und Saleem Kidwai, «Same-Sex Love in India», Delhi, MacMillan India, 2001: 28–30.

32 Siehe S. Kidwais Einleitung zu Teil II von «Same-Sex Love in India», op. cit.: 107–122.

33 Dies trifft besonders auf vorkoloniale Urdu-Dichter zu. Siehe Tariq Rahman, «Boy Love in Urdu Ghazal», in: Annual of Urdu Studies, Vol. 7, 1990: 1–20; C. M. Naim, «The Theme of Homosexual (Pederastic) Love in Pre-Modern Urdu Poetry», in: M. U. Memon (Hg.), «Studies in the Urdu Ghazal and Prose Fiction», Madison, University of Wisconsin, 1979: 120–142.

34 Devadatta Shastri, zitiert in W. Doniger/S. Kakar, «Kamasutra», op. cit.: XXXV.

Gesundheit und Heilung

1 Große Teile dieses Kapitels basieren auf Sudhir Kakar, «Schamanen, Mystiker und Ärzte», München, Beck ^{3}2006, Kapitel 8 (Indische Medizin und Psychiatrie), und S. Kakar, «Health and Medicine in the Living Traditions of Hinduism», in: L. Sullivan (Hg.), «Healing and Restoring: Health and Medicine in the World Religious Traditions», New York, MacMillan, 1989: 111–126.

2 Gananath Obeyesekere, «The Theory and Practice of Psychological Medicine in the Ayurvedic Tradition», in: Culture, Medicine and Psychiatry, Vol. 1, 1977: 155.

3 Maarten Bode, «Taking Traditional Knowledge to the Market: The Communalization of Indian Medicine», in: Anthropology and Medicine, im Druck.

4 Siehe auch Tapio Nisula, «In the Presence of Biomedicine. Ayurveda, Medical In-

tegration and Health Seeking in Mysore, South India», in: Anthropology and Medicine, im Druck.

5 M. Bode, «Taking Traditional Knowledge to the Market: The Communalization of Indian Medicine», op. cit.

6 Diese Passage wurde von Tarashankar Bandopadhyas Roman «Arogya Niketan» über die Konfrontation eines alten ayurvedischen Arztes mit der westlichen Medizin adaptiert; siehe auch S. Kakar, «Doctor at Large», in: Illustrated Weekly of India, July 6, 1986: 19–21.

7 M. Bode, «Taking Traditional Knowledge to the Market: The Communalization of Indian Medicine», op. cit.

8 Adam Gopnik, «Two Cooks», The New Yorker, September 5, 2005: 91–98.

9 Zitiert aus Bhagavat Das, «A History of Ayurveda», http:/ayurveda-herbs.com.

10 Eine große Anzahl an Studien bestätigen diese Ergebnisse. Für ältere Studien siehe beispielsweise H. Ramachandran, «Environment, Health and Health Care System», Bangalore, 1984; M. E. Khan und C. V. S. Prasad, «Health Seeking Behavior and Adoption of Family Planning in Himachal Pradesh», Baroda, ORG, 1984. Für neuere Studien, die dokumentieren, dass sich in den letzten zwei Jahrzehnten nicht viel verändert hat, siehe M. Raina und S. Bonu, «Rural Indian women's care seeking behavior and choice of provider for gynecological symptoms», in: Studies in Family Planning, Vol. 34(3), 2003: 175–185. Für einen umfassenden Überblick über Studien der Gesundheitsversorgung armer Kinder siehe Shelly Awashti und Siddarth Agarwal, «Determinants of Childhood Mortality and Morbidity in Urban Slums in India», in: Indian Pediatrics, Vol. 40, 2003: 1145–1161.

11 Eine hervorragende Besprechung über den Zustand der wesentlichen medizinischen Versorgung in Indien vgl. Nirupam Bajpai und Sangeeta Goyal, «Primary Health Care in India: Coverage and Quality Issues», Earth Institute, Columbia University, 2004.

12 Saumya Das, «Epidemic Proportions», in: The American Prospect Online, July 29, 2001.

13 Bhagavadgita: 2:27.

Religion und Spiritualität

1 Axel Michaels, «Der Hinduismus. Geschichte und Gegenwart», Beck-Verlag, München, 1998: 17/18.

2 Vgl. Christophe Jaffrelot, «The Hindu Nationalist Movement and Indian Politics», New Delhi, Penguin, 1996.

3 Die Ausstrahlung des Ramayana-Epos hat auch der hindu-nationalistischen *Ram-Janmabhumi*-Bewegung großen öffentlichen Auftrieb verliehen. Die *Ram-Janmabhumi*-Bewegung mit ihrer Forderung, einen Rama-Tempel in Ayodhya – dem mythischen Geburtsplatz Ramas – zu erbauen, kuliminierte 1992 in der Zerstörung einer Moschee, die an jenem mythischen Geburtsplatz Ramas gestanden haben soll, und ist bis heute ein hoch aktuelles politisches Thema.

4 *Hindutva* unterscheidet klar zwischen dem Hinduismus als Religion (*Hindu dharma*) und dem Hinduismus als sozialpolitische Kraft (*Hindutva*), die alle

Hindus gegen fremde Einflüsse vereinen soll. Vgl. Vinayak Savarkar, «Essence of Hindutva», Mumbai, Swatantryaveer Savarkar Rashtriya Samarak 1999 (1923).

5 Das ist für ein Land, in dem die Frage nach der Religionszugehörigkeit bis ins 19. Jahrhundert nicht mit «Hindu», sondern vielfach mit der Kastenzugehörigkeit beantwortet wurde, insofern von Bedeutung, als es – ähnlich wie es Clifford Geertz für kolonialisierte, muslimische Kulturen feststellte – auch in Indien diese eine Sache gab, die die koloniale Elite nicht war und nicht werden konnte: Hindu. Vgl. Clifford Geertz, «Religiöse Entwicklungen im Islam. Beobachtet in Marokko und Indonesien», Frankfurt/M. 1991.

6 Prerna, «VHP bares fangs against conversion», in: Tehelka.com, 4.3.2001.

7 Sekte bezeichnet im Hinduismus nicht eine Abspaltung, sondern eine organisierte, von einem Stifter gegründete Gruppe. Nicht Häresie (wie bei der christlichen Kirche) steht im Vordergrund, sondern Gefolgschaft. Vgl. A. Michaels, «Der Hinduismus», op. cit.: 349.

8 Vishwa Hindu Parishad, «The Hindu Awakening: Retrospect and Promise», New Delhi, Vishwa Hindu Parishad, o.D.: 4.

9 Vgl. Murli M. Joshi, «Need for Selective Globalization», in: Organizer, 21.5.2000.

10 Klaus Klostermaier, «The Response of Modern Vaishnavism», in: H. G. Coward (Hg.), Modern Indian Responses to Religious Pluralism, Albany, SUNY Press, 1987.

11 K. S. Sudarshan, «Vigayadashmi Speech», in: Organizer, 19.3.2000.

12 Dada Idate, «Global Hindutva in 21st Century and Rashtriya Swayamsevak Sangh», Mumbai, Hindu Vivek Kendra, 1997: 1.

13 Im Westen gibt es, wie Diana Eck herausstellte, kein Äquivalent zur hinduistischen Vorstellung des *darshana*. *Darshana* ist das glückverheißende Sehen einer Gottheit, der Kontakt zwischen dem Göttlichen und dem Gläubigen. Im hinduistischen Weltbild ist die Beziehung des Gläubigen zu Gott dabei kein einseitiges Verhältnis – man muss sich die *Gnade* Gottes durch Unterwerfung nicht erst verdienen. Vielmehr steht die *Beziehung* zwischen Gläubigem und Gottheit im Zentrum des Glaubens, wobei der *darshana* die Transaktion von Substanzen zwischen Gottheit und Gläubigen ist. Vgl. auch Diana Eck, «Darsan. Seeing the Divine Image in India», Pennsylvania, 1985: 6.

14 Vgl. Hartosh Singh et al., «What's this all about? Godzilla», in: Tehelka, 12.11.2005: 23.

15 Vgl. K. Poggendorf-Kakar, «Der Gottmensch aus Puttaparthi», Hamburg, Verlag Dr. Kovac, 1999; auch dies., «Adaption – Reinterpretation – Interdependenz: Postmoderne Religiosität am Beispiel der Sathya-Sai-Baba-Bewegung», in: Michael Bergunder (Hg.), Reinterpretation hinduistischer Tradition im kulturellen Kontext (im Druck).

16 Spricht man heute von «New Age», so ist damit vorerst ein Sammelbegriff gemeint, hinter dem sich eine Vielfalt weltanschaulicher Richtungen und Praktiken verbirgt. Ursprünglich aus Kalifornien (USA) kommend, hat die New-Age-Bewegung ihren Siegeszug in den Schichten des Bildungsbürgertums begonnen und sich seit den 80er Jahren insbesondere in Europa und anderen Industrieländern – beispielsweise Japan – verbreitet. Der Begriff «New Age» lebt von seiner Unschärfe und der Möglichkeit seiner Umdeutung in immer neuen Kontexten. So

wird das «New Age» auch als «Markt der Religionen» bezeichnet, was die Käuflichkeit und Privatisierung von Religion impliziert, womit gleichzeitig eine gewisse Beliebigkeit verbunden wird. Auffallend ist der hohe Unterhaltungswert angebotener «New Age»-Praktiken, die – in Abgrenzung zu anderen Nischen der Unterhaltungsindustrie – möglichst sowohl einer «Sinnstiftung» als auch grenzüberschreitender Bewusstseinserweiterung oder der Heilung narzisstischer Kränkungen dienlich sein soll.

17 Swami Vivekananda, «The Complete Works», Mayavati Memorial Editino, Vol. 1, 1955: 331–332.

18 S. Gurumurthy, «Why this Hype about the Millenium», in: Organizer, 2.1.2000.

Konflikte zwischen Hindus und Muslimen

1 M. K. Gandhi, «Hindu-Muslim tension: its cause and cure», in: Collected Works of Mahatma Gandhi, op. cit., Vol. 28: 65.

2 Dieses Kapitel basiert überwiegend auf Sudhir Kakar, «Die Gewalt der Frommen», Verlag C. H. Beck, München, 1997.

3 Vgl. zum Beispiel R. C. Majumdar, «Historiography in Modern India», Mumbai, Asia Publishing House, 1970.

4 Romila Thapar et al., «Communalism and the Writing of Indian History», Delhi, People's Publishing, 1969.

5 Gyanendra Pandey, «The Colonial Construction of Communalism in North India», Delhi, Oxford University Press, 1990.

6 Natalie Davis, «Society and Culture in Early Modern France», Cambridge, Polity Press, 1987; George Rude, «The Crowd in History: A Study of Popular Disturbances in France and England, 1848», New York, Wiley, 1964; Asghar Ali Engineer (Hg.), «Communal Riots in Post-Independence India», Hyderabad, Sangam Books, 1985.

7 Michael Walzer, «Nations and Minorities», in: C. Fried (Hg.), Minorities: Community and Identity, Berlin, Springer-Verlag, 1982.

8 Martin Marty und Scott Appleby (Hgs.), «Fundamentalism Observed», Chicago, University of Chicago Press, 1991.

9 Ashitosh Varshney und S. Wilkinson, «Hindu-Muslim Riots, 1960–1993», New Delhi, Rajiv Gandhi Institute of Contemporary Studies, 1996.

10 Gopal Krishna, «Communal Violence in India», in: Economic and Political Weekly, Vol. 20, 1985: 117–131.

11 M. K. Gandhi, «What May Hindus Do?», in: Collected Works, op. cit., Vol. 28: 183.

12 Dieses und die folgenden Zitate entstammen S. Kakar, «Die Gewalt der Frommen», op. cit., Kapitel 4 und 5.

13 S. C. Dube, «Indian Village», op. cit.: 187.

14 Abbe J. Dubois, «Hindu Manners, Customs and Ceremonies» (herausgegeben und übersetzt von H. K. Beauchamp 1906), Calcutta, Rupa, 1992: 218.

15 Vgl. Sudhir Kakar, «Schamanen, Mystiker und Ärzte», op. cit.: Kapitel 3.

16 Mushirul Hasan, «Minority Identity and its Discontents: Responses and Representations», Vortrag gehalten auf dem International Congress of Asian Studies, Hongkong, August, 1993.

17 Akbar S. Ahmed, «Discovering Islam», New Delhi, Vistaar Publications, 1990:

158–160. Siehe auch Imtiaz Ahmed (Hg.), «Modernization and Social Change among Muslims», Delhi, Manohar, 1983.
18 Vgl. S. Kakar, «Die Gewalt der Frommen», op. cit.: 175–179.
19 Vgl. S. Kakar, «Die Gewalt der Frommen», op. cit.: 248/249.
20 Vgl. S. Kakar, «Die Gewalt der Frommen», op. cit.: 277.
21 Vgl. S. Kakar, «Die Gewalt der Frommen», op. cit.: 253/254.
22 Vgl. S. Kakar, «Die Gewalt der Frommen», op. cit.: 280.
23 Vgl. S. Kakar, «Die Gewalt der Frommen», op. cit.: 283.
24 Dieser Teil wurde adaptiert von S. Kakar, «Rumors and Riots», in: G. Fine et al. (Hgs.), «Rumor Mills», New York, Transaction Publishers, 2005: 53–60.
25 Eine richterliche Kommission prüft gegenwärtig, ob der Zug tatsächlich angegriffen wurde und was genau passierte.
26 Gandhinagar, die tatsächliche Hauptstadt, ist mehr oder weniger ein Vorort Ahmedabads.
27 Vgl. S. Kakar, «Die Gewalt der Frommen», op. cit.: 45.
28 Erik. H. Erikson, «Childhood and Society», New York, Norton, 1952.
29 Siehe Yolande Gampel, «The Role of Social Violence in Psychic Reality», in: J. Ahumada, et al. (Hgs.), «The Perverse Transference and Other Matters», Northvale, NJ, Aronson, 1997.
30 Meira Likierman, «The Function of Anger in Human Conflict», in: International Review of Psychoanalysis, Vol. 14(2), 1987: 143–162.
31 Donald Horowitz, «The Deadly Ethnic Riot», Berkeley, University of Califonia Press, 2001: 545–555.

Die indische Psyche

1 Für eine Ausführung zur hinduistischen Weltanschauung siehe S. Kakar, «Kindheit und Gesellschaft», op. cit., Kapitel 2.
2 A. K. Ramanujan, «Is there an Indian Way of Thinking?», in: M. Marriott (Hg.), India through Hindu Categories, Newbury, CA, Sage, 1990: 41–58.
3 F. Max Müller, «India: What Can it Teach Us?», New Delhi, Penguin, 2000.
4 Manu, VIII: 267.
5 Zitiert in Ramanujan, «Is there and Indian Way of Thinking?», op. cit.
6 Manu, VIII: 352–362.
7 Kamasutra, Buch V.
8 Richard Shweder und E. J. Bourne, «Does the Concept of the Person vary Cross-Culturally?», in: R. Shweder und R. LeVine (Hgs.), Culture Theory, New York, Cambridge University Press, 1986: 158–199.
9 S. Kakar, «Die Gewalt der Frommen», op. cit., Kapitel 5.
10 Vgl. S. Kakar, «Kindheit und Gesellschaft», op. cit.: 61.
11 Vgl. S. Kakar, «Kindheit und Gesellschaft», op. cit.: 66.
12 Vgl. S. Kakar, «Psychoanalysis in Non-Western Culture», in: International Review of Psychoanalysis, Vol. 12, 1985: 441–448.
13 Dieser Ausdruck stammt von McKim Marriott, siehe ders., «Hindu Transactions: Diversity without Duality», in: B. Kapferer (Hg.), Transactions and Meaning, Philadelphia, Institute for the Study of Human Issues, 1976: 109–142.

14 Thomas Mann in: Richard Lannoy, «The Speaking Tree», London, Oxford University Press, 1976: 78.

15 Marie-Luise Franz, «Puer Aeternus: A Psychological Study on the Adult Struggle with the Paradise of Childhood», Toronto, Inner City Books, 2000. Wir schulden diesen Hinweis David Johnston, «A Comprehensive Approach to Psychotherapy», nicht publiziertes Manuskript, Nov. 2005.

16 Siehe auch Bert Schaffner, «Androgyny in Indian Art and Culture: Psychoanalytic Implications», in: Journal of American Academy of Psychoanalysis, Vol. 29(1), 2000: 113–125.

17 Vgl. S. Kakar und J. M. Ross, «Über die Liebe und die Abgründe des Gefühls», op. cit: 120.